河出文庫

八本脚の蝶

二階堂奥歯

河出書房新社

八本脚の蝶　目次

八本脚の蝶

日記

（二〇〇一年六月一三日〜二〇〇三年四月二六日）

二〇〇一年六月一三日（水）
渋谷の洋書アルバンに、取り置きしていた画集を取りに行く。
Milo Manara の『Foemina』。一二〇〇部限定の四一三番目で、作者のサイン入り。
Milo Manara は、イタリアのエロティックアートの作家。画家・イラストレーター。
伸びやかな描線と繊細な水彩が魅力的なのです。気に入った絵を切り離して額装しても
らおうかと思案しています。
最初アルバンで見たときどこかで見た絵だと思っていたら、エロティック・タロットを
描いている人だった（注　持っていません）。
俗っぽい絵もありますが、耽美なものへの志向ははっきりと持っている画家です。
泉に沈んだ女性のゆらゆらたなびく陰毛がいつのまにか茎になって蓮の葉を水面に浮か
べている絵とか、いいなあ。

二〇〇一年六月一四日（木）
朝山蜻一「白昼艶夢」を読んで影響され、クローゼットからコルセットを引っ張り出す。
ちなみにこの話はたおやかに括れた女体を求める恋人のために、食も取らずにコルセッ
トをきつくきつく締め上げてついには死んでしまう女の話。コルセットだけでなくて、
私のクローゼットには乙女の装備品が様々入っています。
イヴニングドレスに、床に引きずる白いヴェルヴェットのマント、革でできた上品な仮

面、その他もろもろ。

使うあてはなくても買う！　それが物欲に生きる者の嗜みなのです。

何時なんどき仮面舞踏会への招待状が来ても対応可。こうでないといけません。

ちなみに玄関にはちゃんと非常袋も用意してあります。

非常袋は市民の心得。コルセットは乙女の心意気。

以上。

二〇〇一年六月一八日（月）

むやみにスーパードルフィーとアノマロカリスが欲しくなり、とりあえず秋葉原のラジオ会館に行く。海洋堂とボークスと両方のショールームがあるから丁度いい。

スーパードルフィーはボークス（模型のメーカー）で出している球体関節人形（の素体）。

もう一年くらい前から欲しがっているのだけれど、いまいち購入には踏み切れない。球体関節人形は人形作家が一点一点手作りする作品であるのに対して、SDはボークスが大量生産（一応受注生産だけど）している製品だということ、しかも、それが完成品ではなくて、自分で仕上げるための素体だというところがネック。

パーテーションラインにやすりがけして消したり、メイクしたり、塗装したりなんて、模型を見るのは好きだけど作ったことはない私には気が重いです。球体関節人形としてはとても安いのだけど（四九八〇〇円）。

アノマロカリスはバージェス頁岩《けつがん》の中で発見された奇妙な生物。その精巧に作られた模型です。海洋堂は博物館に恐竜などの模型を納めるくらいだからよく出来ています。身近なところではチョコエッグのおまけは海洋堂です。

アノマロカリスは九八〇〇円だったかな。一年どころではない前から欲しい。一抱えくらいある模型なのです。でもどこも動かないの。あれで関節が動くなら私は即買いするのだが。

そして、これはまあいいんだけど、友達とかが来たときに「うわなにあのダンゴ虫みたいなの！」などと言われそうな気がするのもまた購入を踏みとどまる理由。というか、自分でもちょっとそう思うんだもん……。

結局二〇〇円のSDカタログだけ買って帰ってきました。

二〇〇一年六月一九日（火）

『危ない1号』などを手がけた編集者・ライターの青山正明氏が一七日に縊死していたそうだ。今日知った。

事情はまったくわからないのだけど、辛いからなどではなくて、「気が済んだ」から死んだのだといいなと思う。

死ぬ瞬間幸福に飛べたのならよいのだけれど。

ご冥福をお祈りします。

二〇〇一年六月二一日（木）

クワイン「なにがあるのかについて」『論理的観点から』を読んでいてふと思い出したこと。

私と妹はフライパンを使う料理が好きで、料理をする時間が結構かち合う。

フライパンは一つしかないから度々けんかをしていた（そんなことでけんかをするな！）。

母が言った。

「もう一つフライパン買えば？」

これって問題を解決するのではなくて解消するという、優れて分析哲学的なアプローチじゃないかと思うのだけど。

二〇〇一年六月二二日（金）
エルメス銀座店オープン特集のアンアン（リニューアル第一号）を買う。
銀座店ではバーキンは予約できないそうだ。
ケリーも底辺三二センチ黒のカーフ五四万円しか予約できないそうだ。
ちなみに届くのは三年から五年後。
友達のお母様がよそでバーキンを予約しているのだけれど、八年待ちだそうだ。
私は、買うか買わないか悶々とすることが、買うことと同じくらい好きだ。

だから、バーキンを買うか買わないか八年間悩みつづけるというのは楽しいと思う。
でも、買うとわかっている（予約している）のに八年待つというのは楽しくないなー。
私は多分バーキンとケリーは買わないだろう。
エヴリンがなにげに欲しいです。斜めがけバッグをこよなく愛するため。
二六〇万のバーキンとか、二〇万のごみ箱とか、違った意味で価格破壊が行われている
エルメスですが、なぜか乗馬鞭は二万二千円とお手頃価格。
乗馬鞭でも買いに行くか。

二〇〇一年六月二三日（土）

クワインの読書会に参加。

クワインならクワインの考えを自分の中に移し、自分の考えを涵養《かんよう》させて、自分の口から流れ出させる。それが哲学書を読むときに私のやりたいことだ。うまくいかないこともありつつも。

そして、そうでなければ哲学のダイナミズムとか、認識の変化する瞬間のスリルとかが味わえないと思う（味わうのが目的ではないが）。

でも、大学院に受かるのは（大学院でやっていけるのは？）、そういう読み方をする人間じゃないんだろうな、と思った。論文を哲学史的用語に整理し、原文と参照することが有意義な読み方なのだ、多分。

オリーブ復刊第一号は「100%女の子宣言!」だそうで、120%乙女な私は期待して読んだのだがつまらなかった。仕方がないのでVOCEを買い、夏コスメの研究に専念。

二〇〇一年六月二四日（日）

髪を染め、選挙の投票に行き、それ以外はずっと読書。

池上永一『風車祭《カジマヤー》』読了。読後満足の溜め息。読み終えたときに夢から醒めたような気持ちになる本は大人になるとなかなか出会えない。死ぬまでにあと何百回出会えるのだろうか（そんなに出会えない?）。

この前にそんな思いをしたのはクロウリー『リトル、ビッグ』で、その前が山田正紀『ミステリ・オペラ』、だから……まあ月に一回は出会えているのね。しかし、それだって約三〇分の一の確率だということになる。多いのか少ないのか。

いずれにせよ。池上永一はマジックリアリズムの優れた作家として高らかに称揚されてしかるべきです!

（しかし『レキオス』の方が面白いと思います）。

二〇〇一年六月二五日（月）

赤坂のシングルモルト専門店ですぺらに行く途中、金魚の風鈴を売っていた。

室生犀星「蜜のあはれ」を思い出しちょっとうれしくなる。

でも、金魚は冬に死んでしまうし、風鈴は夏が終わればしまい込まれ忘れられてしまうんだよなーと思って悲しくなる。

……それでも、あたたかな日差しの中でひらひらと舞う一時が幸せでないことがあろうか。いやない！　などと一瞬の内にあれこれ思う。

風鈴は買いませんでした。

二〇〇一年六月二六日（火）

きみは本をつきつける。「この本、もうあと読みたくないよ。博士はきっと最後に死んでしまうんだもん」

「わたしを失いたくないか？　泣かせるね」

「最後に死ぬんでしょう、ねえ？　あなたは火のなかで焼け死んで、ランサム船長はタラーを残して行ってしまうんだ」

デス博士は微笑する。「だけど、また本を最初から読みはじめれば、みんな帰ってくるんだよ。ゴロも、獣人も」

「ほんと？」

「ほんとうだとも」彼は立ちあがり、きみの髪をもみくしゃにする。「きみだってそうなんだ、タッキー。まだ小さいから理解できないかもしれないが、きみだって同じなんだよ」

（ジーン・ウルフ「デス博士の島その他の物語」『20世紀SF④1970年代　接続された女』伊藤典夫　河出文庫）


私を読んでいるあなた。

私はかつて私を創造しつづけるあなたを憎んでいました。

でも、あなたは創造者ではなかったのかもしれない。

一人の読者でしかなかったのかもしれない。

私を読んでいるあなた。

私が時折あなたに合図を送っていることに気がついていますか？

くっきりしたＢＢＢの文字が目についても、あなたはどうしようもないのでしょう。

読まれている私のように、読んでいるあなたもなすすべがないのでしょう。

二〇〇一年六月二七日（水）

中野ブロードウェイで目当ての古本屋が閉まっていたので、何の気なしにナイフ専門店に入る。

ナイフを愛でる趣味はまったくないので、本当に何の気なし。

一本の大振りのナイフの前で立ちすくんだ。

ナイフに向かう時、私と私以外との境界は鮮明になる。

私の表面を、私を、やすやすと切り裂いて入ってきてしまうであろう刃と対峙しながら、私は事物の輪郭があまりにくっきりとしている世界の肌触りに驚いていた。

二〇〇一年六月二九日（金）

金曜日に仕事が早く終わると絵を見に行きたくなる。

銀座の青木画廊に眼展を見に行く。

銀座に来て当然それで終わるわけはないのだった。

オペークギンザとザ・ギンザとブーツを流し、コスメとお洋服に囲まれてテンションを高める。

テンションが充分高まったところで、オープンしたてのエルメス銀座店へ。

しかーし！　混雑のため外に行列を作っているので断念。

行き場をなくしエネルギーを静めるべく、天賞堂で鉄道模型を眺める。天賞堂に渦巻く仕事帰りのおじさまたちの物欲に気おされて、やや落ち着きを取り戻す。

そして、本日のフィナーレ三越の化粧品売り場へ。カウンターめぐりをして至福の時を過ごす。

でも、購入したのはアナスイの紫色の小さなフェイスパウダー用パフだけなのでした。

化粧というものは、一般に外出する際には常にするものなだけに、義務になってしまうとこれほど面倒で気の重いものはありません。

私としては、やはり化粧は変身の儀式であってほしいのです。テンションを高めるための、望む自分になるための。

アナスイのコスメは変身のための魔法の道具にふさわしい姿をしています。

あの、黒（と紫）を基調とし、ゴスでキッチュでラブリーで邪悪な薔薇の香りのするコスメたち。薔薇の浮き彫りのついた黒い手鏡を持つと、「鏡よ鏡、教えておくれ、この世で一番美しい者はだあれ？」と言いたくなるではありませんか（しかし言ったことはない）。

そうです、アナスイのコスメは、おそらくすっぴんである白雪姫より、世界で一番美しくあるためには継子殺しも辞さないお后にこそふさわしいのです！　と、ここまで声高らかに書いてきて気がついたこと。

私は自分の部屋にいるときに化粧していると全然くつろげなくていらいらするのです。

それは、私にとって化粧があくまでハレの行為であって、ケの空間である自分の部屋にそぐわないものだからなのでした。

二〇〇一年六月三〇日（土）
ちゃんと朝起きるはずだったのに、寝過ごした。
しょうがないのでそのままベッドの中でピエール・ルイス『アフロディテ』を読む。
すると、単なる寝坊がなにやら気だるくかつ典雅なものに変化したのだった。

休日の始まりにふさわしいとごきげんになる。

早稲田大学會津八一記念博物館に行って「中原淳一と『少女の友』の画家たち2」展を見る。

睫《まつげ》の上に二重のラインが来ている少女を見て、目をつぶった時はどうなるのか心配しつつ、私もマスカラ使いに関していっそう研鑽を深めようと決意する。

四年間通っていたというのに、記念博物館に行くのは初めてなのだった。

夏のさなかでも外に関わりなくひんやりとしているような素敵な建物だった。でも唐突に建物の中にギリシャ風の柱頭があるのってなんなんでしょう。

二〇〇一年七月二日(月)

アルビオンのエクサージュホワイト（薬用美白美容液）のサンプル（日曜夜、月曜朝に使用）で顔がかぶれた。

日中から顔が痛痒く、しかも皮膚が毛羽立っているような気がしていたし、夜には赤く腫れているように見えたが、まあ気にしないでいた。

しかし、クレンジングが、沁《し》みる。痛い。おまけに落としてみたら顔が細かくささくれて皮がむけていた。

あ――ん、ショック―――！

今現在のデータ（すぐ変わる）。
二階堂奥歯　二〇代前半　女性　オイリードライスキン
イエローベース／ブルーベースは判別出来ず
彩度が高い　色白
悩みはニキビ　はまっていることは美白
化粧品でかぶれることあり
クレンジング・フィディカコスメ　オイルクレンジング
洗顔・ロゼット洗顔パスタ普通肌用
＊なぜか荒性肌用よりも合う
洗顔・一日おき夜にうぐいすのふん
＊大変よい！　でもみんな嫌がる。しかし、美容のために少女の生き血を搾り取るよりはずっと罪がないと思う。「つるつる」どころか「とぅるんとぅるん」という感じの肌になる。
化粧水・美白肌
化粧直し用化粧水・タフィ　シーバムリフレッシャー
＊スプレータイプの化粧水
美容液・カネボウ　フレッシェル　ホワイトCクリアエッセンスEX
アイクリーム・ターンリフト　プラス　リンクルエッセンスA

化粧下地・キオラ　デープロテクター　ファンケル　Tゾーン　クリアエッセンス
ファンデ・キオラ　リキッドベース（S）　ナチュラル
ルースパウダー・シャネル　プードゥル　ルミエール01　オーブ
化粧直し用プレストパウダー・キオラ　パウダーベース　ベージュルーセント
＊肌より黒いファンデを塗って、肌より明るい（白っぽい透明の）粉をかけると白浮きせずに発色のよい肌になると思う。障子越しに蛍光灯の光を見ている感じ。
＊キオラのファンデはカバー力はない。あらはあれども基本的に綺麗な素肌風になる（作りこんだ美肌とは対極。どうせ毎日ニキビを完全に隠すことなど出来ないのだし）。
＊キオラのお粉はきめ細かさ、発色のよさ、かすかなパールとどれをとっても秀逸。でも、朝はルースパウダーを叩き込みたいのでキオラに準ずるシャネルを使用。
＊プレストパウダーのケースのみアナスイ使用（ちょうど入る）。

あー楽しかった。

二〇〇一年七月三日（火）
イアン・ワトスン『オルガスマシン』読了。
ｗｏｍａｎがｍａｎだと認められていない世界で、注文主の希望通りの性の道具として精神・肉体をカスタマイズされた「カスタムメイド・ガール」たちの遍歴と反乱の物語。

マーガレット・アトウッド『侍女の物語』、ジェーン・S・ヒッチコック『魔女の鉄鎚』（これは違うか？）が好きな人と、沼正三『家畜人ヤプー』、蜈蚣Melibe『バージェスの乙女たち』が好きな人に特にお勧めします。どちらも私だけど。

＊意識は流れる

だって、他人事じゃないのだもの。

＊意識は流れる

愛する男性の意思によって、一生消せない美しい絵と彼の名前とを刻まれ、輝く宝石を埋め込まれた裸身を見せてくれたあの女性は微笑んだのです。

幸せなのだろうと思った。けれど、自分はあんな風に微笑むことはできないだろうということを私は知っていた。

＊意識は流れる

だけど。

＊意識は流れる

夢から醒めるのが怖くないの？

＊意識は流れる

今の気持ちを失いたくなかった。

でも、未来の私はそうは思わないことを私は知っていた。

だから、私が未来の私に受け渡すこの身体に合図を残すことにした。

ごめんなさいあの時の私。あなたが残した痕は私には何の意味もないの。
＊意識は流れる
幼稚園の頃。夏休みのある日。

まだ改築する前の母屋の奥座敷の縁側で庭を眺めていた私は思った。

「この夢は随分長いなあ。」

まだその夢は続いている。
＊意識は流れる
これは夢だと気がついても目が醒めるとは限らないし、夢の中で夢を見ることもそれから醒めることもできる。
＊意識は流れる
あと何回夢から醒める？

どこを現実と名付けようか？
＊意識は流れる
この夢から醒めてしまおうか？
＊意識は流れる　元に戻る
と、ここまでの連想喚起力があるので『オルガスマシン』は優れた作品と認定します。

二〇〇一年七月四日（水）

土曜日の寝起きに読みかけて置いておいた『アフロディテ』を読了。

昨日の今日だから書いてしまうけど、私は『オルガスマシン』より『アフロディテ』の方がよっぽど読むのが辛いです。

女性幻想を書いた小説は多くて、それを気にしていたらあまりに多くの物語を味わえずに終わるので我慢しているのですが。

でも、女性幻想って、われわれ（＝書き手と読み手＝人間）以外の何か別のものである女性を書くものなのだもの。

あなたが「われわれ」と呼び、当然男性だと信じている読み手である私は、実は女性なのですが。それでも、一緒になって女性幻想を称揚しないとわれわれ扱いしてもらえない。

人間扱いしてもらえないの。

哲学でもそうなのだった。

レヴィナスなんて私はとても平静で読めないのです。

レヴィナスは、主体を男性とみなし、他者を女性とみなす。主体／男性は、他者／女性の「顔の彼方」をもとめようとする。その関係は「エロス」である。それは、主体／男性が他者／女性を能動的に捉えようとする関係（「冒瀆」と呼ばれる）である。

しかし、エロスによって他者／女性が捕まるわけではなく、他者／女性は、主体／男性の前で恥らい逃れ去る。レヴィナスでは（ハイデガーのように存在ではなく）他者／女性が露現して隠れるのである。他者／女性は「処女性」をその本質とする。どうしても捕まらない他者／女性を捕まえようとして、主体／男性は他者／女性を「愛撫」する。そして「息子」が生まれる。これが「繁殖性」である。主体／男性は「父」となる。

（谷徹『意識の自然――現象学の可能性を拓く』勁草書房　一九九八・一〇　p．592）

このようなことを言われて、聞き流さなければ議論に加わることも出来ないという事実。日常。

哲学している主体・私は女性ですけれど。それとも、名誉男性にしていただいているのでしょうか？

二〇〇一年七月五日（木）

皮膚科で、ニキビの人はリキッドファンデを使ってはいけないと言われる。

キオラのリキッド気に入ってるのに……。

……でも、ということは、堂々と新しいファンデに手を出せるということではないですか⁉

新しいの、使ったことないの、いっぱい使ってみたいけど、ファンデって中々そうもいかない、けど、仕方ないのよ。だってファンデが合わないのだもの。新しいのを買いに行かなくては。

アユーラADアクネシリーズのファンデと下地を買いに池袋西武化粧品売り場へ急ぐ。

同シリーズが発売されたのは確か四年前。

それまでニキビといえば思春期のもの、とにかく乾燥させるというニキビケアしかありませんでした。しかしアユーラは、アダルトニキビは思春期のニキビとは違う。油分は控えめに、しかし水分はたっぷりと与えることが必要だと、まったく新しい提言をしました。

すばらしいアユーラ！

ずっと気にしてはいたのですが、とにかくアユーラのファンデはもさもさしているという印象があったので使ったことはありませんでした。

でも、心配していたほどではなかったし、目的にかなったファンデだし、BAさんが親切丁寧なよい方だったので購入。

ついでにフレグランスコーナーでエルメスのイリスを試す。

キオラの香りにも似たなごみ系の香りにうっとり。同じくあやめをベースにしたフレグランスをイプサも出しているけど、イプサは硬質な香り、イリスはたゆたうような香り、という風にかなり違います。

イリスでいい気持ちになったので東雅夫『恐竜文学大全』を買いにジュンク堂に行く。

しかし、版元品切れだということがわかって落ち込む。『怪獣文学大全』は持ってるのに。

恐竜は好きだが怪獣の方がもっと好きという理由で『怪獣文学大全』しか買わなかったかつての私をうらむ。

落ち込んだままふらふらとルイ・アラゴン『イレーヌ』、おおた うに『チェリーコーク』を買った（後者はお洋服その他をめぐるイラストエッセイ）。

士郎正宗『攻殻機動隊2』を読もうとおうちに帰る。

二〇〇一年七月六日（金）
昨日、エルメスのフレグランスであるイリスを試したらにわかに『恐竜文学大全』が読みたくなったのはなぜだろうと考えたら、こういうことらしい。その時は全然意識していなかった。
イリス（あやめ）いい香り
←
イリス？
←
「ガメラ3　邪神〈イリス〉覚醒」！
←

←怪獣
←『怪獣文学大全』は持ってるから
『恐竜文学大全』を買いに行こう!
私は平成ガメラシリーズをこよなく愛するものでありますし、イリスも好きです。
でも、香水と怪獣が自分の中で直結してるのはいやー!

二〇〇一年七月一一日(水)

このところ高熱で寝込んでいました。

救急車に乗って大好きな某病院の救急治療室に運ばれました。

すでに何度か運ばれたことのあるこの治療室には私の意中の先生がいるのです。

……でも、非番(?)だった。

せっかく救急車で運び込まれたのに、意味ないよ!

最初に倒れた時は外出先でばっちりお化粧+おしゃれしていた上、先生も暇だったらしく楽しくお話できたのです。

しかし。

先日運び込まれた際、すっぴん(=眉なし)、髪ぼさぼさ、意識不明の私を見た先生は妹に言ったそうです。

「お姉さん、化粧すると顔変わりますね」

まつげパーマと眉のアートメイク（簡単なタトゥーみたいなもの）くらいしておかないと倒れるにも倒れられない乙女の夏。

今日はもう寝ます。

二〇〇一年七月一二日（木）
熱に浮かされて、ですぺらを宣伝するという使命をおろそかにしていた。六月二五日のところでも書いている、赤坂のショットバーですぺらにみなさまぜひお運びあれ。
シングルモルト専門店といっても、シングルモルトしかないわけではありません。シングルモルトが只事でなくあり、日本酒、ジン、ウォッカ、ビール、カクテル等その他のお酒もたくさんあります。特にワインが充実しています。御主人の渡邉一考さんはかつて南柯書局で粋を尽くした美麗な幻想文学の書物を作られた編集者・造本家です。お客さんも文人多数です。
思わぬ噂話を聞くことが出来るかもしれません。私のような小娘が行けるくらいですから、一人でひっそり行っても居心地よし。グループで行かれる向きにはテーブル席もあります。

先週伺った時には『モルトウイスキー大全』他の土屋守さんがいらしていました。

お値段も幅広い上、チャージもありません。

（池袋もけっこうチャージ取らないのですが、するとなぜ馬場のちょっと洒落たバーはチャージ取るのよ⁉　馬場のくせに生意気ではありませんか。学生の財布を考えてほしいものです）。

場所は赤坂一ツ木通り沿い、赤坂見附駅側を背にして進むと左手に吉野家があります。

そのビルの三階です。

それでまた金魚の話。

一考さんは金魚の養殖をされていたこともあります（というか驚くほどたくさんのことをされています）。

金魚は一言で言えばデカダンスなのだそうです。人工的に作り出され、人間の手を離れては存在できない美しくもグロテスクな生き物が金魚だそうです。

願わくば私も金魚のようにありたいものだわ。

二〇〇一年七月一三日（金）
知人が探している本を昨日見かけたのに、一晩たっても知人がつかまらない。
やきもきやきもき。
旅するジャリ研究者のTくん、あなたの探している式貴士のＣＢＳソニー版は神田の某古書店に（違うのが）二冊あるよー。

なにしろ旅しているから電波が入らないのだった。

「外の世界なんて知らないわ。私は優しい檻の中で生きるの。」をコンセプトにサド『悲惨物語』、森茉莉『甘い蜜の部屋』、ドノソ『夜のみだらな鳥』を脳内読書。

おちつけ奥歯。明日はクワインの読書会だ。

二〇〇一年七月一五日（日）
熱が下がらない。
終日床について、うとうとと眠ったり、起きて赤江瀑『虚空のランチ』を読んだり。
甘やかに熱く重い身体には丁度よい。

二〇〇一年七月一六日（月）

イネドのガンベルトをついに発見し購入。

今年の春は何はともあれサッシュベルトを買いましたよ。

しかし、それでは足りない。存在感あるベルトがもう一本ほしい。

春からずっとイネドのガンベルトを買うか買わないか悩んでいました（正確には、イネドはどうでもいい。ガンベルトが問題）。

ベルトなんて一過性のもの。出始めに買わなきゃ野暮です。

出遅れるくらいなら買わずに済ますつもりでいました。

でも、セールに出たら買って一夏使い倒せばいいかと思って、セール初日会社の昼休みにバイクを飛ばして丸井に行きました。

サッシュベルトもチェーンベルトもセールになっていたけど、ガンベルトはなっていなかったのです。

イネドはまだまだやる気だ。サッシュもチェーンも夏で終わりだけど、皮のミリタリーまたはサファリまたはウェスタン風ごついベルトは秋冬もいける！

私のガンベルト購入意欲は一気に高まりました。セール会場に私の雄叫びは響き渡ったはず（勿論心の中で）。

それで買おうと思った時には品切れ、あちこち見たけど見つからないでいたんだけれど、今日やっと見つけたのです。

辻潤『絶望の書　ですぺら』講談社学芸文庫 p・２７２、年表の一九三二年（昭和七年）四八歳の記述、

「二月、潤が天狗になって屋根から飛んだという噂が広がり、新聞のゴシップ記事になる。」

なんだかこの一文むやみにおかしい。「天狗になったと妄想し」などでないところが。

二〇〇一年七月二一日(土)

愛しくて仕方がないのです。

このところ私のパソコンの壁紙はボッシュのDeath of the Reprobateなのですが、その右下にいる二人組? の生き物? 人間? が可愛らしくて。尼僧と僧なのでしょうか。

この二人組のぬいぐるみがあったら即買う。

ボッシュの絵には奇妙で魅惑的な生き物たちがたくさん出てくるのでみなシリーズでぬいぐるみにしてUFOキャッチャーにしたらいいのに、流行らないかな、などと考える。

ああ、そしたら何万も使っちゃうな。不器用だし。

チョコラザウルスみたいに海洋堂がフィギュアにしてお菓子のおまけにしてもいいな。

今度はアリスのシリーズが出るらしいから、それと似たようなものだ。

そしたら無論箱買いしますとも。ボッシュのためだもの。

そして家で全種並べてGarden of Earthly Delightsのジオラマを作るの……。

夢みたい。

二〇〇一年七月二二日(日)
・高度情報化社会の中ですりきれ、疲れ、苦痛の中で「ああ人間らしくなくなっちゃった」と悲観するのは、きっとある種の一九世紀的純情の表れでしょう。エリスの『アメリカン・サイコ』を読んでそう思いました。むしろ私はそこでへらへらとにこにこと笑うことを望みたいし、そうありたい。

（岡崎京子「ある過剰とある欠如としての」『文藝』二〇〇一年秋号　特集岡崎京子　河出書房新社）

大学一年から二年にかけて、私にとって岡崎京子『Ｐｉｎｋ』は特別な一冊だった。こういう言い方がどうしようもなく恥ずかしいのは承知の上で、ユミちゃんは私だと思っていたし。

違う。私は「ユミちゃん」だと思っていたんだ。

あの頃の私はなんであんなに幸福だったのか。めちゃくちゃ弱くてうすっぺらな殻しかないのに、だからこそ速度を増し続けたのだった。弱いけど、速いから強かったのだった。

自分で作り出した山に駆け上がり、眺望に感激した。山を作ると相対的に谷ができるのだけど、それには眼をつぶって飛び込んだ。

今思うと、あの頃の私は無敵状態のマリオのようだった。

スーパーマリオブラザーズの主人公マリオは、一度ダメージを受けると小さくなり、その状態でもう一度ダメージを受けると死んでしまう。でも、一度目のダメージの後三〇秒間はちかちかと点滅しながら無敵になるのだ。

私はダメージを受けて点滅しながらとにかく行けるところまでBダッシュし続けていた。

点滅してる三〇秒は何があっても平気。

でも、闇雲にダッシュし続けると、とんでもないところで無敵状態が終わるのだった。

「むしろ私はそこでへらへらとにこにこと笑うことを望みたいし、そうありたい。」

さっきこの文章を読んだ私は心から同感した。

でも、読み返したユミちゃんはもう私ではなかったのだった。


「シアワセ　こんなシアワセでいいのかしら？」

「不安？」

「ううん全然　シアワセなんて当然じゃない？　お母さんが良く言ってたわ　シアワセじゃなきゃ死んだ方がましだって」

（岡崎京子『ｐｉｎｋ』マガジンハウス）


でもユミちゃんだってシアワセであり続けるためのスピードが切れたとき、渋谷の真ん中で「発作」に襲われたんだった。

二〇〇一年七月二三日（月）
さうしてこの人気のない野原の中で、

わたしたちは蛇のやうなあそびをしやう、
ああ私は私できりきりとお前を可愛がつてやり、おまへの美しい皮膚の上に、青い草の葉の汁をぬりつけてやる。

（萩原朔太郎「愛憐」）

だけどもう夜だし、この辺には野原なんてないから、家でおとなしくクトゥルーちゃんと「蛇のやうなあそび」でもしようかしらん。
クトゥルーちゃん……家にいるクトゥルーのぬいぐるみ。細かなところまで行き届いた作り。かわいいけど偉そう。
クトゥルー……ラヴクラフトが創出した架空の神話体系〈クトゥルー神話〉の中心的邪神。蛸《たこ》のような頭と触手を持ち、龍のような鱗と翼と鉤爪がある。太古の地球を支配していた邪悪にして偉大なおそろしきもの。

二〇〇一年七月二五日（水）
昨日グッチのペンダントを買ったばかりだというのに！
今日は神保町で本をしこたま買ってしまった！
今日の目玉はルクーの画集。建築画は勿論として解剖画もあってうれしい一冊。
ジャン・ジャック・ルクーはフランス革命期の建築家で、およそ実現には向かない夢想的で壮大な建築ばかり設計した人です。
次にうれしかったのは、吉屋信子『ペン字の手紙』（「主婦の友」昭和一〇年新年号付録）。これは一枚一枚便箋に書いた手紙が印刷された文例集なのです。主人公（？）は千枝子さんという女性で、彼女がお友達やお母さんや親戚や先輩などに折々に書いた手紙という設定になっています（相手によって字の書き方も違います）。年始の挨拶から始まって、千枝子さんがお見合いをしたり、友達の就職を叔父様にお願いしたり、同窓会誌に寄稿したり、結婚したり、だんな様に恋文を書いたりする様子から一人の女性の一年が浮かび上がってくるという、さすが吉屋信子とうならせる出来です。単なる文例集ではないのです。ちなみにちゃんと裏には手紙の書き方の一般知識が載っているし、表はペン字のお手本にもなる。きわめて実用的に使うことも出来るのです。なんていい付録なんでしょう。

二〇〇一年七月二七日（金）
表参道のナディッフへ「会田誠展　食用人造少女・美味ちゃん」を見に行く。
食糧不足を解消するために大腸菌から養殖された少女型食用生物をテーマにした連作。彼女らは痛覚も死の恐怖も持たず、食べられ喜ばれることになによりの幸福を感じるそうです。
勿論ひっかかるんですよ。たくさん。

でも好きなの、こういうの。

「まな板の美味ちゃん」と「ロースト美味ちゃん」と「チルド美味ちゃん」のうちどれかを買って部屋に飾ろうかと真剣に悩んでやめた。飾るところはベッドの上しかないし。ごくありきたりに考えてベッドの上っていうのは例えばベルメールなんかを飾るものではないでしょうか。そして、大理石の浴室にはアルマ＝タデマを飾るものではないでしょうか。

二〇〇一年八月二日（木）

最近仕事が忙しい。

そんな私のささやかな幸せは肌水エアを顔にシューシュー吹きかけることなのでした。たっぷり入って四〇〇円くらいで買えるのに、かなり優秀です。

量と価格を考えて一二倍くらいの値段かと思われるタフィ　シーバムリフレッシャー（これもスプレー式化粧水）なんて比べ物にならないくらい霧が細かいのです。さらに収斂化粧水のくせにけっこうべたつき感があっていまいち潤わないタフィと違って、さらっとしてみずみずしいのです。

何かで席を立つ度にさかんに顔に霧を吹きかけていたら今日はいつもよりかなりテカリが少なく、お肌ももちっとしていてかなりいい按配。

先日知人の家に泊まりに行って顔につけるものを貸してくださいと頼んだら、出てきたのは肌水（それもスタンダードな）でした。

（えっ、美容液もアイクリームもつけないの⁉　これだけ⁉）

年上で美肌のその人を見ながら私はおそるおそる肌水を顔につけました。

私としては肌水は髪とか身体につけるものであって、顔につけるものではなかったのです。そんなの、ニベアのクリームを顔に塗るようなものじゃないですか。

ところが、私のお肌はすこぶる調子が良くなったのです。

これまで高価な化粧水やなにやらを使っていたのはなんだったの？

それでも美容液は使うけど。

「新美白成分配合！」とかいうキャッチコピーに踊らされ、新製品に血道をあげる楽しさは捨てがたいわ。

二〇〇一年八月六日（月）
残業していたら一二時くらいになったのでそろそろ帰ろうと支度した。
でも、スイッチの調子が悪いらしくエアコンが止まらない。
途方にくれる。
エアコンがつけっぱなしでもまあいいだろうと帰ることにした。
でも、会社の鍵を自宅に忘れてきたことに気がつく。途方にくれる。
帰れない。

ふと、恩田陸『象と耳鳴り』に出てきた都市伝説を思い出す。

ある女性が一人高層階のオフィスに残って残業していたら、窓の外に真っ赤な犬がいた。犬が、「もういいかい」と聞くので、彼女は「もういいよ」と答えた。

そしてしばらくして会社を無断欠勤し続ける彼女を心配した上司と同僚が一人暮らしの彼女の部屋を訪ねると、彼女はからからに干からびた状態で死んでいた。身体には血が一滴も残っていなかった。

窓の外を見ないように座りなおした。

ガタンと大きな音がして冷房が強くなった。

帰れない。どうしよう。

二〇〇一年八月七日（火）

無性にドナルドソン『信ぜざる者コブナント』の最終巻のクライマックスを読みたくなる。

でも、手元にないので神保町の心当たりに探しに行く。

「コブナント」は見つからなかったけど、「奇譚クラブ」の昭和三三年、三四年、三五年臨時増刊号を格安で見つけてとてもうれしい。

臨時増刊号は小説だけで構成されているのです。

なんといっても傑作は昭和二八年臨時増刊号の「アリスの人生学校」です。これは長編なので丸々一冊このお話で占められています。『恋する潜水艦』のピエール・マッコルランがサディ・ブラッケイズという変名で書いたスパンキング小説です。

昔の保守的な小さな町の上流階級のおしとやかなお嬢さんのかわいらしさに魅力を感じる乙女と乙女愛好家におすすめ。

ペチコート履いてピクニック・アット・ハンギングロックごっこをしたくなるわ。

ちなみにスパンキング描写ばかりで狭義の性描写はありません。

二〇〇一年八月一四日（火）

カバーマークのカウンターで肌色診断をしてもらう。

この診断は日本人の肌は青系の黄色であるレモン色と、黄色系の黄色（？）であるバナナ色に分かれており、それぞれに合う色を肌に重ねると透明感が出るが、反対の色を塗ると（塗りたては綺麗でも、肌と馴染むにつれ）くすむという考え方に基づいています。

まず、左の腕にイエローベース、右の腕にブルーベースの、明るさの違うファンデを三点ずつ塗ります。しばらくしてもくすまないほうが自分の肌に合った色。

次に、それでわかった色素（私ならブルーベース）の中のナチュラル・オークル・ピンクのファンデを片頰に並べて伸ばします。それで、イエロー・ブルーの中の何系かを判断します。

私はブルーオークル。さらにその中で一番合った明るさ（白さ）のファンデを選びます。私、色白ではありませんでした。二番目に白いＢＯ20でした。

塗ってもらったファンデは色はぴったり、肌のあらは全て隠してくれます。綺麗な肌になるのは間違いありません。崩れにくいしかゆくなったりかぶれたりもしません。でも、今時マットな質感だし、肌の色じゃなくて肌色の絵の具を塗ったみたい。カバー力ありすぎです。

さすがカバーマーク。傷跡を隠すために作ったファンデなだけあります。でもこんな皮膚呼吸できなそうなお面っぽいファンデを日常使いするのはいやだわ。リキッドだからニキビに悪いし。暗い所や夜、写真撮影の時なんかは良いと思いますが。

ＢＯ20と同じような色のパウダーファンデってどこかでないかな。

ファンデジプシー再開。

二〇〇一年八月一七日（金）

Ｐ・ボレル『シャンパヴェール悖徳物語』を読む。

なんか、背徳ぶってるというか、ポーズだけというか、ルーティンワークっぽいというか……。「またこのパターンか」と思いながら読み終える。

でも、読み終わって思い出すと、妻のところに新たな愛人が来るたびに、阿片を飲ませて眠らせて人体標本にする解剖学者とか、場面場面は絵になっていていい。

まとめ。サドのように無邪気に読めない（悪い意味で）。

母と妹と三人で買い物に行ったら新しいオシャレ系（？）フィギュア屋が出来ていた。母と妹を連れて入るのを遠慮しつつ結局入る。

ゴジラのジオラマがたくさんあってのぼせてしまい、とりあえずゴジラ二〇〇〇のソフビを買う。

その間チョコラザウルスのおまけをばら売りしているのを見ていた母が、プシコピゲ（三葉虫）を指して、「これは○○（弟）が買ったら出てきてゴキみたいで気持ち悪いからハズレだって言って捨てたのに、三五〇円もするのね。」と感心していた。そういうのは捨てる前に相談してほしい。

その後資生堂に行って「リレーバトン」や「忍者の巻物」との異名を持つディグニータのパウダー、「パウダーアーティスティック」を試す。化粧直しの時もプレストパウダーよりルースパウダーの方が綺麗に仕上がるけど、粉とパフとブラシを持って歩くのは大変。だけど、このバトンは蓋を取るとちょうど一回分の粉を含んだブラシが出て来る！　しまう時は底のボタンを押すとカシャッとカバーが出てきてブラシが隠れる！

こういうギミックたまりません。

しかもかすかに光を含んだ透明感のあるお粉で仕上がりは綺麗。

続いてグッチに行き、甲にかかる幅一センチ位のベルトだけで身体を支える悪夢の一〇センチヒールサンダルに魅せられる。こういう、美と苦痛を形にしたような靴をたまに履きたくなる。一〇分も歩けないけど。

最後にモガにいってジャケットとシャツとパンツを買ってもらってしまった。パンツは履いただけで三キロも痩せて見えるので色違いで自分でもう一本買う。

昨日も香水（コムデギャルソンの2）買っちゃったし、ちょっと引き締めよう。とりあえず二三日に発売されるアナスイの新形手鏡は買わない（今月は）。口紅も（今月は）。

二〇〇一年八月一八日（土）
ちょっと前「サライ」で睡蓮鉢の特集をしていて、それを見てから睡蓮鉢がほしい。
理想：睡蓮と金魚を入れて外に置く
←うちの周りは猫だらけだから金魚は食べられてしまう
←金魚なしの睡蓮鉢にする
←ボウフラがわく
←金魚と睡蓮で屋内に置く
←

睡蓮枯れる
↓
金魚だけで屋内に置く
↓
でもそれは睡蓮鉢じゃなくて金魚鉢

二〇〇一年八月一九日（日）

私は怪獣が好きですが決してコアなファンではありません。

つい先日知人Tくんに「大伴昌司の伝記（？）『OHの肖像』素晴らしいから貸す」と言われて、「大伴昌司って誰？」と聞いたくらいです。

「怪獣を図解した人」って、じゃあ名前は知らずに愛読していたはずだ。

六年ぶりくらいに離れに行って子供の頃の本の山を探して見つけました（今私はお盆休みで実家にいます。今日までだけど）。

大伴昌司構成・円谷プロ監修『怪獣図解入門』（小学館　昭和四七年）！
一、二歳の弟と、七、八歳の私が盛んに読んでいたので、めちゃくちゃ状態が悪いけど（ちなみに年代的にスペル星人は載っていません）。
宇宙昆虫ノコギリンは「くちべにの中にふくまれている、未知の物質エマゾール41Sを主食にしている」。ブラックキングの「ブラック心臓」は「らせん状になっているので息切れがしない」。バルタン星人には「バルタンくさり液ぶくろ」(!?)があって、「ふれるとたちまちくさいにおいをだしてボロボロにしてしまう」。そしてなによりツインテールは「肉がやわらかく、おいしいので、地底怪獣グドンのエサになっている。怪獣の世界も、強いものが弱いものを食べるきびしい世界だ」。

レオ・レオーニ『平行植物』やハラルト・シュテュンプケ『鼻行類』をはじめとする架空博物誌を私がこよなく愛するのはひょっとして大伴昌司にその魅力を刷り込まれたからなのでしょうか。そうかも。大伴昌司偉大すぎる。

東京に戻ってきたら「幻想文学　61号」が届いていた。書評が載っていてとてもうれしい。

もうすぐ大島に遊びに行くので高橋たか子『誘惑者』を再読。

高校生の時は「松澤龍介（澁澤龍彦）素敵。キャー！」と極めてミーハーに読んでいたが、今読んでもやはりそうなのだった。

二〇〇一年八月二一日（火）

初心に返ろうと思い、このところ図書館に行くたびに国書刊行会の「世界幻想文学大系」と「日本幻想文学集成」を一冊ずつ借りることにしています。

それにつけても「世界幻想」は美しい本ですね。地方都市の図書館の暗い片隅で小学生の私を狂わせただけあります。一冊ごとに違う柱（？）の図版の活版ならではのでこぼこを指でなぞると恍惚としてしまいます。

今日借りたのはJ・ポトツキ『サラゴサ手稿』（「世界幻想」）と『澁澤龍彥』（「日本幻想」）。

二〇〇一年八月二四日（金）

昨夜澁澤龍彥「犬狼都市」（マンディアルグ「ダイヤモンド」と「仔羊の血」を元にしている）を読んでから寝ました（「日本幻想」に入っているから。まとめて読み返せてよいです）。

「犬狼都市」と「ダイヤモンド」は、裸体でダイヤモンドに向かい、その中の世界に吸いこまれた処女が、「狼」ないし「ライオンの化身のような男」と交わる、透明で硬質なエロティシズムを湛えた掌編。

「犬狼都市」の方が好きです。父も婚約者も立ち入れない、狼と少女との濃密な交わりがついにダイヤモンドの中で結晶する構造は無駄なものがなく美しいと思います。

それに対して「ダイヤモンド」では、娘と結びつきを持つのは二者なので散漫な印象があります。身を清め裸体で宝石に向かい、あたかも情交するかのようにダイヤモンドを鑑定する鑑定士の娘を結晶の中で犯すのは、「ライオンの頭部を持つ男」なのです。鉱物愛だけでまとめてくれればいいのに。というわけで朝起きたらマンディアルグ熱に燃えていました。

奢灞都館の『満潮』のことを思うといてもたってもいられないので、昼休みに神保町の地方小出版流通センターに買いに行きました。

「満潮」自体は白水社の『黒い美術館』に入っているのだけど、奢灞都館版の小さく薄く手に収まる瀟洒な一冊がほしかったのです。「満潮」大好きだし。

ところでパソコンだと漢字が出ないから「奢覇都館」っていう略字になってるし、奢灞都館HPでもサバト館と表記されたりして、これはちょっと美しくないですね。

二〇〇一年八月二六日（日）

昨夜から大島に一泊して浅間山に登る。

軽い気持ちで行ったら、炎天下二時間近く山を登る羽目になる。帰りも一時間以上だから都合三時間は火山をさまよっていたわけだ。

でも！　日傘は手放さなかった！　乙女の心意気。

高橋たか子『誘惑者』を読んでなければ絶対火口まで登りませんでしたね（しかし別に『誘惑者』大好きというわけではないのですが）。

私が登ったのはあくまであの小説中の山、三人の少女が自殺のために登った山なのです。

現実の山はそれをなぞっているだけです。

しかし現実の太陽はしぶとくじりじりと私の皮膚を焦がすので日傘は手放せないのだった。

それにしても、私は途中まで車で行ったけど、あの人たちはふもとから歩いて登ったのだと思うとぞっとする。

私は薬がいいよ。


「火口の中は、ぱあっと明るいわ」

（高橋たか子『誘惑者』講談社文芸文庫）

二〇〇一年八月三一日（金）

私は強引に何かをされることは嫌いだが、何かをよろこぶように有無を言わさず変えられてしまうことがとても好きだ。

前者は関係を変えずに行為をいびつに割り込ませるが、後者は行為が自然に生まれるように関係を変える。

文脈を作ることのできる者と、できない者。

私はいつも、誰かが作る物語の中で翻弄されるコマでありたいだけなのだった。

文脈を作る力を身に付けなくては。

読まれ手でも、読み手でもなく、語り手になること。

二〇〇一年九月一日（土）

朝から大槻ケンヂ『ステーシー』を読み返してほろりとする。この序章何回読んでもほろりとするわ。終章は何度読んでも怒りが湧くけど。

渋さん、あなたが愛しているのは「詠子」じゃなくて「可愛くはしゃぐ少女」なの⁉

昨日BOX東中野で友松直之監督「ステーシー」のレイトショーを見た。

一五歳から一七歳の少女が死に、「ステーシー」と呼ばれるゾンビとなって生き返る病が蔓延している世界。ステーシーは一六五分割の細切れにされることによってやっと「再殺」される。少女たちは「ニア・デス・ハピネス」（死を前にした躁状態）特有の笑みを浮かべて愛する男に再殺されることを願って死に、男たちはチェーンソーを片手によみがえった恋人を迎える。

全体的に原作よりも純愛風味が強くなっていました。笑えるところはちゃんと笑える純愛ゾンビスプラッタ映画でした。

原作が好きなだけに全然期待しないで行ったのに面白かったのでびっくり。

映画館で泣きました。

でも一つだけ激しい違和感を覚えたところが。

愛ゆえによみがえり、愛ゆえに再殺されるステーシーは、自分を再殺した男を愛し感謝しているだろう（定義上）。

でも、それとステーシーじゃない少女を連続して殺すことは全然別の話だ。少女連続殺人事件の犯人は、ステーシーの赦しによって癒されてはいけないと思う。「愛する人に殺されて幸せ」なお話として「ステーシー」と（個人的には）双璧をなしている泉鏡花「外科室」をこれから読みます。まあ、外科室は自殺だけど、でも愛する人の握るメスを摑んで死ぬんだもの。しかも麻酔なし手術。いくら相手を愛しているからって、いくら麻酔をかけるとうわごとで秘めたる恋をあかしてしまうかもしれないからって、麻酔なしで愛する人のメスを受けてしまう貴船伯爵夫人は凜々しく誇り高く美しい。

私もがんばります。

「渋さん、詠子のこともこんなふうにグチャグチャにしてね」

（大槻ケンヂ『ステーシー　少女ゾンビ再殺談』角川ホラー文庫）

「痛みますか」

「いいえ、あなただから、あなただから」

（泉鏡花「外科室」『高野聖』角川文庫）

でも、そのあと高峰医学士は後を追って自殺するんだよ。それに対して渋さんあなたはなによ。少女だったら誰でもいいわけ⁉

二〇〇一年九月六日（木）

き、来てしまった。ヴィヴィアン・ウェストウッドのファミリーセールのお知らせが。勿論私はフェティッシュでクラシカルでアヴァンギャルドなヴィヴィアンの服が好きなのです。

しかし、乙女を標榜してヴィヴィアン好きだとそのまんまで恥ずかしいな……。ウエストはどこまでも絞り、胸はデコラティブなまでに高く盛り上げ、人間をオブジェに変えてくれるお洋服は魅力的ですが、しかしどこにも着ていけません。前のセールでは五八万円分の服をたったの（!?）一五万で買ったのですが、一度しか着ていません！

それでいいのか？　いいんです。

万華鏡だって骨格標本だって着れないけど持っていたいものです。服だって着ないから持っていてもしょうがないなんてことはありません。

一人で着て楽しむのです。

私は少女人形のような身体になりたいといつも思っていて、自分の身体ってちょっとどうよと思っているんだけど、この身体つきだとヴィヴィアンの服が似合うということがわずかな救いの一つなのです。

今回のセールは行くだけです。買ったりしません。

多分ね。

……もし買うとしてもワンピース一枚くらいかな。

買ったり、しないけど……、多分……。

二〇〇一年九月七日(金)

リアルドールのメイキングビデオを買ってとてもごきげん。

すごいです。体型は五種類、顔は九種類、肌色は五種類、爪五種類、髪型一〇種類、髪色七種類その他もろもろ。

そして特筆すべきは、アイシャドウの色が八色、アイラインの色が四色あるということです！

男性が(アイシャドウはともかく)アイラインの色を気にすることがあるのだという事実に私は初めて直面しました(ちなみに口紅は七色)。

ラブドールにまつわる個人サイトを見るのはおもしろい。

名前をつけ、着せ替え、色々なところで様々なポーズで写真を取り、まさに人形のように扱っておきながら、そこに感じられるのは一方的ながら真摯な愛だったりする。

人形を人間として扱うことと、人間を人形として扱うことは裏表だから、オブジェ嗜好に適うのです。

デカルトのフランシーヌのように、箱の中でいつもおとなしく待っている自分だけの

「お人形」ってそれは魅力的だろうなあ。

人間だと、自分が必要とされていない時も外界に存在して意識を持ち続けないといけないから、かなしいこともある。

二〇〇一年九月一四日（金）

スパンアートギャラリーにトレヴァー・ブラウンの展覧会「メディカル・ファン」を見に行く。

トレヴァー・ブラウンって、ポップ過ぎ、キャッチー過ぎな気がするけど、でもあの痣がいいんだー。あんな風に痣を執拗に描く人って、いないいんじゃないでしょうか。

二〇〇一年九月二〇日（木）

肉体が意識という異物を抱え込んで断末魔の衰弱症状に陥っている現況は、しかし一度手放した超越的価値に擬似復古的にすがりつけば解決されるというほどお手軽なものでもあるまい。既成の神秘的体験を上昇的に志向するのではなくて、卑賤下等な感官の体験に向って下降しながら意識を超脱する恍惚に出逢う方途もまたあるはずだ。それは人間の肉体が玩具の無目的的な器具性に徹することによって、あるいは失われた聖なるものを操り手としてふたたび迎え入れる特権的な容器となることがありうるのではないか、という期待である。意識の干渉を超脱し、憑依状態のなかで晦冥な無意識の闇へと下降していく完璧な肉体は、かつてはたえず父なる神の明智に監視されていた。肉体が本質的に受動的な器具であることが、そこでは自明の理だったのである。

（種村季弘「器具としての肉体」『種村季弘のネオ・ラビリントス4　幻想のエロス』河出書房新社）


道具になりたい。特権的な容器となって、自我を手放し全一性の光の中に溶けてしまいたい。

でも、でもそれでいいの⁉　いつもすぐさま自分を問い詰めてしまう。

「私」をあずけて楽になっていいの？

悪しきデカルト主義者なんでしょうか。ローティに笑われる。

そしてまた。

私が男性だったら、主体を失い、他者として物体化されることに無邪気に憧れることができただろう。しかし、女性にとって、それは否応なしに与えられたジェンダーを受諾し徹底することとあまりに似すぎている。

そこに生まれるかすかな、しかし抑えがたい拒否反応。

実は全く異なるのに、自分でも間違えてしまいそうなほどよく似た外見を持つ、隣り合う二つの物語を引き受けることへのためらい。

ええ、それは私（の一部）はオブジェになりたいです。でも、それは女が他者であり自然であり鑑賞されるものであるからではないの。

（注　分析哲学系において、「デカルト的」とは悪口。「プラトン的」も悪口。ローティの場合、普通頭に「悪しき」がつく）。

二〇〇一年九月二二日（土）

馬場のキノコノクニヤ書店（古本屋）で『ジョン・ウィリー　ビザールコレクション』を先日見つけて、買おうか買うまいか気にかけていました。

今日特殊翻訳家柳下毅一郎の日記を見ていたら、同書を買ったと書いてあるじゃありませんか。

私はキノコノクニヤに走ってしまいました。

中身は結構文章が多かったので買ってよかった。

そういうことってあるでしょう？

例えば「エルメスのベルトほしーな」と思っていると、安野モヨコがＶＯＣＥでエルメスのベルトについて書いていたりする（まあ、メゾンエルメス開店に合わせていたるところでエルメスについて語られていたけど）。

ああ、物欲物欲。

結局どちらも入手してしまいました。

こうなるってわかってるから私は「日経モバイル」は買わないようにしています。

二〇〇一年九月二六日（水）

このところ酒井潔の本をまとめて読んでいます。

エロ・グロ・ナンセンスの時代に生き、熊楠から澁澤を繋ぐ位置にある彼の仕事は幅広くおもしろいものです。もちろん、その二者に比べれば酒井潔は小さく、時代に縛られた存在です。しかし、だからこそ彼の文章には独特のエキゾティズムがあるのです。

しかしもうこんな本ばかり読んでるのちょっといやかも。

その時期読んでいる本の傾向に思考は如実に動かされるから、ちょっと違う方向も伸ばしてやらないと。

というわけでヤコブス・デ・ウォラギネ『黄金伝説』（キリスト教聖人伝説集）も並列して読んでいるのですが、これだってかなりスペクタクルでエロ・グロ・ナンセンスな本と言えば言える。

シモーヌ・ヴェイユ『重力と恩寵』を読もうか（自分がぐちゃぐちゃになるとこの本を読みたくなる）。

二〇〇一年一〇月二日（火）
会社の先輩が貸してくれた北村薫『夜の蝉』（東京創元社）を読んでいて、ある部分でぐっと詰まった。
主人公の本好きな大学生（日文）の女の子は、短編を読んで魅かれていたソログープの長編『小悪魔』を、友達の先輩（面識はそれまでない）に借りる。読んでいて何の気なしにカバーをはずしたら表紙には！

《無気力と憂鬱、グロテスクとエロチシズム》と書いてあった。

私は瞬間、かっと全身が燃え、続いて血の気が引いた。信じられない罠に落ちた女狐になったような気がした。

麗々しくそう謳ってある本を、男の人に声までかけて何がなんでも借りたことを、その瞬間私はたまらなく羞ずかしく感じたのだ。


ガーン！

いつも（？）そういう本ばかり読んでいる、むしろそういう本を友達に（本友達は男性ばかりだ）貸している、むしろそういう本の作り手でありたい、私の立場は⁉

この主人公は国書の本読まないのね。きっと。読んでも叢書江戸文庫くらいだ。決してフランス世紀末叢書なんか読まないに違いない。

でもねでもね、身持ちの堅くてしっかりした真面目なお嬢さんとして近所に通ってそうな、小市民的な道徳と幸せを決して疑おうとしないこの主人公のかたくなさでは、物語のおもしろさを理解できないことも多いのではなかろうか。

グロテスクとエロチシズム取ったら私なんてさ……（やさぐれ気味）。

勿論私もとても真面目なのだけど、彼女の真面目さとは違う真面目さなのだった。

二〇〇一年一〇月七日（日）

夜中の一時にパジャマの上にダウンジャケット着て公園で花火。

二〇〇一年一〇月一〇日（水）

異世界のおそろしさ。

異なる論理のしらじらとした肌触り。

しかし、侵入してきた「他者」は、侵入している以上、何者かとして理解されている。

それは「他者」の残骸、かつて「他者」であったものにすぎない。

世界は拡大・変質するだけで、壊れることも同一性を失うこともない。

すべてを飲み込む世界に、境界は存在しない。

それでもなぜか感知される異なる論理の気配。

「他者」のなれの果ては、「どこか」からやってきたはずだ。

「どこか」に通じている、それと認識することはついぞ出来ないであろう「裂け目」を探し続けること。それが目的ならば、描写は不要である。

なぜなら、描写によってたちあらわれる異界は、この世界の内部に過ぎないから。

世界の外部を志向することと、異界を求めることとは一見似ているが、実はまったく異なっている（「異世界」という言葉の中の「世界」は、他の「現実」のことであり、「世界の外部」というときの「世界」は存在全体のことだから）。

私は前者を「哲学」と、後者の表われを「幻想文学」と呼ぼう（そして、それらは勿論両立しうる）。

二〇〇一年一〇月一一日（木）

自由が丘武蔵野館に石井輝男監督「徳川いれずみ師　責め地獄」を見に行く。

ですぺらでよくお会いするIさんに貞操帯が出てくるし大変におもしろい映画だと教えていただいて、楽しみにしていたのだった。

……。

なんて無意味に残酷で無邪気で馬鹿馬鹿しくて愉快な映画でしょうか。

素敵すぎます。

彫物をされた女達を売り物にした娼館を舞台に、二人の彫り師が腕を競うなどとあらすじをまとめてみても無意味だ。

思わず失笑するような無残絵の連続。

この映画を皮切りに、週替わりで石井輝男連続レイトショーが行われるということです。

私は少なくとも、阿部定本人が映っている（出演しているわけではない）という「明治・大正・昭和　猟奇女犯罪史」と「江戸川乱歩全集　恐怖奇形人間」は見に行きます。

今はなき池袋名画座で石井輝男オールナイトをやっていた時、私は優しい親心によって同地の女子学生会館に閉じ込められて、シャッターの閉まった玄関を恨めしく見つめていたのでした。

一人暮らしする娘を女子学生会館に閉じ込めちゃ、東京に出た意味ないじゃん！

女子学生会館：門限二二時三〇分。電話は交換台（というか受付）を通して二三時まで。設備良好。部屋狭し。家賃高。オートロック、番人つき。在室を示す名札あり。そして、男子禁制！

その年の一二月にはもう引っ越した。

二〇〇一年一〇月一九日（金）
ほしいもの。
・佐藤美穂の人形
・チョコレート色のフレアスカート
・ヴィヴィアン・ウエストウッドのコルセット
いまいちこの冬のファッションを摑みきれず、いまだ燃え上がれないまま惰性で服を着る私。

いかんです。

二〇〇一年一〇月二〇日（土）

遺書にして艶文、王位継承その他無し

（加藤郁乎『えくとぷらすま』中村書店　昭和三七年）


これは加藤郁乎さんの句で私が一番好きな句です。

『後方見聞録』（学研M文庫）の見返しに、郁乎さんにこの句を書いていただきました。

座右の銘にする。

二〇〇一年一〇月二四日（水）

自由が丘武蔵野館で石井輝男監督「明治・大正・昭和　猟奇女犯罪史」を見た。

斬首人（?）役の土方巽が嘘くさい雪の降りしきる中で立っていた。

三二年前にフィルムに映されすでにもういない人の放った気迫が今私に届き、私は身が竦んで動けなくなった。

あの人にになら切られてもかまわない。

なにもかもどうでもいい。今日帰り道で死んでも別にいい。

でも、無事についたけどね。

二〇〇一年一〇月二五日（木）

昨日見た石井輝男監督「明治・大正・昭和　猟奇女犯罪史」が意外にもあとをひいている。

愛欲がらみの犯罪を立て続けに見せられると、恋愛という、一つ一つが特別で一回限りと思われるものが、実は誰にでもどこにでもいつでもあるごくごく陳腐なものだと思い知らされる。

それでもいいのだ。

うたかたの夢に狂ってほろびることになんの悔いがあるだろう。

問題は、人はそう簡単にほろびるものではないということなのだ。

映画では、もうおばあさんになった阿部定がインタビューを受けていた。

定さんは、あれほどの恋の後、老いるまで生きたのだ。

酔うことも狂うこともない、素面の日常を毎日毎日何十年も積み重ねたのだ。

おそろしいのは恋のはかなさなどではない。

人生なんてたちの悪い冗談だと言えるほど私は達観できず覚悟もできない。少なくとも今はまだ。

日常はこれほど強固で、一分一秒ずつしか刻まれていかないものなのだから。

酔い続けているには人生は長すぎる。

そして、それでも酔い続けているにはこの強固な現実に対峙できる強さが必要なのだ。

ずっと覚醒し続けることができる者、甘い慰めを必要とせず、守らなければいけない

「私」を持たない者にしか、全存在を投企することはできない。

「明日が来るのがこわいの」と泣きながらすがりつく夢は、日曜日のようなもの。月曜日はその後必ず来る。そのような夢は日常の中で、日常を送るために癒し手として用意されたものであり、日常の一部分に過ぎない。

目覚めなさい。

現実から目覚め、「私」から目覚めなさい。

もっと深く夢見たいのなら。

二〇〇一年一〇月二六日（金）
渋谷のアートスペース美蕾樹に松島智里のオブジェ展 Synchronicity を見に行った。青い光の籠った箱の中で紫水晶はしんと澄んでいる。狭い世界は充足していた。その中に入り込んだとしても、鉱物は私に気がつかないだろう。神秘な形をなぞる透明な糸は揺らがないだろう。
静謐さを乱さないまま、私も固く固く結晶してそこでひっそりと小さくなっていたいと思った。

二〇〇一年一〇月二八日（日）
マリアンヌ・アルコフォラード『ぽるとがるぶみ』を読みながら涙を流さんばかりに同

情しかつ憤激してあばれ（イメージ的にシゲタカヨコ＠「ハッピー・マニア」）、笑われる。

だめだよマリアンナ。

自分の全生命をかけ常にシャミリイを思い、彼のために自分を捧げ尽くしても、もう彼の中ではあなたのことなどただの一パーセントも占めてはいない。その一パーセントの中であなたがどれほどのことをしようとも、もはや、あなた自体が彼の中でなんの価値もないのだから。

彼は、あなたのことなど、気にもしない。

あなたの恋文を真面目にとってやっぱりいるとかいらないとかいうのではなくて、彼にとっては単に、もう、終わったことにすぎない。もう自分に関係のない人が何をしようが、関係ないのだ。

適わぬ恋にすべてを捧げ、自分を捨てた人をあたかも神であるかのように崇めまつり、全生活をかけて悲嘆にくれることはしかしあまりに甘美なので、やめれば楽になるとわかっていてもやめられないものですが。

などと心の中でさかんにマリアンナに語りかけ、さらにシャミリイを罵倒してみたりする。でもポルトガルの二五歳の尼僧マリアンナが遠征中の三〇歳の騎士シャミリイと出会うのが一六六六年、次の年にシャミリイはマリアンナを捨ててフランスに戻り、マリアンナが恋文をつづったわけで、もう三三〇年以上も前の恋する乙女に呼びかけ応援するのは変な感じですね。

でも、マリアンナは八三歳まで生きた。

阿部定もおばあさんになった。

そして私も日々を生きております。

過ぎればなんとかなるものよ。

そして、最初に戻って恋に身を投じるかそれともやめるかを決断できるとしても、それは勿論もう一度！　と力強く言うのです。

いや、一度と言わず何度でも。

これって永劫回帰を肯定してる⁉　超人的⁉　（いや違う）。

恋愛小説と言えばビヨンデッタほど魅力的な女はいないと言われたのでカゾットの『悪魔の恋』をこれから読みます。

二〇〇一年一一月一日（木）

ドゥルーズ買いに行ったのになぜかシャネルのアンフラルージュ08を買ってしまった。

ボルドーともブラウンともつかない深い赤です。

赤口紅を買わないと冬はこないのです。

ドゥルーズは？

二〇〇一年一一月三日（土）
ヴィヴィアンのセールの開場を待つ間、十年ちょいぶりにマルキ・ド・サド『ジュリエット物語――あるいは悪徳の栄え』を読む。
冒頭ではジュリエットは一三歳、私がはじめてこの本を読んだ時はジュリエットより年下だった。
それを考えるとよくもこんなに健全に育ったものだ。それとも、二度と帰らぬ少女時代を無駄に過ごしてしまったのだろうか。

二〇〇一年一一月四日（日）

アユーラの新しい香水スピリット・オブ・アユーラのサンプルをもらった。

「ああなんてなごめるいい香り、この香りのお風呂に入って、この香りのするシーツにくるまって眠りたい」と半日くらい絶賛していたけど、よくよく考えてみると、バスクリンの香りにも似ている。単にお風呂っぽい香りだからお風呂を思い出しなごんでしまったのだろうか。

ちなみに。

カモミール、ローズマリー、クラリセージといった西洋のアロマティックハーブに、東洋で古くから息づいてきたスピリチュアルな香りをブレンド。凛とした透明感ただよう「墨」、ほのかな苦味がやすらぎのひとときを与える「茶」、スパイシーな芳しさを奏でる「匂い撫子」の香りを織りこみました。

ということです。

コンセプトはコムデギャルソンのフレグランス系でいいんだけど。アユーラとオリジンズはもっと値段を高くしてもいいから良質の香料を使ってほしい。特にオリジンズは安いガムとかキャンディみたいな合成香料くさい香りをつけるのはやめてほしい。

最初は「いい香り」と思って買って、「でも安っぽい」と気がつくと、がっかりする。

二〇〇一年一一月四日（日）つづき
ドゥォーキン『ポルノグラフィ　女を所有する男たち』を読んでいたら、友成純一の初期作品（スプラッタ・バイオレンス・ポルノ）を読みたくなった（昨日サドを読んだのもこの本のため）。

書店に友成純一『凌辱の魔界』と『獣儀式』を買いに行ったら「あかまつ」の最新号が出ていて、その特集が「戦後　セクシー雑誌大全」だったので即買う（そして次号は奇譚クラブ特集らしいのでこれも当然即買う）。

さらに歓喜しながら『『論考』『青色本』読解』（ウィトゲンシュタイン／黒崎宏訳・解説）を買う。それからデルヴォーの画集と美術情報誌を買って帰りました。

ポルノ小説とポルノ映画では、女は、そのような物になるよう教え込まれるのが筋書である。即ち、女は強姦され、殴られ、縛られ、使用されるが、最後に女はそれこそが自分自身の本性と目的なのだと認識し、それに従う――それも幸福に、貪欲に、もっとしてくれとせがんで従うという筋書である。その中で女は、自分は使用されるための物だということだけを認識するまで、使用され続ける。

（アンドレア・ドウォーキン『ポルノグラフィ　女を所有する男たち』寺沢みづほ　青土社）

ドウォーキンによれば、性において主体的であろうとする女性は、自分が奴隷ではなく完全に自由であると錯覚するまでに徹底的な奴隷状態におかれているわけだ。ヤプーの幸福。

それは、強姦されている女性がどうしようもない悪意と暴力にさらされながら、それでも「楽しもうとする」かのような絶望的な努力なのだと彼女は言う。

選択の余地も与えられず強いられた暴力に対して出来ることは、自分が楽しんでいると思い込むか、それとも自分は人間ではなく使用されるための物体であるという事実を受け入れるかのどちらかなのである。

彼女の言説の持つリアリティと、しかしそれに感じる疑問。そしてその疑問は私自身に向けられる。

私はどこまで刷り込まれているのか。

私はどこまで自分をこのように育てたのか。

二〇〇一年一一月五日（月）

とある写真展に行く。一枚だけ（写真家の腕のためではなくて、明らかに偶然に）とてもいい。

自分の能力を超えた何かが降りてきてしまうことはあるけれど、そんな奇跡が形をもって展示されているところはそんなに見られない。

幼稚園から小学校低学年くらいまで、私はある使命感を持っていた。

地球の風景を見なければいけない。

漠然と、私が見た映像は写真のように切り取られ送り出されていつまでも取っておかれるとかそんな設定を持っていた。

異星人か神様かわからないけど、何かが、（ひょっとしたら地球がなくなってから）その風景を見て、地球はどんなところで、地球人は何を見たのかを知るのだ。

そのために風景を切り取る人が地球のあちこちにいるのだと想像していた。

ごくありふれた所で日々を送っていたけど、だからといって私の見るものの重要度が減るわけではないのだ。私にとってありふれた風景でも、異星人（？）にとっては非常に珍しくなじみのない光景に違いないのだから。

私は空を横切る電線を見た。冬の朝ペンキの剝げかけたジャングルジムが立っているのを、その下の砂の中で石英の粒が光るのを見た。

西日を浴びながら帰る自分の長い髪が金色に縁取られているのを見た。奇形魚が棲んでいるという噂の沼に投げ込んだ石が引き起こす波紋を見た。

私は真面目に役目を果たしていた。質感も温度も力場も持ったままの鮮明な映像を私は見、それを切り取った。

いつのまにか私は使命を忘れてしまった。

(他のたくさんのことを忘れたように。橋を右足で渡りきらなくても平気になったのはいつからだろう)。

あの頃のように「見る」ことは今ではまれである。

ただ、絵画や写真を見るとき、私は今もまだ地球で見えるものを切り取っている人がいることを知らされる。そして私もまた少しのサンプルを切り取り新たに送り出すのだ。

「これが地球人が見たものです。」

二〇〇一年一一月七日(水)
有休とって九時から銀座プランタン前で並ぶ。
現代創作人形展初日。焦がれてならない人形を迎えることができないかと朝から行きましたが、抽選でした。
抽選は外れました。

すぐ眼の前に座っているのに。さらって逃げたかった。

三〇人ほどの人形作家さんの作品が展示されていた。みんな人形。ひとのかたちは共通している。

単に人の形をした粘土があり、その隣にこちらを射抜く存在感を持つ何かが座っている。

存在感、魂。自分が作り上げた魂にそれらを込めることができる人もいる。

二〇〇一年一一月一〇日（土）

渋谷の美蕾樹で行われているこやまけんいち個展「illegirl」に行く。

ロットリングの固い線は神経のように細い。

細い線で描かれた少女達の細い身体に浮かぶ赤い傷は細く、そこからは細い線を描いて血が滴る。

一見かわいらしい少女達は、しかし決してたやすく他人に入り込まれはしないだろう。

彼女達の神経は研ぎ澄まされている。彼女達の身体には見えない防壁がはられている。

彼女達は毅然として、あるいは楽しげに鋏を握るが、それは彼女自身のため、あるいは彼女の仲良しのお友達のためだ。

少女達が楽しい秘密のお遊戯をする部屋にこっそりと彼は招かれる。

（おそらく、彼の小さな女友達の一人が呼んでくれたので）。

そして彼はペンをとる。白い紙に切り傷をつけるように、固く細い線を引く。

二〇〇一年一一月一七日（土）

人工的に身体の線を作りあげるような衣服はやめたほうがいいんじゃない？　とか、すっぴんのほうがいいよ！　とか、ある男性に言われた。

彼の真意は別として、そういった女性に対するナチュラル志向というのは、支配欲からくるものなのだろう。

彼らが欲しいのは自分好みに作り上げるための素材としての女性であって、自分の身体（容姿）を自分自身でコントロールしている者ではないのだ、おそらく。

ロリータファッションは、自分はあなたのための素材ではなく、自分自身のための素材なのだという意思の表明のように私には思われる。自分で自分を着せ替えできる人形には、御主人様なんて必要ないのだから。

「〇〇（女性アイドル）のような彼女がほしい」と、異性に対するアピールが今ひとつ不足しているように思われる男性が本気で言うのを聞いておどろくことがままある。

そんな「女のコ」（アイドルグラビア的表現）と付き合いたい人は何千人、何万人といる。選択権は完全に彼女にあるのだ。自分が、彼女によって何千人、何万人の中から選ばれるに足るだけの男性かどうかを、どうして考えてみないのだろう。

彼らはどうも自分は常に一方的に「見る者」であると無邪気に信じ込んでいるようだ。

自分もまたコミュニケーションの場においては「見られる物」であり、見た目で判断されるのだという意識が欠けているように思われる。

あなたは、モニター越しに、なんの痛みもなく、気楽に、「女のコ」たちを顔と肉体で審判する。

それもいいだろう、彼女たちは容姿（見た目）を売るのが仕事だから。あなたは観客だから。

しかし、あなたがその選別者の視線を隣にいる私に向けようとするのなら、あなたは知らなければならない。

私は、一方的に見られているだけのものではないということ、そして私はあなたを見、あなたもまた私によって裁かれるということを。

あなたにはその覚悟があるのですか。

あなたはそれほど美しいのですか。

二〇〇一年一一月二一日（水）

自由が丘武蔵野館へ石井輝男監督のあの名作傑作怪作「江戸川乱歩全集　恐怖奇形人間」をついに見に行く。

……。

こんなにおもしろい映画を見たのは生まれて初めてかもしれない。

五分に一度は期待を裏切られ、信じられない展開なり演出に驚愕し思考停止を余儀なくさせられる。

しかもその間も何事もなかったかのようにドラマは続くし。

観客は一〇〇人くらいはいて、みんな笑ってました。実に一体感のある客席だった。

「パノラマ島奇譚」と「孤島の鬼」がベースで、それに「人間椅子」と「屋根裏の散歩者」が加わるという内容で、土方巽扮する裏日本の大金持ちの大旦那様が暗黒舞踏を踊り続けることで全体のトーンを統一している……というか。

石井輝男のとんでもなさが最大風速に達した作品であると言えるでしょう。

手術室に並んで立っている、内臓が見えるように胸部を開いてある少女たちが、トレヴァー・ブラウンちっくというか、氏賀Y太ちっくでかわいらしくてよかったです。

二〇〇一年一一月二二日（木）

中学生の頃好きだった香水、ロメオ　ディ　ロメオジリの香りが無性にほしくなって新宿高島屋のロメオジリに行く。

……だがしかし、廃盤。

最近にわかに愛用しているグロスがそろそろなくなりかけてきたので、同高島屋のクリニークに行く。

……だがしかし廃盤。

四年くらい前に買ったけどお蔵入りしていた、グロスウェアアンドブラッシュ17　ブラックハニーという色です。

クリニークのグロスは、色は結構つくけどつやと透明感があまりありません。グロス全盛期には旬の質感じゃないなーと思ってしまっておいたのだけれど、昨今の口紅回帰の中では中々使えると復活。グロス自体は「く、黒⁉」と引いてしまうほどどす黒い赤。つけてみると血色。

血色の口紅（グロス）が好きなので同じような色ばかりたくさん持っています。血色といっても、パープルがかった血色と、ブラウンがかった血色があって、私の場合は前者だと顔色が青白く（悪く）、後者だと色白に（澄んで）見えます（ということはやはりイエローベースなのだろうか）。

やっぱりグロスだと透明感があるからこういう深い色は出しにくい中、一人で健闘していたのがブラックハニーだったのに……。

ピエヌで昔出していたルージュアマリスト91も深い色みのグロスだったけど、あれは限定だったし。

シャネルでたしか似た色のグロスを出していたから、次はあれを使うしかないか（買い置きしておいたほうがいいかな）。

カウンターでがっかりしていたら、ＢＡさんが探してくれて一つだけ残っていたものを出してくれました。

あわてて都内クリニークカウンター数ヶ所に電話して聞いてみたけど、どこもないようです。

一つ半でいつまでもつだろうか。

二〇〇一年一一月二八日（水）

ギャラリールデコで行われている、山吉由利子の人形展に行った。彼女は決して私を見ることがない。うつむいて、ただ座っている。その前で私は身じろぎもせず、ただ彼女を見る。私の視線が彼女のかたちをなぞって滑る。視線はむなしく滑り落ちるだけで、彼女にはなんの跡も残さないし、彼女が私を見て視線を受け入れることはない。

彼女はもう完成されている。何者も受け入れない、何者にも所有されない。例えば私がなにがしかのお金と引き換えに彼女を家に連れ帰ることはできるかもしれない。彼女の髪を梳かし、身体に指をはわせることはできるかもしれない。しかし、そんなことで彼女を所有することなどできるだろうか。

私は、彼女を変えることはできない。彼女の中に何かを残すことができない。彼女と私は決して交じり合わず、相互作用することはない。

絶対に私と浸透しあうことがない他者である彼女を、私が所有する、そんなことができるだろうか。

私は腐っていく。私は朽ちつつある。

彼女は変わらない。彼女は誰も見ない。


一二歳の私の前に天野可淡の少女人形が立っていた。おなじかたちをしていた私は、まるで鏡に写った像のようにその前に立ち尽くしていた。

動けなかった。あの時、あの子と私は交換可能だった。

あのまま動かなかったら、私はガラスケースに入れられていたはずだ。

でも、私は動いてしまった。変わってしまった。成長してしまった。

あなたは決して私を見ない。私に気がつかない。

もう、間にあわないのでしょうか。

二〇〇一年一一月二九日（木）

昨日行った山吉由利子人形展「夢の記憶」の余震が続いている。

山吉由利子の人形は写真では見ていたのだけれど、それほど惹かれてはいなかった。

それらの写真は演出過剰に思えた。人形が、イメージを伝えるための材料にすぎないように見えた。

しかし、昨日じかに見た人形はおそろしい存在感を持っていた。

世界観を表現するための部品としての人形ではなく、存在感によって自分を取り囲む世界の質を変化させてしまう人形がそこにはあった。

勿論、空間演出自体、大変優れたものだったことは確かだ（空間演出・オブジェ…菊地拓史）。

でも、その演出の基盤になっているのはやはりあの人形の持つ存在感なのだ。

一般的に、造形的な完成度の高さ・綺麗さと、このような存在感とはあまり関係がない。感歎するほどの造形美と、慄然とするような存在感。どちらも人形の持つ魅力だ。前者は人形ならではの、後者は人形を超えた。

二〇〇一年一一月三〇日（金）

恋愛・結婚・家庭・育児、そしてそれらを包み込む生活に関して、岡田斗司夫の『フロン』（海拓舎）ほど示唆に富みまた実践的な本があるでしょうか！

もうこれから私は澁澤龍彦『快楽主義の哲学』（理念）に加え、『フロン』（実践）を手引きとして生きていきます！（それでいいのか？）

来春婚約するらしい妹を手はじめに私はこの本を人に貸しまくるつもりです。

ちなみに今妹は出だしの方を読みながら感心して「絶対に彼氏に読ませなくちゃ！」と言っています。

それにしても、『フロン』は、「生きるのがラクになる本」系の顔をしているけど、読者に対する要求は実はすごくシビアです。

この本で（当然のように）前提とされているのは、「独りで生きていけること」なのですから。

二〇〇一年一二月四日（火）

母に頼まれたお直し物を取りに銀座のメゾン・エルメスへ。エルメスで売っていた馬用の鞭はいわゆる乗馬鞭とは違って、もっと棒っぽかった。

帰りに秋葉原のラジオ会館によって書店をぶらぶらしていたら、i-doloid の vol. 3 が出ていたので慌てて買う。

i-doloid とは、仮想愛玩用人造美人専門誌（……）。ラブドールとか3D美少女の雑誌で、イアン・ワトスンの『オルガスマシン』の短編版も vol. 1には載っていたのだ。気になっていたのですが初めて現物を見ました。

しかし、ラブドールと荒木元太郎のフィギュアはわかるけど、3DCGというのは路線が違いすぎやしないでしょうか。

そしてフィギュアはなぜ荒木元太郎しかないの？　なんかあやふやな雑誌だ……。エロCGがいっぱい入っているらしいCD-ROMはいらないし……。ほんとにこれはいらないから一〇〇〇円安くしてほしい。

おもしろかった記事1「遊べる医療器具人体モデル編」。だけど、このネタになってる医療模型カタログ持ってるし……。

おもしろかった記事2「等身大ラブドール変遷史」。でもこんなのネットでいくらでも見られるし……。

おもしろかった記事3「二〇〇一年ロボット・テクノロジーの性革命」。モノクロ二ページのこの記事だけがおもしろかった！　身体改変、人間のサイボーグ化、フェティッシュアートなどを軽く紹介してるだけだけど。

エロティックな造形物やフェティッシュアートなどなど（人間のオブジェ化としての身体改変含む）の雑誌ないかしら。

夜想（幻想的文学・美術雑誌）とBURST（ボディピアスやタトゥー・身体改変などが載った不良雑誌）とS・M・H（アート系模型・ジオラマ・フィギュア雑誌）とあかまつ（エロ文化雑誌）が混ざったような。季刊で、読みもの重視で。

二〇〇一年一二月一九日（水）
このところ忙しくてずっと睡眠不足。気がつくと目の下にクマができていた！
それに気がついた時思ったこと。
一、やった！　これで（いままで遠巻きにしていただけで入り込めなかった）クマくすみ対応コスメの世界に身を投じることができる！
二、クマなんて、ショック……。

一が先にくるところがコスメフリークのフリークたる所以でしょう。

でも化粧品買いに行く暇なんてないの。

仕方がないからカタログを眺めて楽しんでいます。

どれがいいかなー。

二〇〇一年一二月二四日（月）

（〇〇〇にはイブなどない！

〇〇〇には適宜職業名を入れてください）。

というわけで会社に行き、帰りに閉店間際の池袋西武に滑り込む。

もちろん化粧品売り場が目当て。

……のはずだったのだが、偶然野又穫の展覧会が開かれていた！

野又穫はエティエンヌ＝ルイ・ブレの衣鉢《いはつ》を継ぐような、幾何学的で独特の質感を持つ幻想的な建築を描く人です。彼の描く巨大な建築は、人が住む実際の建物ではなくて、実物と同じ大きさに作られた建築模型のように見えます。

コンクリート（?）と鉄骨と硝子とプロペラと螺旋階段で作られ、吹き抜け構造を多用したその建築は、時に植物園のように内側に木々を茂らせているのです。

一九九八年の画集を見て以来、幻想建築派のわたくしとしては気になって気になって仕方がなかったのですが、画集を買いそびれている内に版元（トレヴィル）がなくなり、野又穫という名前も忘れてしまって探しようがなくて困っていたのです。でも出会ってあるものです。うれしい。

画集はすでにないけれどCD－ROMを買ったので早速デスクトップにしました。予想外のクリスマスプレゼントでした。

(今調べてみたら野又穫は『文學界』の表紙を描いているそうです。ああ、そうか)。

二〇〇一年一二月二六日(水)

荒巻義雄の『白壁の文字は夕陽に映える』を探しているけど見つからない。

昼休みに某古書店に駆け込んで探したけれどやっぱり見つからなくて、とりあえずそこにあった『ある晴れた日のウイーンは森の中にたたずむ』を買いました。

私は図書館派なので読んではいるけど持っていない本がとても多い。買った本：借りた本＝一：三九〇くらいではないだろうか。

文庫、それもSFなんて、ある時に買わないと大変なのに……。

私が通っていた高校(女子校)はサンリオSF文庫が非常に充実していて、その恩恵をのほほんと享受していたのだけど、卒業したらもう読めない！

ちなみにそのサンリオSF文庫は数十年前(?)SF研の部長で図書委員長の人がいて、その人が入れたらしい。

私が入学した時にはSF研は衰退していて、SFではない同人誌を作る部になっていたので入部しませんでした。代わりに図書委員長になって、選書会をやる書店を大好きな書店員さんがいるところに変更したり、好きな本を入れまくったり、フェアを組んだり、他校（男子校）の図書委員と交流したりしました。

そういえば私の先代の図書委員長はSF研の部長で、ファンタジーが好きな人でした。トールキン好きで瞳が美しい人でした（近眼だし）。

彼女はSF研の見学に行った初対面の私に対し上品に微笑みながらいきなりエルフ語で自分の名前を書いてくれたのでした。

あー、スターリングの『蟬の女王』も高校の時から読んでないよー！『スキズマトリックス』はどこにでもあるのに！

スーパー源氏にも引っかからないし。ひっかかるところも実は在庫ないらしいし。正月休みに地元に帰ったら高校に忍び込んじゃおうかな。いやいやだめだ。はるか昔の先輩が入れてくれたサンリオSF文庫が私に読まれたように、私が入れた本はきっとそれを読むべき人のところに届くはずだから。

二〇〇二年一月一日（火）

親戚一同が集まる新年会。食べるものも食べて皆がまったりしている広間の隅っこでジョン・K・ノイズ『マゾヒズムの発明』（岸田秀他訳　青土社　二〇〇二）を読んでいるところを二歳下のいとこ（男子）に発見される。

コメント「奥歯ちゃんはむがしっから本ばっがり読んでだがらあだまおがしぐなったんだべ」。

妹と弟がそうだそうだとしきりにうなずく中、まったくそうだよなあと自分でも思った。

二〇〇二年一月二日（水）

初売り。

去年一年のお洋服買いを振り返ると、クール系できちんとしたものばかりだった。仕事向け。上手くまとまりすぎ。去年は確かにそういう年だった。

でも今年は守りに入っている場合ではないと反省する。手持ちの無地物を生かすべく、インパクト柄物の導入を決意。

とりあえずヴィヴィアン・タムで「童子桃源郷ニ遊ブ図」といった趣の過剰にオリエンタルなプリントスカートを買う。五日からセールだけど、「除外品ですよ」と店員さん言ったし。信じよう。信じたい。信じさせて。

オリエンタルづいたところでうちに帰って『カーマ・スートラ　バートン版』（大場正史訳　河出書房　一九六七）を読む。

〈第七章　愛打の種類とその適切な音について〉によると、愛打の苦痛によって次の八種の叫声が生じるそうだ。

「ヒンという音、とどろく音、喉を鳴らす音、泣き声、プーという音、パッという音、スーという音、プラッという音」

……プラッという音って。

「さらにかっこう、鳩、青鳩、鸚鵡、蜂、雀、フラミンゴ、家鴨《あひる》、鶉《うずら》などの鳴声も時おりまねされる。」

……そんなこと、しない。

「手を使った四種類の愛打とともに、胸にくさび、頭に鋏、頬に錐、乳房と脇腹に釘抜きなどで刺激を加える方法もある」けれど、それは地方的な特色で野蛮で下劣なものだそうです。

ためになるなあ。

二〇〇二年一月三日（木）
「青年の哲学（人生の問題）、大人の哲学（社会システムの問題）、老人の哲学（死の問題）はそれぞれ、文学、思想、宗教で代用できるが、子どもの哲学（存在の問題）には代用がきかない」
（永井均『〈子ども〉のための哲学』講談社現代新書　一九九六　引用文中の括弧は二階堂奥歯）

久しぶりに読んだ。

上記の理由から、永井均は（そして私も）子どもの哲学だけを哲学と呼び、その他をめいめい文学、思想、宗教と呼んでいる。問題意識も範囲も異なるこれらを同じ名前で呼ぶことにデメリットこそあれメリットはないからだ。

もちろん一番役に立たないのは（狭義の）哲学である。それも相対的に役に立たないのではなくて、絶対的に役に立たない。

役に立つとは何かのためになるということであるが、「何か」とか「ためになる」とかいうことを問題に出来るようになるその土台の「存在」を考えるのが哲学なのだから。

ほとんどの人は生まれつき哲学が終わったところからはじめている（そしてもちろんやらずにいられない人以外は哲学する必要はない。なんの役にも立たないのだから）。

永井均は幸福な人でなければ哲学はできないという。なぜなら、そうでなければ幸福になるために哲学をしてしまうから。そして、目的を持ったときに哲学は終わる。

ちなみに中島義道は不幸な人だけが哲学をすることができるという。哲学をしなければ幸せになれない人だけが哲学という無為なものをやり続けることができるから。

この二人の意見は異なっている。しかし、幸福という言葉の使い方が異なっているため、単純に正反対のことを言っているわけではない。

中島義道にとって存在するとはそれだけで不幸な、なにかマイナスの価値を持つものである。まずマイナスをニュートラルにすることが幸福になることである。

それに対して永井均にとって存在とはそれ自体はプラスのものにせよマイナスのものにせよ意味をもたないものである（むしろ存在は意味を可能にするものだから）。したがってここで言う幸福とはこれ以上バイアスをかけなくてもよいということである。幸福な人がなんの目的もなく哲学をする。それを遊びだとか余技だとか言うのはたやすい。しかし、幸福な人がなんの役にも立たないものをやらずにいられないということくらい根が深い問題があるだろうか。その病（？）は外から治すことが出来ないのだ。

二〇〇二年一月四日（金）

「うる星やつら2　ビューティフル・ドリーマー」（押井守監督　一九八四）をはじめて見た！

これをリアルタイムで見ていたら人生変わっていたと思う。同じ向きだったかもしれないけど、加速していたのは間違いない。「トップをねらえ！」（庵野秀明監督　一九八八）を抜いて、現在奥歯内アニメオールタイムベスト一作品。

このような作品が生み出されたことに感謝。そしてそれを私が見られたことにも。

何日も泊り込みで学園祭準備のどたばたが続く友引高校。その内彼らはどうやら自分たちが延々と「学園祭前日」という日を繰り返しているらしいということに気がつく。いち早く核心に迫った錯乱坊と温泉マークは姿を消す。今夜は高校に泊り込まず帰宅しようと試みるも、友引町から出ることは出来ずまた高校前に戻ってきてしまう。面堂の自家用飛行機で空からの脱出を図った一行が見たのは、宇宙空間に浮かぶ巨大な亀の石像と、その上でやはり巨大な石像と化した錯乱坊と温泉マークが支える友引町だった。

世界にはもはや友引町しか存在しない。それに気がついた彼らに対して開き直るかのように町は変わっていった。人々の姿が消え、廃墟と化す町の中で、なぜか諸星家ともよりのコンビニだけは電気ガス水道が使え、物資や新聞さえが供給されているのだった。衣食住が保障された「世界の終わり」の中で毎日遊び暮らすラムたち。

しかしその内一人一人消えていくメンバー。どうやら自分たちがいるのは「いつまでもみんなと楽しく一緒にいたい」と願うラムの夢の中だと気がついたあたるは夢からの覚醒を図る。

今年はなんか幸先がいいなー。たくさん面白い物語に出会えるといいなー。

もちろん今覚めていない夢を現実と呼んでいるんだけど、ついつい夢見中だということを忘れてしまう。とてもとても面白い物語が終わって現実にかえるとき、そうだこれも夢だったと思い出すのだった。

そして、そのように世界が／に存在していることは驚異であり、畏怖の念を抱かずにはいられないことだ。私はときに世界がこのように存在していることに対しておそろしささえ感じる。

存在しないかもしれないことに対してではない。存在をやめてしまうかもしれないことに対してでもない。存在している、し続けているというありえない奇跡が今この瞬間にもおこっているということがおそろしいのだ。宗教的というのが一番近いおそろしさ。

驚異と畏怖。

二〇〇二年一月五日（土）

セールも出揃って買い物の日。

アクアガールでスカートを二枚。

コムデギャルソンでコムデギャルソン　ホワイト。

これでコムデギャルソンの初期フレグランスは全種揃ってしまった（別にコムデギャルソンの服は好きではないのに）。

基本的にスパイシー、無機質で硬質で甘辛い香りでそのバリエーションが四つに展開しているのです。瓶はみなフラスクのような平べったい形。あまり「いい香り」ではないかもしれません。くせが強くて奇妙な香りだと思います。でも好き。
・コムデギャルソン　オーデパルファム
一番基本となる香り。シプレースパイシーという新しいジャンルを作った名香。

削りたてのおがくず、すこし焦げ始めた糖蜜、シナモンやジンジャーを初めとする多種のスパイス、苔。一番愛用しているのがこれ。
・コムデギャルソン　オーデコロン
一般にコロンやパルファムの違いは賦香率（アルコールに対するエッセンスの濃度）にあるのですが、この香りの場合は香調自体かなりアレンジされています。オレンジ、ライム、マンダリンなどの柑橘系が加えられてさわやかな印象。ただしラストノートはやはりスパイシー。
・コムデギャルソン　ホワイト
白鈴蘭とホワイトメイローズが加えられていて四種の中で一番やさしい香り。トップがフローラルだったのがラストは明らかにかスパイシーなのでびっくりする。淡いピンクの表紙の本のはなぎれが黒いことに気がついたときのように。
・コムデギャルソン　2
これだけ路線が違う。墨、お香、アンバー、パチュリなどなど。辛口な香り。コンクリートと硝子と金属で作られた現代建築のような、あるいは石庭のようなイメージ。無音の香り。

二〇〇二年一月五日（土）つづき
香水といえばやはり王道はフローラルノートなのだけど、私は花の香りはあまり好きではありません。花粉症だからというわけでもないけど。

水や大気をイメージさせるさわやかなオゾンノートも物足りない。

香り成分を溶けた硝子のように扱って、薄く広げ細く伸ばし、繊細な部分部分を絡み合わせて作られたような、複雑精妙な香りがよいのです。

あるいは溶けた蠟が幾重にも重なり合い襞をなすように奥行きと質感がある香り。

甘い香りも好きだけど、その場合はやはり花の甘さではなくて、お菓子の甘さ、バニラやシナモン、キャンディのようなおいしそうなグルマン系の香りが好きです。コムデギャルソンではない気分のときはお菓子っぽい香りをつけています。次の二つなど。
・ロリータレンピカ（ロリータレンピカ）
リコリス、アニスシード、バニラ、トンカービーン。シナモンがきいたビスケットとキャンディのおいしそうなあまーい香り。これだけだとひたすら子どもっぽくなってしまうところにムスクを加えて大人っぽさを出している。お香もまざっているような。これも愛用。
・ベルドゥミニュイ（ニナリッチ）
ビターオレンジとビターチョコ。甘い中に苦味がある濃厚な香り。二〇〇〇年限定フレグランス。香りが変わってしまうから今年中には使い切りたい。意味は「真夜中の美少女」。夜あそびするときにつけたいですね。
結局、スパイスとお香が入った変な香りが好きなんだ。だからいつもおなじようなのを買ってしまうんだ……。

二〇〇二年一月六日（日）
オンライン古書店で購入した中野栄三『珍具入門珍具考』（雄山閣出版　昭和四四年）が届いていた。うれしさのあまりコートも脱がずに（！）書籍小包を開ける。
「貞操帯及び処女帯」という章があるのを知って注文したのだけれど、中身はどうかなとどきどきする。目次を見ると、なんとその章は九ページも（!?）ある。慌てて当該ページを開くと……。

……まあ、どうせわかってるのですよ。貞操帯についてなんていつでも同じことしか書いてないって。

しかも、貞操帯と書いてあっても、大体実際に取り上げているのは身体に絵を描くとかいった貞操を守るための風習についてだし。図版はいつも使い回しだし。

それでもついつい貞操帯という字を見ると「奇譚クラブ」とか「風俗奇譚」とか買っちゃって、見てみると一ページくらいの下らぬ艶笑譚でがっかりするのですよ。

もう思いきって風俗資料館（性文献を集めた会員制図書館）の会員になろうかな。入会金も利用料も高いからもう何年も見送っているのですが。

二〇〇二年一月七日（月）

日夏耿之介訳のサロメ（講談社文芸文庫）を読む。日夏耿之介の文体がこんなに好きなのに、後半ほとんど暗記するほど読んでなじんでいる福田恆存訳（岩波文庫）の方がしっくりくる。しかたがない。数多の恋心、それも片想いのものだけを込めて読んだ文章の方が身に迫るのは当たり前なのです。

（純粋に恋の醍醐味が味わえるのは片想いで、他の楽しみが増えるのが両想い）。

恋い焦がれる人にくちづけをしてその罪で殺されるなんてそんな幸せはまたとない。

人間が、いやむしろ私が、幸せの絶頂で死んでしまうくらい弱いいきものだったらよかったのに。

二〇〇二年一月一一日（金）

鴨居羊子『私は驢馬に乗って下着を売りにゆきたい』（日本図書センター　一九九八）を読んで思わず休憩時間に下着屋に走る。

蜻蛉の羽のように薄く華奢な下着たちよ私を守って（なにからって、それは例えば見通しの立たない山積みの仕事にへこたれそうになることからとか）。

鴨居羊子（一九二五―一九九一）
下着ブームの火つけ役を果たした下着デザイナー。新聞記者を数年務めたあと、「なにかを創造する立場になりたい」と、当時女性の衣服の中でもっとも遅れている下着の改良を目指した。下着を通じての女性解放運動としての評価も高い。

（同書著者紹介より）

私の体はそのころから体験的にいろんな下着、ネマキを求めて動き出し、同時に一枚ごとに母の反感を買い、喜びとケンカが交錯してすすんでいった。（中略）
もともと私は物質には全く執着がなかったから、何も下着とかネマキへの執着でケンカをしたわけではない。死んでもそれをもちたいためのケンカではない。それを一日着て捨て去るためのケンカである。タンスに青春をしまわないで、今日青春を謳歌し、明日それを捨て去るためにケンカをした。（同書）

下着は白色にかぎる――ときめこんだり、ひと目につかぬようにと思ったり、チャームな下着は背徳的だと考えたり、とかく清教徒的な見方が今までの下着を支配してきたようです。こうした考え方に抵抗しながら、情緒的で機能的なデザイン、合理的カッティング――などをテーマに制作してみました。（同書）

抵抗の旗印として、よろこびのみなもととして、身体に咲いた花のような下着を作った鴨居羊子。

ヴィヴィアン・ウェストウッド（Vivienne Westwood 一九四一―）以前に日本にこんな人がいたなんて。

しかもヴィヴィアンの服は着心地が悪い（あたりまえだ、コルセットをベースにした服が着心地がいいはずがない。そしてあの服で大切なのは着心地ではない）けれど、鴨居羊子は「毎日毎日働くこの体、この脚は毎日機能的で心地よく、そして美しくたのしくないといけない」という考えに基づいて下着をデザインしたのです。

彼女の情熱と思想、機知と戦略に溢れたこの自伝はまだ読みかけ。続きが楽しみです。

二〇〇二年一月一四日（月）

にわかにシオランを読みたくなって地元の芳林堂に買いにいく。

私は生きていることに絶望などしない。なぜなら希望を持っていないから。

それは生を悪いものとして低く評価しているということではなくて、評価をしていないということである。

生を呪うのは裏切られた者だけで、そして裏切られるのは信じていた者だけなのだ。

生自体には根拠も目的もないということを自明のものとした上で、「あー！　〇〇ほしい！」「××したい！」という小さな（長いスパンのものも、短いスパンのものもある）欲望に引っ張られて私は日々をすごしている。

（それらは「〇〇を手に入れるまでは生きていよう」「××するまでは生きていよう」ということと同義だ）。

徹底的な絶望から生まれたものは、余計な夢や望みを脱ぎすてているから遠くまでいける。

そして純粋な絶望を書いたものは少ない。

絶望はすぐに自己憐憫と結びつき、自己憐憫という甘美な夢は思考を鈍らせてしまう。

シオランの文章だって大部分はそうだ。それが鼻についてもう何年もシオランを読もうとは思わなかったのだけど。

さてそれではなぜ今シオランを読みたくなったかというと、おそらく体調が悪いからなのです。

人間はまず第一にケミカルな機械なのであって、思考の独立性など願望でしかありません。身体の調子によって簡単にバイアスがかかってしまいます。

落ち込んだらまずするべきことはお風呂に入って暖まったり、ロイヤルミルクティを飲んでなごみつつカルシウムを補給することなのです。考え事をするくらい無益なことはありません。気持ちに基礎体力がないと楽な方に楽な方に流れてしまうからです（もちろん悲嘆にくれたりくよくよ悩んだりするのは楽な方です）。

シオランなど読んでいるひまがあったら、風邪薬を飲んで寝るべきです。

ところで装丁が一番ひどい『生誕の災厄』（紀伊國屋書店）が一番中身が鋭いのではないかと思います。

二〇〇二年一月一六日（水）

赤坂に、シングルモルト専門店にして文壇バーのような性格を持つショットバーがあります。

そのお店「ですぺら」のＨＰを作りました。見てね（一人で飲んでいる乙女（?）がですぺらにいたらそれは高確率で私です）。

二〇〇二年一月一九日（土）

「（前略）それじゃ始めるよ……月」

「月の光り」

「爪」

「爪で掻く金属の皮膚」

「剣《つるぎ》、剣の上」

「剣の上に乗る裸足の脚の先」

（中略）

「裸足の人形の土でできた十二匹の鼠」

「青く塗られた人形の前にひざまづき歌う十二人の水兵」

「水兵の青く塗られた唇に挟まれた薄荷煙草の……」

「煙草の先の炎に眼をつけ世界を見る柔らかな少年……」

「少年の海は疲れた魚の群れに頭をつけて……」

（中略）

「頭から剝がれ落ちた魚の群れに身を投げる女王の……」

「女王のトランプをくすねた歪んだ頭のイギリス人の尻を蹴飛ばし……」

「走るイギリス人の脚に」

「走るイギリス人の脚にもたれた眼のない兎の」

「眼のない兎の走る脚に」

「眼のない兎の走る腕に」

　二人は同時に唱和し始めた。

「帰らないことを前提とした故郷に棲む兎の、眼のない兎の、月、剣、爪。シーラカンス、ブーゲンビリア」


（牧野修『MOUSE』ハヤカワ文庫）


常にドラッグを体内に摂取し続けている一七歳以下の子供たち（マウス）が住む、廃棄された埋め立て地、「ネバーランド」。

全員が常にそれぞれの幻覚を見続け、「客観的現実」がないそこでの攻撃とは、言葉によって相手の見ている幻覚（＝現実＝世界）を変化させ屈服させることである。

そしてそこではまた、誰かと同じものを見るにはお互いの主観を重複させなければならない。引用したのはそのために自動筆記のように連想を重ね、意識を同調させていく儀式。あまりに美しいので丸ごと書いてしまいました。

世界は言葉でできているということを、「ひとつのリアリティ」を持って描いた優れて詩的な作品ではないでしょうか。

実際に、世界を認識する枠組みは世界の中から変えていくことが出来る（そして無論「世界の外」は語義矛盾だ）。何を読み、何を見、何を認識し何を考え何を感じたかがさらなる世界像を作るのだから。

この世界の読み手にして創造者にして登場人物である私には、作りたい世界像に向けて世界の中から読みとるものを取捨選択することができる。

詩が読みたい。ＳＦが読みたい。

ということは『井辻朱美歌集』を読めばいいのかな？

二〇〇二年一月二〇日(日)
私のパソコンのデスクトップは今のところベルニーニの「聖テレジアの法悦」です。
聖女とはつまり恋する乙女にしてマゾヒストの謂いなのです。

二〇〇二年一月二一日(月)
去年の七月二二日の日記に、岡崎京子『ｐｉｎｋ』（マガジンハウス）から私は下記の台詞を引用した。

「シアワセ　こんなシアワセでいいのかしら？」

「不安？」

「ううん全然　シアワセなんて当然じゃない？　お母さんが良く言ってたわ　シアワセじゃなきゃ死んだ方がましだって」

これには続きがある。

「お母さんは？」

「……そのとおりに死んだわ」

そしてユミちゃんは首つりでぐちゃぐちゃになったお母さんはちょうどこのレアステーキみたいだったと言いながらおいしいおいしいと食べるのでした。

二〇〇二年一月二二日（火）

吉屋信子『源氏物語』（上・中・下　国書刊行会）が、期待していたほど乙女心を満たしてくれなかったので、少女の生活を描いているお話が読みたくて仕方がない。特に寄宿舎ものがいいな。ブライトン『おちゃめなふたご』とか、川端康成『乙女の港』とか、それこそ吉屋信子『花物語』とか……。

変態文献でもさらっとチェックしようと、お昼休みに某古書店へ行く。するとそこには中村長次郎『廓讀本　竹之巻』（東京興信新報社　昭和一一年）という和綴じの本が。花柳小説や遊郭を描いたノンフィクションは沢山ありますが、これは娼妓のためのハンドブックです。

発禁本です。でも変なことはなにも書いてないと思うんだけどなー。保健衛生や遊芸技能、日常行事、遊客の待遇などについて心がけるべきことを平易に実用的に書いた本です。

廃業した時に廓に出すお礼状の文例まで載っています（このへん甘い夢を見させてますね）。

乙女＋寄宿舎（？）＋性＋取説（取説とかガイドブックとか攻略本大好き）！

買いました。ほくほく。

あと、「秘蔵版風俗草紙」なんかも買った。ほくほく。

二〇〇二年一月二五日（金）

自分が拵《こしら》え息を吹き込んだ偶像の前に跪き、存在しないということを知っている神に向けて、届くことのない祈りを捧げること。

信仰とは、神に向かって自分の全存在を捧げること。

自我を手放しその御手にこの身を捧げること。

自分の存在を神によって支えてもらうこと。

私は神を信じていない。キリスト教の神に代表される、意思を持つ神を信じていない。

（これが例えばスピノザの神（＊1）なら納得するが、それは信仰ではない）。

神が存在するならそれは信仰されるようなものではないだろう。

信仰されなければならない神を私は信じない。

その私が、架空の神を拵えて、その前に跪かずにはいられないということ。それは弱さのあらわれなのでしょうか？　それとも敬虔さ？

しかし、何に対する？

私はいわばソフィア（＊2）にして、祭司、信仰者、そして供物。

私の悲鳴も、私の願いも、私の意思も、私の涙も、私の叫びも、何一つ意味など持たないと知るとき。

この苦痛が悲嘆がいかばかりであろうとも、それは神を微塵も動かしはしないと知るとき。

私には何の選択も出来ず、すべては決められた通り私はそれを受諾するしかないと知るとき。

この躰からあふれ流れるもの、それは例えば涙ではなくて、私の意思、私。

もっと溶けて流れてゆけ。私がなくなるまで。

私に意思はない。私の意思は認められていない。私に選択の余地はない。

私に自由はない。私は世界に介入できず、私は世界を変えられない。

これほどの自由が他にあろうか。

私はただひたすらそう在らしめられているところのものとして存在する。

世界は神の望むがままに。世界はあるがままで完全であり、それは赦されている。

アーメン。

唇を塞がれたまま祈る私の声などどこにも届きはしないことを私は知っているけれど。
＊1　スピノザは意思も人格もない「存在」を「神」と呼んでいる。
＊2　グノーシス（神話？　思想？）。ソフィアが作った、無知にして不完全な神がデミウルゴス（ヤルダバオト）。そのデミウルゴスが世界を作った。デミウルゴスは自らの出生の由来を知らないので、自分が最高神だと思っている。グノーシスではキリスト教の神はデミウルゴスだとする。

二〇〇二年一月二六日（土）

遠くを見ている歌が読みたいのです。

（遠くを見ているポーズを惰性で取って詠んだ歌ではなく、センチメンタリズムに流された歌でもなく）。

ただ一度だけ垣間みてしまった何かを詠んだ歌。

一筋の光によってラピュタのありかを指し示す小さな飛行石のように、読み手の手のひらの中から遥か遠いここではないどこかを指し示してくれる歌。

三一文字で精緻に組み立てられた小さな鍵。おそらくその示す先は楽園ではないのです。

身を切るような異質さに震えながら、表面温度を下げた私の皮膚が金属の光を宿すようなそんな歌。

そして、そんなどこかを感じ取った後で振り返ったとき、この世界もまた漂わせているはずの異境の気配をうたう歌。一度限りの世界に滞在している居心地の悪さと幸福感。不安、おそろしさ。美しさ。

頭の中や携帯のモニターの中に、肌身離さず持って歩けるような小さな言葉のひとまとまりを探しています。

二〇〇二年一月三〇日（水）

古川日出男『アラビアの夜の種族』読みかけ。

私もその目も綾に織りなされた夢幻的な物語の虜になっていた。

でも、地下迷宮に、（自称）勇者達が集まり始めるあたりで、いきなり覚えるなじみ深さ。

ＲＰＧをやりこんだ人ならきっとわかる、あの懐かしさ。

でも、『アラビアの夜の種族』はゲーム小説では決してない。

粗製濫造いんちきファンタジー風ライトノベルでも決してない。

その見事な文体ゆえに。

文体と内容。

（この場合の文体とは、単に文章の癖ということではなくて、物語の形式や、作者がどのように事物を入力し出力するかを含む広い意味)。

同じ素材・内容をどのように扱うか。

同じ世界(?)にいて、同じ事物(?)にふれて、それをどのように見てどのように表現するか。

魅力を持つのは文体であって、内容ではない。

(私は、アニー・ディラードの主なテーマである自然や動物にほとんど興味がなく、彼女の入出力の鮮やかさと特別さをこそ愛する。『ティンカー・クリークのほとりで』は、串田孫一『山のパンセ』やソロー『森の生活』の隣に並べる本ではなく、シモーヌ・ヴェイユ『重力と恩寵』の隣に並べるべき本だと思う)。

ある文体を私が代わりに書くことはできない。

でも、書き手がその文体に適した内容に出会えるとは限らない。

私にできるのは、私がすべきことは、その文体に適した、その文体の魅力を引き出す内容を見つけること。

二〇〇二年一月三一日(木)
レズビアン文学を読んでいるのはレズビアンではない。変な小説(幻想文学など)の読者が好んで読んでいるのじゃないか。
という意味のことをですぺらでお会いする仏文学者Sさんはおっしゃいました。確かに、レズビアン文学を好んで読む私はレズビアンではない（きっぱりしているわりに曖昧な表現）。

ゲイ（ここでは男性同性愛者の意で使います）文学は、ゲイの書き手によって、ゲイの読み手を想定して書かれている。当事者の、現実の、力を持つ文学。

しかしレズビアン文学はレズビアンではない書き手（男性であることも多い）によって、レズビアンではない読者を想定して書かれているのだ。ここでのレズビアニズムはファンタジーの一部門でしかない。そこで書かれる女性は客体でありおもちゃでしかない。

書かれ読まれることで性のありかたを主体的に確認していくゲイ文学と、書かれ読まれることで性のありかたがますます客体化されていくレズビアン文学。

このようなレズビアン文学に似ているものがある。「ボーイズラブ」だ。

ボーイズラブは女性によって女性のために書かれた男性同性愛ものだ。

読み手も書き手も当事者でないため、そこで書かれる同性愛は多分に非現実的である。

そこで書かれる男性は単にファンタジーを体現したものであって、萌えるシチュエーションをつくり出すための人工物に過ぎない。

男性同性愛を描いた小説には二種類ある。

ゲイ小説とボーイズラブだ。

女性同性愛を描いた小説には一種類しかない。

レズビアン文学ではなく、「ガールズラブ」だ。

乱暴にくくるとそう言えてしまうのではないだろうか。

レズビアン文学がないわけではない。ただそれはあまりに少なく力を持たない。

二〇〇二年二月一日(金)

妹に「私無性にSなお話が読みたいよ！　かわいいのね」と言ったら、妹が酒井美意子『ある華族の昭和史』を貸してくれました。「第一章　戯れの愛のかたち」がはげしくSです。昭和のはじめの女子学習院に集う華族のお姫さまたちが恋文を書きあい歌を詠みあっています。実話だし。

ちなみにここでのSは当然サディズムではなく、主に女学生同士の友愛とも恋愛ともつかぬ感情・関係の方です(そして妹とは本当の妹のことです)。

レズビアンの絶対数が少ないからか、自覚している者が少ないからか、女性が自分の性について語ることが許されてこなかったからか、女性の書き手になることが難しかったからか。とにかくレズビアンによるレズビアニズムをモチーフにした表現活動に目立ったものがないのはたしかです。

なんかぎこちない、成熟してない。

(ゲイだって差別され続けてきたわけですが、男性として経済的・政治的・文学的いや様々な面で権利を与えられてきたわけですから自由度が全然違うのです)。

Sは充実しているのです。宝塚、少女小説……。性の匂いをなくして作られた精神的同性愛の世界。この豊穣さに対するレズビアン文学の不毛さは、やはり性の問題によるのでしょうね。ペニスのいらない、男性のいらない女性達は、家父長制の中では許されない。一時の夢物語・ごっこ遊びでなら許してあげよう、良き娘・妻・母でいるのならというわけです。

そうやって見渡してみると、吉屋信子『花物語』はやはり特別な作品です。理不尽で強権的な家父長制に取り込まれず、美しい朋輩と気高く凜々しく生きていこうとする、あるいは自分の思いを貫くために死のうとする少女達は、良家の子女向き少女小説からはあきらかにはみ出ています。

勿論多くの読者はたんに美しい憧れの世界として読み、嫁いでいったのです。そんな読者の生き方を否定せず、優しく、それでもそんな生き方に背を向けることもできると吉屋信子は書き続けたのです。

でも、少女の革命などはかなく、結局諦めるか死を選ぶしかないのでは？

いや、そうではありません。

吉屋信子という人がいるのです。男性の庇護下・支配下に入らず、筆一本で身をたて、生涯女性とともに生きた人が。

永遠の少女・森茉莉だって、父の娘だったのに。

二〇〇二年二月三日（日）
稲生平太郎『アクアリウムの夜』がスニーカー文庫で文庫化⁉
ソースは藍読日記一月二四日。
あわわわわわ！
生きてるとこんなすごいこともあるのね！

二〇〇二年二月四日（月）
ノゾミはひとみを閉じたけど
それでも世界はなくならない
なくならない

（筋肉少女帯「ノゾミのなくならない世界」『レティクル座妄想』）

いよいよ仕事が切羽詰まり、気がつくと筋肉少女帯を口ずさんでいる私。
やばいです。まるで受験生の頃に戻ったようです。
やや壊れた感じでがんばるときは筋肉少女帯なのです。
（注　別にファンというわけではない。好きだけど）。
RPGが好きな私は受験勉強も好きだった。
問題集をこなしてレベルを上げ、模試という名の中ボスを倒し、入学試験というラストバトル。

自分の能力も敵キャラの能力も全部数字で出てくるし、第一ちゃんとレベルが表示される。

好きで向いていた上、熱心で真面目なプレイヤーだった私は何度か全国一番になった。（ルールを熟知していたから当然だ。私はゲームをやっていないときは攻略本を読んでいた）。

あんなに長く（年単位で！）続いたゲームももう昔のことになってしまった。楽しかったのに。

今やっているゲームはどうもRPGではないようだ。

私は「えらばれたゆうしゃ」じゃないし。「でんせつのまけん」やなんかも持っていないし。

「かいふくのいずみ」もないみたいだし、魔法も使えないみたい。

シミュレーションなのか育てゲーなのか、いずれにせよ好きじゃないし得意じゃない。

しかもこのゲームは強制終了はできてもリセットはできないらしいです。

弟がもうすぐ大学受験で家に泊まりに来るので、なんだかこっちまでわくわくする。

二〇〇二年二月五日（火）
先月のあの夜、外に出たときに知ったのは、とても寒いときには火傷はちっとも痛くなくて、ただぽかぽかと暖かいということだった。

ポケットに入れた缶コーヒーの代わりに自分の火傷で暖をとりながら、私は地下鉄駅まで歩いた。

そこだけ特別な性質を帯びた自分の身体の一部だけを感じながら歩いた。

ここもあの時の火傷のよう。

二〇〇二年二月七日（木）

私はしばしばリアリティにおいてこの現実と変わらないような夢を見る。

今朝まで見ていた夢もやはりそうで、しかもとてもいい夢だったのに、目を覚ましてしまった。

仕事中に倒れて意識を失ったちょっとの間に、夢の中に出てきた人たちの部屋までは行けたけど、もうたずね人は出かけてしまっていた（行き違い？）。

不用心なことに部屋の鍵が掛かっていなかったので、上がって待っていることにした。

眠くなったのでその人のベッド（狭くて硬い。部屋そなえつけ）で寝かせてもらった。

目が覚めたら会社のソファだったので驚いた。

どうもあの夢の中でも時間は一定に流れていて、独自の生活が営まれているらしい。

私は待ち合わせをすっぽかして朝起きてしまったのがどうも気掛かりです。

二〇〇二年二月八日（金）
辞書を引いていたら「チュウして」という言葉が目に止まった。
私のようなことをいう辞書だ！
南山堂『医学大辞典』一三六五ページの柱。
「ちゅうして　1365」
中耳伝音器《ちゅうじでんおんき》の項までだから。

二〇〇二年二月九日（土）

墓場を散歩するのがとても好き。

特に桜は、墓場を一人徘徊して見る夜桜が一番いいと思う。

ぬっぺっぽうは、のたーっとした肉の塊のような姿をして、墓場をのそのそ歩き回っている妖怪だ。

いつか墓場でうしろからぺたんぺたんとぬっぺっぽうがついてきたらいいな……。

などと夢を見る休日出勤中。

ぬっぺっぽうのソフビがあるからさみしくないもん！

二〇〇二年二月一〇日（日）
買い物がしたくて仕方がありません。

何年越しかでほしがっているアノマロカリス（＊1）の模型（五〇センチくらいあるの）をついに買おうと海洋堂に電話をしてみたら、すでにもう絶版だといわれてしまいました。

この物欲をどこにぶつけたらいいの⁉

今夜はクトゥルーちゃん（私のベッドをルルイエ代わりにしているクトゥルーのぬいぐるみ）とアノマロカリスと一緒に寝ようと思ったのに！

まあ、模型と一緒に寝ると痛いけど。ごつごつちくちくするし。

……ぬいぐるみかな。

ぬいぐるみがほしいかな？

ぬいぐるみがほしいな！

アノマロカリスか、ぬっぺっぽうか、イクチオステガ（＊2）か、ダイオウイカか、大ダコか、大クラゲか、コノハムシ（＊3）のぬいぐるみがほしいな‼

問題なのは、それらがつくられているかということです。

＊1　アノマロカリス　バージェス頁岩《けつがん》で発見された奇妙な形のカンブリア紀の生き物。
＊2　イクチオステガ　最初の両生類。地球の歴史においてはじめて陸に上がった生き物。ただものではない。
＊3　コノハムシ　言わずと知れた、ある種の葉そっくりの虫。あまり知られていない

のは、葉がまずあってそれに似ている虫が生まれ生き残ったのではないということ。コノハムシは、コノハムシに似ている葉が地球上にあらわれる前からあの姿をしている。創造者は順番を間違ったらしい。

二〇〇二年二月一二日（火）

夏の午後三時。

私達は並んで都電を待っていた。

「二階堂さんがどんな顔なのか知りたいんだけど、触ってもいい？」

白い杖を持ち替えて伸ばされた手に手を添えて頰に導くと、その指はそれまで誰もしなかったような仕方で私を読んだ。

これが私の形。

うすい表皮で外界と隔てられているその輪郭を外側から指先は知り、内側から私は知った。

二〇〇二年二月一三日（水）
小学校三年生くらいのころ、あるホラーマンガを立ち読みした。
自分の身体が裏返しになってしまいそうだと、ある男が恋人に打ち明ける。

その身体の表側（いつもの側）はその男だが、裏側は別な人間なのだ。二人は一つの輪郭を内と外で共有している。どちらが表側になるか、不断の争いが続いているため、男は眠ることもできない。隙さえあれば、セーターや手袋が裏返しになるように、自分の輪郭が内側から裏返されてしまうからだ。

自分で自分の身体を縛ってみたりもしたが、相手の力は強く、指先から内側へとめり込んでいき、口から裏返ってしまいそうになる。

だから、僕を見張っていてほしい。見ていてもらえればその間は眠ることができるだろう。

恋人は了解する。

最終的に男は逮捕される。なぜ恋人を食べたのかと聞かれて、彼は「いいえ、彼女は私の内側へと旅立ったのです」と答える。

このマンガから学んだこと。
・身体は輪郭でなりたっている
・輪郭には内側と外側がある
・内と外はいれかわりうる
（さらにこのマンガから学んだこと）

（・自分を維持するためには縛るという方法もある）

（・恋人を食べたり、恋人に食べられたりする愛の形もある）

切り傷ができると、そこから自分の身体がめくれあがっていくところを想像してしまう。そうすれば今度は輪郭のこちら側が内側になるだろう。私は世界を内に閉じ込めるために自分をくるりと裏返すのだ。

二〇〇二年二月一四日（木）
真っ暗で何も見えないので、私がどこにいるのか、どんな姿をしているのか、そもそも本当にいるのかを知ろうとして、手のひらが私の身体の線にそって滑る。愛撫や探索ではなく、知覚の手。あるいは創造の。その手に観測されて初めて私はここに存在するのです。そのてのひらが加える圧力のままに私の身体はしなり、その手が描く輪郭を内側からなぞって私は瞬間ごとに現れ出るのです。

二〇〇二年二月一五日（金）
暇（＊1）さえあれば短歌を読む今日この頃。
気に入ったのがあったらすかさず短歌が好きな人にライトメール（@DDI）を送るのです。
さらにスティッキーズ（＊2）に書いてデスクトップに貼っておくのです。

そうすると職場の人に「二階堂さんこれなあに？」とか言われて好評なのです。この間こっそり会社のｍａｃのデスクトップをぬっぺっぽうにしようとして嫌がられたのとは大違いです（腹いせ（？）に自分のｍａｃはダイオウイカ対マッコウクジラにしました）。

H”ユーザーの短歌友達求む。ライトメールで短歌送って下さい。

＊1　暇　例えばＭＯにデータを移す五分間のこと。

＊2　スティッキーズ　ｍａｃについてるデジタル付箋。デスクトップにメモを貼っておける。

二〇〇二年二月一六日（土）その一

「十七年近く、生きてきた。物語にはいっぱいあった。世界が崩壊してしまう話。世界が崩壊した後の話。だけどどうして物語って世界が一気に壊れてしまうのかな。今日の後の明日って突然に壊れてしまうのかな。現実にはそんなことはない。現実はもっとひどい。世界は少しずつ、少しずつ壊れていくのに。みんなが一生懸命生きて、支えているのに一ミリ一ミリ数えるみたいに落ちていくのに。きっとみんな怖いのよ。怖過ぎて物語にできないのよ。世界が完全に壊れきるまで一つ一つ少しずつ何かを失って、それでも生き続けなければならないなんて。やりきれない。どうして神様ってこんな世界にしてしまったんだろう。こんなになるまで放っておいたんだろう」

（町井登志夫『今池電波聖ゴミマリア』角川春樹事務所　二〇〇一・一二）

「自分の吐く白い息。思い出した。楽しかった。転んで氷に手をついたまま、はあはあいうのも楽しかった。そうだ。俺たちは、俺は、つるつるでごーふるだったんだ、最初から。そして、そしてホチキスの・・・。」私は言葉を切って、深呼吸した。こわかったのだ。

「そしてホチキスの針の最初のひとつのように、自由に、無意味に、震えながら、光りながら、ゴミみたいに、飛ぶのよ。」と、女は笑った。

私も、笑った。笑うより他なかったのだ。

（穂村弘『シンジケート』沖積舎　一九九三・七）

でもそんなの平気だ。

ディグニータのマスカラはウォータープルーフなんだから。

いくら泣いても平気なのだ。

二〇〇二年二月一六日（土）その二
人形屋佐吉　ゴシックコレクション〈フランチェスカの斧〉に行く。

コンクリート打ち放しの広く寒く暗い地下駐車場を会場に、大小無数の蠟燭の火だけをあかりにして、アンティークドールから現代創作人形までが五〇体展示してある。何のためなのか奥には小部屋がいくつか続いている。その一番奥に、天野可淡の人形が二点展示されていた。

この空間には存在が多すぎる。

金色の瞳で虚空を睨み、呪詛の形に唇を歪めた少女が全身から放つ他者への違和感が部屋中を圧し、彼女の存在だけでこの部屋は充ちている。

その前で座り込んだまま動かない私の存在は余計だ。

私の存在を赦さない彼女が放つ圧力で、この部屋の気圧はよそよりも高い。

しんと静まり張りつめたこの部屋でその圧力に耐え続けていると、とろとろと流れて楽になろうとしていた私が静まり、小さくその形を整えていくのがわかった。

そうでなければ彼女と対峙することはできないから、結晶のように堅く堅く私はとぎすまされていった。

二〇〇二年二月二〇日（水）
「私がまだ〇〇という言葉を知らなかったころ」と話し始めて、魔法がかったその語りに慄然とする。

二〇〇二年二月二一日（木）

蛸《たこ》と烏賊《いか》は怖い。大きな目でこちらを見ていることはわかるがなにを考えているかはわからない。まったく異質な思考があの目の奥で行われている気配を感じながら見られるときの怖さ。

そのような怖さは魅力的なので蛸と烏賊が好きだ。（ちなみに海月《くらげ》も好きだ。目はないけど）。

あいかわらず蛸と烏賊のぬいぐるみを探しているけど、見つけたのはどれもかわいらしくデフォルメされている。かわいいだけのぬいぐるみはあまり好きじゃないのです。ぞくぞくするのでないと。

（大体ぞくぞくしないようなものを好きになったりするだろうか？）

とりあえずマンディアルグ『城の中のイギリス人』の蛸の水槽のくだりを読む。ところで北斎の「喜能会之故真通」の画像を置いているサイトはないのでしょうか。

二〇〇二年二月二六日（火）
ぎんの風船ふうわり曳いてあるくぎんなんぎんのよる。
おうちに帰ってひとりヘリウムガスを吸いながらアヒルの声でうたを歌いました。
切株やあるくぎんなんぎんのよる

（加藤郁乎『球体感覚』）

二〇〇二年二月二七日（水）
荒俣宏編『英国ロマン派幻想集』（国書刊行会　世界幻想文学大系35）を読んだ。
いま私が手渡されたこのようにかそけくうつくしいものを消してしまわないように、そしてだれかにまた手渡せるように。そのためだけにでも私は生きていこう。

二〇〇二年三月一日（金）

一月後半から土日祝日全出勤して倒れたりしながら励んでいた仕事がついに終わったのでめでたく代休を取った。佐藤さとる『わんぱく天国』を持って京急本線に乗って按針《あんじん》塚《づか》へ行く。

『わんぱく天国』は昭和十年代の少年たちの毎日を描いた児童文学。

彼らが少年団を作って斥候《せっこう》ごっこをしたり、凧を作ったり、それを上げたり、てぐすを作ったり、めんこ勝負をしたり、一銭飛行機を飛ばしたり、人が乗れる大きさの一銭飛行機（グライダー）を作って飛ばしたりしていたのが按針塚なのだ。

児童だったころの私の経験の九〇パーセントは児童文学から得たものだ。自分で凧を作って上げたこともあるけど、それよりもなんども経験したのはカオルや一郎さんの凧作りだし、その時の雨の匂いだって思い出せる。

福音館や岩波の翻訳児童文学ばかり読んでいたので、日本よりもイギリスの湖沼地方とかメトロポリタン美術館とかナルニアとかカリブ海とかグリーン・ノウの方がなじみが深かった。日本での経験を与えてくれたのは佐藤さとるの本くらいだ。だから私にとって三浦半島は特別なところだ。一度も行ったことがなくてもそこで沢山のことを経験したので。

「このあたりの町は、どこもおなじように、ごちゃごちゃした小さな家と、迷路のようなせまい道と、あぶなっかしい大谷石《おおやいし》の石だんとでできあがって」いる。そんな町を通って按針塚に登ると、だれもいなかった。

だれもいないところにいるなんて何ヶ月ぶりだろう。梅が咲いていて、鶯が鳴いていて、小さな山と小さな谷をいくつも越えたところに港が見える。

暖かくて眠くなって、「ああ、今寝たらきっとリップ・ヴァン・ウィンクルみたいな目にあってしまう」と思いながらもベンチの上で眠ってしまう（ほんの数分だけ）。目が覚めても二〇〇二年三月一日だったのは驚きだった。ＰＨＳの電波も届き続けていた。ただ風邪を引いたところだけが眠る前と違っていた。

山のあなたの空とおく、按針塚にほどちかく、葉山というところがある。とてもとても綺麗ないいところらしい。

私はベーカー街２２１ｂにも、プリンスエドワード島にも行ったことがあるけど、葉山には行かない。

夢みたいに幸せなところ、あるいは彼岸のようなところだと思うの。

二〇〇二年三月三日（日）

そろそろ春だし、人あたりのいいさわやかな香水を買おうかなと思い立つ。コムデギャルソンのLEAVES TEAに目星をつけて渋谷西武に。

TEAって紅茶の香りだと思って行ったのですよ。

でも全然紅茶じゃないの！

抹茶でも緑茶でもなく、マテ茶。

マテ茶って飲んだことないのですが。固形になっていて削って使うのですよね、たしか。

あとブラックティーと聞いたのですがそれはなんですか？

それらに加えてベルガモット、バラ、ヒマラヤスギの香りが配合されているらしい。

私が感じたのはむしろブラックペッパーの香り、乾燥しきった松の樹皮の香り。甘みと重みがまったくない苦さ。

全体のイメージは病院の匂い。消毒薬と白い琺瑯《ほうろう》、ステンレスの器具、消毒綿、アイロンが掛けられのりがきいた白いシーツと白衣。冷たい堅いタイル張りの廊下。

少なくとも、香水らしいいい香りでは全然ない。人当たりもよくないと思われる。香水つけてると思われないかもしれない、「なんか変わった匂いするけど、どこに行ってたの？」と言われることはあるかもしれないが。

なんと評価すればよいのかわからず買わずに帰る。

でも気になっています。

二〇〇二年三月七日（木）

私のベッドをルルイエ（＊1）化する計画のため、クトゥルーちゃんの眷属《けんぞく》を求めて表参道のキディランドへ行く。

するとぴったりなぬいぐるみが二つ。

WWFのマンタのぬいぐるみと、ビーニーベイビーズの蛸のぬいぐるみ。どちらもかわいくない。生物としてのマンタと蛸の形態を忠実になぞっている見事な造形。海に棲むものたち。

うれしい。

これでシーツやなにかもまるまる深海風にして、目覚めぬ眠りにつきたいです。春眠暁を覚えず。あとWWFのワニのぬいぐるみ（これも造形が見事）とビーニーベイビーズのモスラのぬいぐるみ（映画館でも売っていたもの）も買おうか悩むがやめる。やわらかいものがごちゃごちゃしてる部屋ってあんまり感じがよくないなあと思って。

ちなみに標本がごちゃごちゃしている部屋は感じがいい。堅くて冷たいから。

＊1　ルルイエ　太平洋の底深く沈む太古の石造都市。そこでクトゥルーが長き眠りについている。

「ふんぐるい　むぐるうなふ　くとぅるう　るるいえ　うがふなぐる　ふたぐん（ルルイエの館にて死せるクトゥルーは夢見るままに待ちいたり）」（『ルルイエ異本』より）

二〇〇二年三月八日（金）
バックミンスター・フラー展を見にワタリウム美術館に行き、絵はがきをたくさん買い込む。

二〇〇二年三月九日（土）
魔法の解き方がわからない。

二〇〇二年三月一〇日（日）

起きぬけに不誠実で乱暴な定義をした。

昼過ぎにラピュタ阿佐ヶ谷で「ゴジラの逆襲」を見た。

夕方、古谷実「ヒミズ」一、二巻（講談社ヤンマガＫＣ）を読み、冷静になった。

こわがりでよわいのはかまわない（仕方がない）が、楽になろうと力任せに粗雑に何かを定義してはいけない。

二〇〇二年三月一一日（月）

今日の新明解。

ぐゆう【具有】資格・性質などを持っていること。

「史上最高の両性──セクサロイド」

具有の例文にセクサロイドまで出してくるとはさすが新明解！

職場では新明解の奇妙な解説・例文を報告しあうのが慣例となっています。

新明解愛好者は多いですが、この項目に注目している方がいました。しかも、「史上最高の両性具有セクサロイド」の正体を明らかにしています。すごい。

二〇〇二年三月一三日（水）その一
某所で延々奇譚クラブの昭和二八年から三六年までを選りすぐってコピーしている内に、新しい趣味に目覚めました。

切腹する乙女です（次点はキリシタン殉教もの）。

それはマゾヒズムとか、自傷ということではないのです。大切なもののために死ぬのはいいなということです。

いや、違う。死んでもいいくらい大切なものがあるのはいいなということなのです。

しかも切腹ってめちゃくちゃ覚悟いるし凛々しいし矜持がないと出来ないし。

好きな人でも、神でも、理想でも、信念でも、そのために死ねるものがあるなんて、めちゃくちゃテンション高くキラキラした人生だろうな。

でも、それで長生きすることをよしとするんじゃなくて、切腹とか殉教とかに惹かれるのは、私はそんな風に何かを信じ続けることができないだろうと思っているからです。

二〇〇二年三月一三日（水）その二

自分の死を、生を、存在を価値づけてくれる何かを今更信じるなんて出来るだろうか。

初めて親しくなった異性が生涯一人きりの異性だったころなら、運命の人を信じることができたかもしれないけど、私はすでに何人もの人を愛してしまった。この人が最後の人だなんてどうして思えよう。

愛という名の無償労働という言葉を知った上で、母性ファシズムという言葉を知った上で、どうして無邪気にも傲慢にも愛を特権化できるだろう。

宗教を信じた結果のオウム事件。国家を信じた結果の、主義を信じた結果の……。

破綻した物語を超えてさらに何を新たに信じることができるだろう。

何かを信じるということは、目をつぶり鈍感になることだ。

それによって生まれる単純さによって安らぎと強さを得ることが出来る。

自分で立たず、大きな価値にくるみ込まれて「意義のある」人生をおくることができる。

でも、それは偽物だ。

私は一人で立っていられないほど弱いのかと問えば弱いと答えるしかない。

だからたまに自分を支える物語が欲しくなるけど、それは転落であり不誠実な態度だという気持ちがいつもつきまとう。

いつでもその根拠を支える根拠を問うことができる。だから信仰はいつも仮のものだ。現実はいつも定義されたところのものだ。

これに根拠はない。しかしこれを現実としておこう。そうやって日々を生きている私が、今更どのような自己欺瞞を行えば何かを信じることができるだろう。

それでも私はほっとしたい、何かを信じたいと思ってしまう。身を投じてしまう。

これは偽物、架空のもの。これの正当性に根拠はない。私の信仰によってこれは信仰に値するものとして聖化される。そう意識しながらそれでも行う信仰には最初から破綻がつきまとっている。

だから、破綻する前に、この（私によって）聖化されたものと、聖化されたものによって価値づけられた私を凍結したいのだ。

その方法が切腹と殉教なんだなー。と延々奇譚クラブのページをめくりながら思いました。

二〇〇二年三月一七日（日）
日曜午後の井の頭公園でシージャック断念。
公園でボートを漕ごうとしたら、池は芋洗い状態でボート待ちの人は長蛇の列。仕方がないのでシージャックしてやろうと思いつく。水辺で待っていて、下手なボートが岸辺にドンとぶつかったら漕ぎ手の背中に傘の先を突きつけて「振り向くな。そのまま降りろ。」と言うのです。

というわけで池のそばでボートを物色。

さすがに家族連れはよそうと思いました。折角お父さんがいいとこ見せてるのにシージャックにあったりしたら、子供の成長に悪影響を及ぼすかもしれません。

カップルがいいと探したけど、カップルは全然いないのです。井の頭公園でボートを漕ぐと別れるというジンクスがここまで浸透しているとは驚きでした。

家族連れでないボートで目に付いたのは一隻きり。

なぜかスーツを着ている二十代後半の男性三人組でした。あまりお近づきになりたくないのでそれはやめました。

シージャックをやめた後は公園を抜けた先にあるレトロな喫茶店の宵待草でお茶を飲みました。

二〇〇二年三月一八日(月)
身体性を持たない、現場を知らない、そう言われました。
その通りです。
私は大きな物語が終わってから生まれました。私が暮らすのは物語終演後のステージセットの中。私に役割はありません。

私の行為が全体に寄与することはありません。私の行為が外部から位置づけられることはありません。

どんな真剣な行為もまずパロディとして知りました。私の全ての思想行動はすでに誰かがどこかでやっていたことです。

存在価値を支える外部は最初からなかったのです。そんな私の存在を支えられるのは私と、私によって支えられている私的な価値体系・物語・信仰です。

その価値体系などがどれほど大きな規模のものであっても、それは私的なものでしかありません。

私が裏付けした私的な価値体系しか私を裏付けるものがないとき、その私の生死を超えてまでやらねばならないことの存在など、可能でしょうか。

苦しみながらそれでも生き延びて成し遂げるべきことを私は持っていません。

やりたいことがないわけではない。しかしそれを位置づけてくれる文脈はありません。

私の目標の根拠は私自身なのです。

生きていく目標もありません（生きてさえいれば目標はありますが）。

遠くにある希望とか、理想とか、それは私を離れても存在しているのですか？

それは誰が支えているのですか？

神ですか？

神は誰が支えているのですか？

それでも、小さな小さな私的な物語を楽しみ、ささやかな信仰を支えにとりあえず明日は生きるだろう、明後日も。

そのように生きています。

私が死んだら悲しむ人がいて、私がいたらうれしいという人がいる、そういった私的な支え合いの中で生きています。

生きていたらやりたいことはたくさんあります。

でも生自体を支える根拠はありません。

私は自分の髪を自分で掴んで虚空の中に落ちていかないように支えているような気がします。小さな信仰だけがそれを可能にしているのです。

二〇〇二年三月一九日（火）

バイクに乗っていてワゴン車に当て逃げされる。

痛い。でも骨折その他大きな怪我はしていません。ただ頭を打ってしまいました。一週間安静です（病院にも警察にも行きました。CTスキャンは異常なしでした）。

犯人はその後見つかりました。

全身に響く衝撃って高揚するなあ。

二〇〇二年三月二〇日（水）

ある特定の感情を強く揺さぶる感動というのはまあ、容易だ。泣かせのパターン、笑いのツボ、押さえどころを押さえれば簡単に人は特定の感情を溢れさせる。でも、本当に時折、名付けようのない衝動を覚えることがある。これまで知らなかった感情、どこにも分類できないおののき。

新しい感情をおぼえている時、私はこれまでになかった意識の状態にいる。私はこれまで知らなかったモードで世界を見ている。

白鳥友彦訳詩集『月と奇人』（森開社　二〇〇〇・九）を読んでいて、美がどれほど高い抽象性を持って人を打つかを思い知らされた。私の持っている感情の内に分類することができない、名前のつけられない衝撃。

＊　＊　＊

花々は消え去つて行つた、河岸に沿ひ水の流れのまゝにそひつゝ。

花とは何か、消えなんとする夕昏《ゆふぐれ》の黄《あめ》いろに染められた壮麗な水。暮方の蒼ざめふるへる微風《そよかぜ》に花は乱れて、黄昏の葩《はなびら》々は河の流れをへめぐりて、かつ浮き沈む。それはまた平野を縫つて、何と遠くへ流れ出て行くことか、平野はつゞく、雲彩《あさやけ》の燃えいづるかくも果てなき田畑まで。

（「水の黄昏　アルベエル・モケルに寄す」ピエエル・ルイス　引用は冒頭部のみ）

＊　＊　＊

涙を流すことなど出来ない。溜息一つつくことが出来ない。
ただ息を詰めて、詰めて、読み進める活字によって自分の感覚が拡張されるがまま、震えていた。

（この詩だけが素晴らしくて感動したのではありません。この詩は詩集の一七番目に位置するのですが、それまで私の身内で育っていた感興がここで閾値《いきち》を超えたのです）。

二〇〇二年三月二二日（金）
全身打撲に加えて熱が出てきたのでベッドで寝ている。
幽体離脱の練習をするが生まれてこのかた出来たことがない。
夢うつつでいたらポッピンアイがほしくてたまらなくなった。
ポッピンアイとは、私が小学生のころガシャポンであったおもちゃ。
直径二センチ弱のドーム状で、ゴムで出来ている。

ぺこんとひっくり返して地面に置くとゴムの張力でぱちんと戻りながら飛び上がる。私は昔ラムネ瓶の色の大きいのと、青い小さいのを持っていた。その透明感と半球の形状がなんだか魅力的で、ちょうど大きさが合うビー玉を中に嵌め込んでポケットに入れて持って歩いた。

ポッピンアイほしいよー。

ずるずると起き出してネットでポッピンアイ情報を調べたけど、どこで買えるかわかりませんでした。

二〇〇二年三月二五日（月）

古本屋帰りの小汚くておいしい中華料理屋で、買ったばかりの『接吻』（大場正史　東京ライフ社　S33）を読みながらごはんを食べていたら、文学部の教員のような雰囲気の四〇歳くらいの男性が相席で向かいに座った。その時、私の視野をちらっと小さな光がよぎったのでその人をそれとなく見てみると、唇の端にラメが一粒ついている。うれしさのあまり、「あなたは、ついさっきまでキスをしていたんですね」と思わず話しかけようかと思ってしまった。「だって、唇にラメがついていますよ」。

ああいいなあ。キスをしたばかりの人が偶然私の前に座るなんて素敵だ。

二〇〇二年四月六日（土）

「例えばこのドアを開けたら廊下が存在しないかもしれないと思いますか？」

「そういう稚拙な馬脚の表し方をこの世界はしないと思います。極めて論理的に出来ているようですから。でも、そんなことが起きたら私はほっとして、『やっぱりね』とさえ言うかもしれません。」

たわむれにドアを開けてみると、廊下は存在していなかった。

「『やっぱりね』。」

と私は言い、「どうしますか？」と振り向いた。

その時にはもう相手は存在していなかった。机も椅子も、壁も、天井も、実質を失い消えはじめていた。

振り向いた壁の正面にかかっているためたまたま直視していたカレンダーだけがまだそのまま存在している。

私はそれを見つめ、その視線によって、認識によって、せめてカレンダーだけは存在させ続けようとした。

こんな風に世界が終わるとは思っていなかった。

誰か聞いていますか。世界の最後のひとかけらはこのカレンダーでした。

でも、もうすぐ私は瞬きをするから、そしたらこのカレンダーも消えるでしょう。

四月のカレンダーです。

なんとルノアールの絵が印刷してあります。一番最後に残った絵がルノアールなんて嫌だな。

なんとか商事が配ったカレンダーのようです。下に社名が印刷してあります。

つるつるした紙です。シャープペンシルだとうまく書けない紙です。

ところどころに正の字がマジックで書いてあります。なんかの予定？

この世界には四月という月があったんです。その月は三〇日までありました。

私は四月三〇日でまた誕生日を迎えるはずでした。

目がつらくなってきた。瞬きをしたい。

世界がこんな風に終わろうとしているこの朝はとても晴れていました。

でもちょっと寒かった。風がありました。

廊下には斜めに日が差していました。タイルの継ぎ目を踏まないように下を向いて歩きました。

あの人はもう消えてしまったのでしょうか。

最後にあの人を見たのはいつだったたっけ。

そして、私は瞬きをした。

二〇〇二年四月八日（月）

岡崎京子『リバーズ・エッジ』の中に引用してあるウィリアム・ギブスンの詩“THE BELOVED（VOICES FOR THREE HEADS）”が好きで好きで、ギブスンが詩集なんて出してるの？　などと探していたのをやっとみつけた。京都書院（すでに倒産）がkyoto shoin名義で洋書を出していた内の一冊。“ROBERT RONGO”という写真集（当然絶版）にこの詩一つだけが掲載されている。

三部にわかれていて、岡崎京子が引用していたのは三部のみ。

きっとこの詩を読みたい人は沢山いるけどみんながみんなこの写真集を見られるわけじゃないので引用してしまおう。版権・著作権をお持ちの方、ご連絡頂ければすぐに削除いたします。

それにしても三部は飛び抜けていいですね。

THE BELOVED
(VOICES FOR THREE HEADS)
BY WILLIAM GIBSON
愛する人（みっつの頭のための声）
ウィリアム・ギブスン
黒丸尚　訳

I

明かりの下
マシーンが夢見る
憶えている
雑踏を
渋谷
タイムスクェア
ピカデリー
憶えている
駐車中の自転車

草の競技場
土に汚れた噴水

夜明けへとゆるやかに落ちていく中
愛する人の腕の中

思い出される

夜に沿って
ハイアットの洞穴の中
空港の半減期の中
ハロゲン狼の
刻の中

思い出される刻
ラジオの沈黙の中

ラジオの沈黙
ラジオの沈黙
ラジオの沈黙

Ⅱ

たかがミステリの歴史
たかが人間がどう迷うか、
だろうが
ただ、どうしても迷うのさ、
現に
どこの街だろうと、
たかが物事の流れ
ただの
交差点の雑踏
ただの舗道に落ちる雨

それが歴史というにすぎない、
実際

父はそうして迷った
母も同じ
母というのは、
実際そういうもの、
物事のありかたとして
ミステリのありかたとして、
ということ
でも狼たちも暗い公園で迷う
坊やたちも同じ
これは別のありかた

近頃の落ちかた

Ⅲ

この街は
悪疫のときにあって
僕らの短い永遠を知っていた
僕らの短い永遠

僕らの愛

僕らの愛は知っていた
街場レヴェルの
のっぺりした壁を
僕らの愛は知っていた
沈黙の周波数を
僕らの愛は知っていた
平坦な戦場を

僕らは現場担当者となった
格子を
解読しようとした

相転移して新たな
配置になるために

深い亀裂をパトロールするために
流れをマップするために

落ち葉を見るがいい
涸れた噴水を
めぐること

平坦な戦場で
僕らが生き延びること

THE BELOVED
(VOICES FOR THREE HEADS)
BY WILLIAM GIBSON
ROBERT RONGO : KYOTO SHOIN, 1991

二〇〇二年四月九日（火）

弟が押井守監督「アヴァロン」を借りてきていたので一緒に見る。

映像は綺麗でした。アニメーションの時と光の使い方が一緒なのは驚いた。

ストーリーは駄目。

社会ぐるみの、大人たちの『ノーライフキング』（いとうせいこう）みたいな話かと思ったら、あの切実さがまったくないんだもの。単にゲームしているだけ。ゲーマーが職業になる世界での仮想現実版ウルティマ・オンラインのプレイヤーたちの話。

生きていることがゲームすることであり、死にたくなければクリアするしかないと小学生たちがプレイし続けた「ライフキング」は初代ファミコンみたいなしょぼいゲームで、映像なんてしょうもないドット絵、音楽はビープ音に毛が生えたくらいのものだったろうけど、リアルさとはそういうところに宿るものではないのだ。「ライフキング」はハードを超えて子供たちの意識に、社会に、現実世界に浸食するリアリティを持ったゲームとして描かれていたが、その肌触りは読者に伝わるほど確かなものだった。

「ライフキング」のゲーム世界が現実世界と重なった瞬間、子供たちは初めてリアルであるとはどんなことかを知り、自分たちが生きているということとやがて死ぬということを知ったのだ。

「アヴァロン」のゲーム世界は現実世界よりも色鮮やかだが、それだけだ。『アヴァロン』はとても上手いプレイヤーが隠しフィールドをクリアする話でしかない。あの後彼女はまずそうな食事をとってお家に帰るのだ、きっと。それでスカウトがくるのだ、きっと。ゲームはゲーム。現実は現実。仮想現実は仮想現実。

コワイケドトカ
ナキャシヌカラ
ガンバリマス

ソトニデテ
ミテクダサイ
リアル
デスカ?

（いとうせいこう『ノーライフキング』新潮社　S63・8）

二〇〇二年四月二二日（月）

ひき逃げの怪我が治ったと思ったら階段から落ちて足が痣だらけになってしまった。紫、黒、赤。もやもやとわき出る濃淡を見ていると、とても懐かしくなる。

ヘルムート・ニュートン写真展に行った。出口に出ていた売店には現代写真家の写真集が結構おいてあって、私はニュートンよりもそこにあったサラ・ムーンの写真集に惹かれて仕方がなかった。

サラ・ムーンとか、ルース・ゾーン・トムセンとか、あとウィトキンとか。無造作に焼き付けされたような、輪郭もはっきりしない、光と影が滲み合う中から浮かび上がる夢の世界。それは、人間ではなくて彫像が見る夢だったり、景色が見る夢だったり、地下室が見る夢だったりする。

その曖昧さは夢から醒める時に摑んだ残像に似ている。

（夢自体はもっとずっとくっきりはっきりしたものではないだろうか）。

醒めてから思い出そうとする夢、もう取り戻せない夢、存在しなかった過去の思い出とか、一度も行ったことのない故郷とか、そんなものに似ている。

内側から滲み出し私の白い皮膚の中に溜まった血。そのぼんやりとした輪郭をなぞりながら、私はネットを辿ってたくさんの残像を集めた。

今のデスクトップは、Ruth Thorne-Thomsen の Head with Ladders, IL です。

二〇〇二年四月二三日（火）

ある人にビーニーベイビーズの蛸を見せたら「北斎みたいだね」というので我が意を得たりと頷く。

そうなのよ！　喜能會之故真通の蛸なのよ！

「ぬいぐるみが好きなんてやっぱり女の子ですね」という不可解な発言をした人がいますが、それは不適切なのでもう言わないでください。

うれしくなったのでネットで画像を探す。前探した時は日本語で探してしまったから見つからなかったのかなと思いつく。春画だから日本のサーバじゃおけないのかもしれないし（？）。

英語で検索するとすぐみつかった。うれしい。

というわけでデスクトップはルース・ソーン・トムセンではなくなりました。

二〇〇二年四月二八日（日）

高橋しん『最終兵器彼女』がアニメになるそうだ。

「私、最終兵器彼女になりたいな。」

「え、なんで、人いっぱい殺さなくちゃいけないよ。苦しいよ。」

「うーん、そうだねー。

……でも、存在価値与えられるし。人体改造されるのいいし。私、人工的に作られて創造主のために死にたいんだよ。綾波レイになって碇指令のために死ぬとか、ピノコになってブラック・ジャックのために死ぬとか。
……でも、『最終兵器彼女』は彼氏に改造されたわけじゃないし、彼氏はそれを望んでないし、彼氏を直接守れるわけでもないね。全然違うね。」

私を最終兵器彼女にしたくない人は誕生日プレゼントにサラ・ムーンの写真集をくれた。

二〇〇二年五月二日（木）
胎児が母親の中で聞いている音は結構うるさい。
ゴーッという血流、ごとんごとんという心臓の鼓動。
新幹線に乗っていて聞こえる音は、胎児の聞いている音にとてもよく似ていると思う。
だから、私はいつでも新幹線の中では眠ってしまうのだ。

二〇〇二年五月三日（金）
友達と地元のファミレスに集まる。
誕生月の子供がいると、花火を持ったキャラクター人形を席に置いてくれて、ケーキがおまけにつくそうだ。

私と友達は四月生まれなので、三日遅かったと悔しがる。

でも、よく見ると一二歳までなのだそうだ。

倍しても私たちの年齢に足りない。そんな歳になっていることに気がついて驚く。

それでも私は花火を手に持った人形を席に置いてほしい。ばかげた電子音でハッピーバースデートゥーユーを鳴らしてほしい。

中学校の同級生は結婚したり、あまつさえ子供を産んだりしているそうだ。

私を最後の一片とする血族の鎖。

私は親に繋がっているが、私の後には誰も繋がっていない。ふらふらとゆれる最後の一片が私だ。

私の後に新しい一片を継いだら、両側から引っ張られて私は動けなくなってしまう。連なりの中に居場所を作ってしまう。動けないまま、動かなくていいまま。

気が触れたようにけたたましい電子音の祝福。

一生子供でいて親にはならない決意とか。

私で終わりにする決意とか。

二〇〇二年五月四日（土）
「着デブは死を意味する」が私の服選びのモットーです。
ストレッチが効いていない素材はまず駄目。胸に合わせるとウエストがぶかぶかだし、ウエストに合わせると胸が潰されるし。

薄手で、ストレッチが効いていて、体形がきれいに出て、インパクトがあって、ギャルっぽくはない服を求めていて、最近とみに気に入っているのがヴィヴィアン・タムなのです。

ヴィヴィアン・タムで謎の東洋人スパイ風の着こなしをするぞしばらくは！

というわけで今日は中華風の刺繍のある黒のノースリーブニットを買った。

これを着るとユニクロのパンツでも様になるわ。ああ素敵。

二〇〇二年五月五日（日）
妹が「サウンド・オブ・ミュージック」を見ている。
修道院からトラップ家に家庭教師として派遣されたマリアはトラップ大佐と愛し合うようになり、修道院を出て結婚することになる。その結婚式の場面。マリアは修道院の中で、修道女たちに祝福を受ける。ドレスを着て礼拝堂に向かうマリアと、それを囲む修道女たち。修道女たちはでも、鉄格子の外には出ない。修道院の外には出ない。自分で閉じこもった聖域の中から出ることを禁じられた彼女たちは鉄格子ごしにマリアを見送る。
どうすれば神を求めずにいられるのか。

どうすれば神を信じることができるのか。

どうすればこの二つの問いを持ち続けていられるのか。

二〇〇二年五月六日（月）

うちの庭は日本庭園で、裏庭は薔薇園になっている。晴れているので、庭のテーブルでお茶を飲む。

テーブルの上のラナンキュラスの花弁一枚一枚に刻まれた皺。

芝生に落ちた枯れた松葉の上を歩く蟻の銜《くわ》えた草の実。

紅茶を透かしてアラベスク模様が見える。

影はこんなにくっきり落ちて、紙は発光し、私は本を読むことができない。

蟻の視点で庭石を見る。大きい。広大な石の台地を私の視線はさまよう。

水を吸い込んだ柔らかな土が黒い。

晴れている。晴れている。光。

風が吹くので影が揺れる。

何の影？　この木の名前を私は知らない。

過剰だ。

複雑すぎる。今この庭を味わっているのは私だけなのに。

あまりに精妙なこの庭。

ぱちん、と母が裏庭で薔薇の枝を切った。

二〇〇二年五月九日（木）その一

岩壁に突き出たテラスから遥か下に見える湖、そこをすさまじい早さで横切る大きな生き物の背を僕は見た。

見える部分だけで一〇メートルはある、鱗の一枚一枚が波打っている。大声であいつを呼んだが返事はない。聞こえないのだろうか。

龍は一旦湖深く潜り、また勢いよく浮き上がってきた。

はやく来いと呼び続けている声にやっと気がついたあいつが慌てふためいてこちらに上ってくる物音がした、が、階段から落ちてしたたかにどこかぶつけたらしい。うなっている。

龍を探しつづけていたのは、僕ではなくてあいつだ。でも、あいつは龍を見ることができないだろうと、僕は悟った。あいつは決して龍が姿を現しているうちにこのテラスに来ることは出来ない。偶然があいつを阻むだろう。やっと起きあがったあいつの前にありとあらゆる障害物が立ちふさがるのだ。龍を一目見ることがあいつの人生の目的だけど、あいつは決して見ることが出来ないだろう。こんなすぐそばにいるのに。

龍を見ることが出来る人間と、そうでない人間がいる。そして、そこに理由は存在しない。

龍はなんども潜りまた浮き上がり、鱗をひらめかせては向きを変え、湖を縦横無尽に泳いでいる。ふいに龍は白い腹側をむき出しにして浮き上がった。そのまま動かない。僕はぞっとした。この龍はおかしい。ぐるぐると湖を廻る動き、突然死んだように全身をさらす無防備さ、それは、動物園の発狂した象を思わせた。

「気が狂ってるんだよ。」

祖父はコーヒーマグを片手に言った。

「最後の龍神は病んでいる。湖の周りをごらん、春の花が咲いている隣で紅葉している木がある。草原は風が吹いてもなびきもしない。あそこは、固まってるんだ。むりやり岩壁をおりていっても、花一本手折ることも出来ないよ。龍神の想う最後の風景があれなんだ。決して変わらない。」


そこで目が覚めた。

二〇〇二年五月九日（木）その二
新国立劇場にR・シュトラウスの「サロメ」を見に行った。
サロメ役のジャニス・ベアードは申し分なく美しかったが、ヨハナーン役の青戸知は申し分なく美しくはなかった。不満。

だのに、あたしは、このあたしはお前を見てしまつたのだよ、ヨカナーン、さうして、あたしはお前を恋してしまつたのだ。あゝ！　あんなにも恋ひこがれてゐたのに。今だつて恋ひこがれてゐる、ヨカナーン。恋してゐるのはお前だけ……あたしはお前の美しさを飲みほしたい。お前の体に飢ゑている。酒も木の実も、このあたしの欲情を満たしてはくれぬ。どうしたらい、のだい、ヨカナーン、今となつては？　洪水も大海の水も、このあたしの情熱を癒してはくれぬのだもの。

（オスカー・ワイルド『サロメ』福田恆存　岩波文庫　一九五九・一）


ああ、本当に、本当にそうだ。

あなたに口づけしたいです。

二〇〇二年五月一〇日（金）

たいそう私が好きそうな（怪我をしている少女が出てくる）エロゲーがあるそうな。それはプレイしてみましょうとチェックしたけど！

なんと!!

エロゲーって、ウィンドウズしかないのね！！！

マックにして失敗したかもと思った。何か大きな道が閉ざされたような気がする。

ある人がマックを使っているとしたら、少なくともその人は健全なゲームプレイヤーであるということが分かる訳ですね。

二〇〇二年五月一一日(土)

コスメ買いに行ってグッチの前を通りかかったら、シンプルで細身の黒いドレスがショーウインドーに飾られていた(グッチのドレスはみなシンプルで細身で黒くて胸元が開いている)。

素敵だなあと思った。入って近づいてきた店員さんに聞くと、コレクションに出したものだという。よく似たものがあるというので出してもらって試着した。

たまに、こうして非日常的な服を試着してしまう。私の月収より高いワンピースとか、年収より高いコートとか。

買おうと思って着ているわけではないんだけど、絶対買わないぞと思って着ているわけでもなく、ただ、ああ、この素敵な服を着たいと思って、着てしまう。

それはそれは素晴らしかったら、きっと買ってしまうんだけど、でも着てみれば結構満足だったりするのだ。

合わせて靴も出してもらって、それも大変美しかったのですが、買わないで帰ってきてしまいました。だってワンピも靴もシルクだったんだもの。シルクの躰に沿わない感じが好きじゃないのです。

ドレスと靴の代わりに、ベルトを買いました。これは大変クールですよ。このベルトのためのコーディネートはもう考えました。ああ楽し。

二〇〇二年五月一四日（火）その一

マゾッホがそのイデアリスムないしは「超官能主義」を定義する方法は、一見、平凡なものに見える。『離婚した女』で彼はいっているのだが、問題は世界を完璧なものと信ずるのではなく、かえって「羽をはやして」この世界から夢へと逃亡することなのである。だから世界を否定したり破壊することが重要なのではないし、まして理想化することが重要なのでもない。世界を否認し、否認の仕種によって宙吊りにして、幻影の中に宙吊りにされた理想的なるものに向って自分を拡げることが問題なのだ。現実的なるものの正当な権利主張に異議を申したて、純粋に理想的な拠点を現出せしめる。そうした操作は、マゾヒスムの法学的精神にぴたりと一致している。

（ジル・ドゥルーズ『マゾッホとサド』蓮實重彦　晶文社　一九七三・七）

そこにはルールがある。私を破壊し支配しようとする何かを私はいつでも定義しうる。私の選んだ舞台、私の仕組んだシナリオの中に場を占めるしかない何者か（それが、秩序破壊者・闖入者の装いをしていてもだ。私の物語に外部はない）。

外部、外部がほしいのかな。

私が定義できない者に定義されたいのかな。

……まさか、そんな。

二〇〇二年五月一四日（火）その二

どうしようもない苦痛に襲われる時、自意識はあっけなく吹っ飛んでしまう。交通事故にあって胸部を強打し、呼吸できず胸をかきむしる時、普段の信念とか、意志、責任ある一個人としてのあり方とか、そんなものは消し飛んでしまう。交通事故でなくてもいい、お風呂場で転んで浴槽のふちに思い切り腰をぶつけたってわかる。苦痛は、強い。それは速やかに自意識を運び去る。残るのは苦痛だけだ。時間の経過もなく、永遠の今を純粋な苦痛として存在する。しかし苦痛はやがて薄れ、消える。永遠だった神話的な純粋さの時は消え去り、自意識が戻ってくる。

そして戻ってきた意識は「さっきの苦痛は意味づけ出来ない純粋な存在のあり方だった」と意味づけし、不在の時間を所有し直すのだ。

いつもそうだった。

今までに分かったことは、苦痛は自意識と人生を消し去るが、私と世界（つまり存在）を消し去ることはできないということだ。

それでは私は、そのような苦痛に何を夢見ているのだろうか。

外部などないと知りながら、求めるふりをして自分を慰撫しているのだろうか。

私に苦痛を与えるもの。

それは私を消すものではないと心のどこかで知りながら安全な危険を楽しみたいのだろうか（つまり、それは宙吊りになりたいということだ。現実を否定はしない）。

それとも、それはいつか私を消し去るかもしれないと、信じているのだろうか。

二〇〇二年五月一九日（日）その一
わたしたちにとって大切なことは頭脳を勃起させることであって、性交の回数なんかではありません。真の快楽とは過剰の快楽であり、性器を目標とはせず、せいぜい快楽の手段にする程度です。
わたしたちは精神全体を発情帯にかえる仕事に打ち込んでいます。

（ベルナール・ノエル『聖餐城』生田耕作　白水社　一九八八・一一）


読み手を慄然とさせるポルノグラフィーが好きだ。

ポーリーヌ・レアージュ「O嬢の物語」、ベルナール・ノエル「聖餐城」、澁澤龍彦「犬狼都市」。

期待を裏切り、自意識を奪い取り、属性を剝ぎ取る行為が書かれたものが好きだ。

意味を失い、意味づけを拒み、性の階梯《かいてい》で抽象化されていく人間。その時、裸体は生物ではなく、一個の象形文字となる。

女性だけの全裸オーケストラが行われると聞いた時私の頭をよぎったのはボッシュ（とりわけ「音楽の地獄」）とデルヴォーだった。

某ＡＶ制作会社の企画なのできっとそんなにシュールレアリスティックなものではないだろうとは思ったけど、それでも期待していた。

幕が上がると、裸体の女性達が楽器を構えている。裸体の指揮者の一閃と共に始まる音楽。

弦を押さえる指先、ひたむきな視線が譜面を追う。

音楽が完成したものであればあるほど、裸の演奏者たちの不可侵さは高まるだろう。ステージの上には独自の世界が出来、観客席の常識や性的な思い入れを拒むだろう。

そう思っていたのだ。

最初の演奏は着衣で行われた。

曲目が一区切りして、演奏者紹介が行われた。

一人一人名前を呼ばれた女性はステージの中央に歩み出て、その場で服を一枚ずつ脱いだのだ。

二〇〇二年五月一九日（日）その二
ああ、そうやって囲い込みたいのか。

そう思った。

普段服を着て生活している普通の可愛い女の子、みんなの前で服を脱いだり男の人の前で性器をさらしたりするなんて恥ずかしいでも仕事なんですがんばりますから応援してくださいね、という裸が見たいのか。

出自のない裸体、絡め取ろうにも手がかりのない抽象的物体、自らの存立を問い直すような性の深淵、そんなのを見るつもりはないわけね。

服を着て演奏している女の子を頭の中で裸にするように、裸で演奏している女の子には頭の中で服を着せるのだ。自分の手は汚さずに、自分の立場は変えずに、ただ女の子を着せたり脱がせたりして貶め犯すような性のあり方を私はもっとも不愉快に思う。

隣に座った中年の男性は服を脱いでいく演奏者をみながら身じろぎをした。

あなたの隣にいる私のことも、頭の中で脱がせていますか。

一人一人、もじもじしたり照れ笑いをしたりしながら演奏者たちは服を脱いだ。胸や性器を手で覆おうとする彼女たちは、裸は見せてはいけませんというルールを纏ったまま裸になっていた。

だから、彼女たちは「人前で裸になる女」というカテゴリーにすっぽり入れられたまま観客（九九パーセントが男性）の視線で玩弄されていた。

演奏前にステージ横の女子トイレに入ったら、出演者の女性が二人化粧を直していた。一人はひどく怒っていた。監督か誰かが、「失敗したって笑えば女の特権で許してもらえる」と言ったらしい。「一週間必死で頑張っていい音楽作ろうとしてきた私たちに対して失礼じゃない！」と彼女は憤慨していた。もう一人の女性は「失敗しても大丈夫だってはげますつもりで言ってくれたんじゃないかな」と好意的に解釈してなだめていたが、最初の女性はそれでも納得がいかず怒っていた。真剣だった。

「こんなの企画物ＡＶの撮影で観客は女の裸見に来てるだけなんだから演奏なんてどうでもいい」と思うことだってできたはずだ。でも彼女たちは真剣に演奏していた。技術的にはともかく、自分たちの力を尽くして最高の音楽を作ろうとしていた。裸体での演奏が始まってからは、おのおの集中していた。恥ずかしそうではなかった。そんな余裕はないようだった。

だから観客の前で服を脱がせたのだ。最初から裸で出てきて演奏しては、「裸を恥ずかしがる女の子」の姿を見せることができないから。

二〇〇二年五月二三日（木）
好きな本を三冊選べと言われたら私は次の本を選ぶ。
・ヴィトゲンシュタイン『論理哲学論考』
・ホルヘ・ルイス・ボルヘス『伝奇集』
・ポーリーヌ・レアージュ『O嬢の物語』
でも、もしその中からさらに一つだけ、一篇の言葉だけを選ぶとしたら、それは、ボルヘスの「バベルの図書館」だ。

(他の者たちは図書館と呼んでいるが)宇宙は、真ん中に大きな換気孔があり、きわめて低い手すりで囲まれた、不定数の、おそらく無限数の六角形の回廊で成り立っている。

(ボルヘス「バベルの図書館」『伝奇集』鼓直　岩波文庫　一九九三・一一)

文字の順列組み合わせで書かれた無数の書物が収められた図書館、そこには理論上すべての本が存在する。

その完全性ゆえに、一人の人間＝司書が一生の間に意味のある文章を読むことはほとんどない。順列組み合わせで出来上がった無意味な文字列が並ぶ本が収められた無数の書架が並ぶ無数の部屋で構成された無限の図書館＝宇宙。

その「バベルの図書館」の愛蔵版が出ていた。

THE LIBRARY OF BABEL:Jorge Luis Borges, Etchings by Erik Desmaiers GODINE, 2008.8

「バベルの図書館」一篇にErik Desmazierses 描く広大で神秘的な図書館のエッチングを一一葉添えたハードカバー判。

なんだかとても丁寧に大事に作られた本だ。本文三六ページの薄い愛しい本。

いつの日か現れる幻想建築文学全集の前触れに違いない。

わたしは、人類——唯一無二の人類——は絶滅寸前の状態にあり、図書館——明るい、孤独な、無限の、まったく不動の、貴重な本にあふれた、無用の、不壊《ふえ》の、そして秘密の図書館——だけが永久に残るのだと思う。

（同上）

二〇〇二年五月二四日（金）

昼休みに突然神保町に行った。あちこちふらふらしている内に昼休みが終わる時間がきた。会社に戻らなくては。

でも、なんだか戻っては行けない気がしたのだ。

私は会社に電話した。

「もしもし、二階堂です。私あと五分で昼休みが終わるのですが、今神保町にいまして、古本の神様があと二軒廻ってから帰れというので休憩を三〇分いただきます。」

最近フレックスになったので別に大丈夫。

一軒目には特に掘り出し物はなかった。

そして、二軒目、そこの文庫棚に私が見いだした本は、なんと。

『母娘特訓　セックス・レッスン』。

やったー！　古本の神様ありがとう。

ピエール・ルイスに『母親の三人娘』というポルノグラフィーがある。奢灞都館で出るはずだったのが翻訳されずに終わってしまった作品。

でも違うところで邦訳が出ていたことを知って探していた。

なかなか見付からなくて、ネット古書店で検索しても出てこない。これはきっとふざけたタイトルのせいで一〇〇均本扱いされているに違いない。

それが『母娘特訓　セックス・レッスン』（津久戸俊訳　光文社文庫　一九八六・八）。

すごいタイトルだ。あんまりだ。編集者責任取ってください。

二〇〇二年五月二九日（水）
眠りにつく前、意識がものすごくふらふらふわふわしたので、すわ幽体離脱かと思ったら単に強烈な眩暈に襲われただけだった。

二〇〇二年五月三〇日（木）
彼女は専制君主であるイエスの愛の玩具になろうとした。懲罰を受けることが神に愛される証明だと思えた。「苦しんでいないときが一瞬でもあれば、（イエスに）忘れられたか捨てられたかと思ったでしょう」。その懲罰は単にあれやこれやの日常的な罪や失敗に対してだけではなくて、彼女の「存在しようという誘惑」そのものへの懲罰でもあったので、決してやむことがなかったのだ。


（竹下節子『バロックの聖女』工作舎　一九九六・八）

「神」を信じさえすれば楽になるということは重々承知なのです。

でも、そんな操作をして楽になるのって欺瞞だわ。

「どれほどの過剰な愛も受け入れてくれ、救ってくれる者」はどれほどの過剰な愛も受け入れ、救ってくれるだろう。定義上（ちなみに罰してくれる者と救ってくれる者は同義だ）。しかしそのような操作は見え透いている。

自分でなしたその操作を忘れることができればその機械仕掛けは完璧だけれど、それでおしまいだ。

幸福さは罠だ。

私には制御できないこの衝動をいんちきな永久機関に流し込んで楽になってはいけない。

どうすればいいのか。

とにかく、安易な解答には決して飛びつかないこと。瞬時にして幸福にしてくれるなにかがあったらそれとは一線を画すこと。感情なんていう一番安易に動かされるメカニズムに足を引っ張られてはいけない。感情はせいぜい利用すること。最大のエネルギー源なのは確かだから。

「私たちは愛さんが為に心を、苦しむ為に肉体を持っている」

（聖マルグリット・マリー）

だけどそれは「神」のためではない。

ところでこんなのもある。

「私は約束します。ああ、ベルゼビュトさま、一生あなたにお仕えします。私の心（臓）と魂と体のすべての感覚と、欲望と吐息とを捧げます。体のあらゆる部分と私の血の全部と、神経と骨と血管を差し上げます。もし私に千の命があるならばひとつ残らず差し上げます。あなたがそれをお望みになり、それに値するからです。そして、私があなたを愛しているからです」。

（同上　一七世紀初頭　リールの魔女マリー・ド・サンが悪魔と交わした契約書）

ああ、なんという幸せだろう。「神」でも、「悪魔」でも、信じた者から楽になれる。でも私はそんな風に楽にならなくてもいい。「神」のくれる幸福をかいくぐって、どこまで行けるかを知りたい。

二〇〇二年五月三一日（金）

六・四三二　世界がいかにあるか、ということは、より高次の存在にとっては、全くどうでもよいことだ。神は世界の中には顕われない。

六・五　いい表わすすべのない答えに対しては、また、問いをいい表わすすべを知らぬ。「これが謎だ」といえるものは存在しない。
そもそも、ある問いが立てられるものなら、それに答えを与えることもまた可能である。
六・五二　科学上のありとあらゆる問題に解決が与えられたとしてもなお、人生の問題はいささかも片付かないことをわれわれは感じている。もちろんそのとき、すでにいかなる問いも残っていない。まさにこれこそが解答なのだ。
六・五三　哲学の正しい方法とは本来、次のごときものであろう。語られうるもの以外なにも語らぬこと。ゆえに、自然科学の命題以外なにも語らぬこと。ゆえに、哲学となんのかかわりももたぬもののしか語らぬこと。――そして他のひとが形而上学的なことがらを語ろうとするたびごとに、君は自分の命題の中で、ある全く意義をもたない記号を使っていると、指摘してやること。この方法はそのひとの意にそわないであろうし、かれは哲学を学んでいる気がしないであろうが、にもかかわらず、これこそが唯一の厳正な方法であると思われる。

（L・ヴィトゲンシュタイン『論理哲学論考』酒井秀寿　法政大学出版局　一九六八・七）

語られうるものが言語の中・世界の中のものである以上、名指されうるものは求めている解答ではありえない。「神」と呼ばれるものは神秘ではありえない。正当な信仰とは、真正の答えではないと知りつつも、たとえ話としてそれを唱えるというところにしかないのではないだろうか。

しかしそれがたとえ話だとすれば、より適切なたとえ話を作り出すべく研鑽し続ける必要があるだろう。しかし、それと形作られた信仰の形（宗教）は、あたかもそれこそが解答でありそこにとどまり続けていて良いような錯覚を与えてしまう。

おそらく、私は簡単に救われてしまう。ぬかずき祈ることの安楽を私は知っている。救われたいと思っている者は何にだって救われてしまうのだ。鰯の頭も信心。

私は弱いので、あたかも神聖なものであるかのような「信仰」で救われては勘違いしてしまうかもしれない。だから、苦痛にのたうったり誰かを好きになったりしてかりそめに救われていくことの方が真実に近くいられると思うのだ。

二〇〇二年六月一日（土）

古本屋に行けば田代安子『聖女マルグリット・マリー聖心の使徒』はあるし、図書館に行けば高橋たか子『神の海　マルグリット・マリ伝記』はあるし、なんだか聖マルグリット漬けな週末。

友達がピアスを開けたいというのでつき合う。普通の耳たぶなんだけど、ピアスのことがわかってない病院で開けるのはよくないよ！　と言ってピアッシングスタジオへ。ジュエリーがいっぱいあるからPARADOXに最初行ったけど、非常に混んでいて予約なしでは駄目だと言われた。EXTREMEは遠いし、PURPLE LOTUSはよく分からないのでNOONに行くことに。

NOONに行ったら前から微妙に気になっていたWild Catの金属製のチョーカー（というか首輪？）があった。でも重いしやや高いし、なんだかドラえもんが首にしてる鈴に見える気もするので物欲対象リストから外す。

NOONの上手で優しいお兄さんはなぜか首にロザリオを下げていた（注　ロザリオは数珠なので普通首に下げません）。友達のバチカン土産らしい。いいな。

友達と別れてからなんだか知りませんがサンパウロ（四谷にあるキリスト教専門書店）に行って散々キリスト教関係書を買ってしまった私。なんなのこれ。物欲です物欲。たんなる物欲と言っておきたい！　言い切りたい！

二〇〇二年六月二日（日）
プチひきこもり。週末の一日くらいは誰にも会わず一言も口をきかず一歩も外に出ずに本を読みたいものだ。「ひきこもりって楽しいよねー」と弟に言うと、「本当だよねー」と寝っ転がって本を読みながら言う。ちなみに実家の父もひきこもって飛行機の模型の座席部分をつくっていたらしい。ひきこもりでオタクの家族なのだった。
昨日買い込んだり借りてきたりしたキリスト教関係の本を立て続けに読む。ロザリオの祈りも覚えてしまいました。もちろん文語版。するとラテン語で覚えたくなる。するとラテン語を学びたくなる。昔ちょっとだけかじったのだけど挫折したのです。

そんなこんなで知人にメールで書いたこと。

＊

私はマゾヒズムとは受苦を通じた個からの解放にあると思っています。

だから聖女譚に心惹かれるのです。

「主よ御心にゆだねます」ということです。

＊

鍵は高橋たか子にあると思うんだけど。

二〇〇二年六月四日（火）

実は偏食で、何もないところでよく転んだりぶつかったりし、おまけにイエスの名を蠟燭の炎で胸に焼きつけたり同じくナイフで刻み込んだりした聖マルグリット・マリーに夢中なわたくしは、気がつくと会社帰りに銀座の教文館書店四階（聖具売り場）で聖人のメダイを物色していたのでした。いやはや。

もうこれから「私たちは愛さんが為に心を、苦しむ為に肉体を持っている」を座右の銘にするんだから。

でもマルグリット・マリーってメジャーな聖人じゃないからグッズがないみたい……。

その後はお洋服を見にセレクトショップやデパート巡り。松屋のパーク・アヴェニュー・プリンセスで素晴らしいワンピースを見つけた。

シルクの薄いスリップドレス。シルクはストレッチ性がないから敬遠しがちな素材だけど、このワンピースは見事なカッティングの技で身体に美しく沿ってくれる。インポートなだけに思いきって胸元が深く開いた、けれども肉感的な雰囲気を持たない細身のドレス。ベージュ地に黒いレースが配してあるけれど甘いところはなくて、とても冴えている。

私はいつも乳房を高くシャープな形に処理しているけど、このワンピースにその形の胸は似合わない。ブラジャーは外して、身体の厚みを抑えてすらりと着たい。

このワンピースを着たら、きっと体温が低く見えるだろう。

ハンガーに引っかけるような風に身体にこのワンピースを引っかけて、まっすぐに無造作に突っ立ってみたいと思った。

二〇〇二年六月一一日（火）

鉄腕アトムが大好きな父が入院するので、弟と一緒におみまいのアトムグッズを手塚治虫ワールドに買いにいきました。

そこにはピノコグッズがたくさん！

「か、かわいい……」

私の全身を物欲が駆けめぐり、髪の毛が逆立つような感じがしました。本当です。弟は「今お姉ちゃんの気配が変わった」と言いました。

ピノコ。ブラック・ジャックによる被造物、患者、人形、助手、娘（しかも母はいないのだ。父が一人で作り出した娘）で恋人で妻。一八歳の頭脳と幼女の肉体とを併せ持つ恋する乙女。おそらく一生プラトニック・ラヴ。

そんな複雑でいびつでアンバランスな存在でありながら一途にブラック・ジャックを愛し続けるピノコを応援し続けることをわたくしは誓います！

ピノコがブラック・ジャックにチュウしてるカンバッチを買って震える手でバッグに付けてしまった。キャラクターグッズって好きじゃないんですけれど、でもこれは色が落ち着いてるし、ピノコだし、ピノコが先生にチュウしてるからいいの。いいことにするの。

あと、ずっと買おうと思っていた『やけっぱちのマリア』（全二巻）も買いましたよ。童心を持ったダッチワイフ・マリアと、男子中学生・やけっぱちの恋愛ものです。ちなみに「性教育をテーマにした青春もの」と書いてあります。ふーん。へー。ものは言いよう。

二〇〇二年六月一三日（木）
うちのお風呂は実は三週間くらい前から電球が切れているので、いつも洗面所の電気だけの薄暗い中でお風呂に入っている（つい買うのを忘れてしまうから）。
蠟燭の灯りでお風呂に入ろうとふと思いつく。蠟燭はすぐ見つかったけど、蠟燭立てがないよ、この家。

しかたがないのでキャンベルスープの空き缶に蠟燭を立てる。赤い蠟燭を赤い缶に立てて、浴槽の縁の広くなっているところに置いた。キャンプみたいだ。

真っ暗な中、お風呂のお湯に映った蠟燭の炎を見る。じっとしていると、蠟燭がそのままの姿で水面に映る。すぐに揺らいでしまうので、そーっとそーっと静かにおとなしくして、一瞬だけ映るその姿を見ようとする。

水鏡に映った姿だけでもいい。

ほんの一瞬だけでも。

二〇〇二年六月一六日（日）
朝食の時、伏せて置いてあるティーカップの底に“FINE BONE CHINA”と書いてあるのを見ていてふと浮かんだ疑問。ボーンチャイナには何の骨が入っているんだろう。骨に含まれるリン酸カルシウムの働きであの独特の透明感のある磁器が生まれるのだそうだ。ということは歯でもいいのかな。私は抜けた自分の歯を沢山持っているんだけどあれを原料にティーカップを作ることも可能なのだろうか。
一人の人間の骨をすべて使えば、食器を一揃い作ることもできるだろうか。
好きな人が死んだら、好きな人の骨で作ったボウルにプレーンヨーグルトを入れて蜂蜜をかけて、それを好きな人の骨で作ったお匙ですくって一口一口食べることができるだろうか。とても甘くて、とてもおいしいヨーグルトを好きな人に食べさせてもらえるだろうか。

二〇〇二年六月一七日（月）

中国のある一族は、代々ひとつのしきたりを守り続けている。

一族の者が死ぬと、その骨は灰になるまで焼かれ、そしてそれで一枚の皿が作られる。

残された者は、家族の身体でできた皿で食事を取り、その食物は血肉となり骨格を作り、そしてその身体はいつかまた一枚の皿になる。

その屋敷の食器室、数え切れない皿が並ぶ薄暗い部屋は、一族の納骨堂なのだ。

ということを思いついて面白がっているわたくし。

高校の時の国語の教科書に葉山嘉樹「セメント樽の中の手紙」が載っていました。私はなんというお話を学校で教えるのだろうかとどきどきしながら、それを授業中に乱歩の文体模写で「人間椅子」風に書き直していました。

自分の身体はセメントになり、貴婦人が住まう建物になるだろうと思うのもいいよねえ。

二〇〇二年六月二〇日（木）その一
二三日（日）からトルコに行きます。
ネルヴァルの『東方の旅』を読んで、イブン・バットゥータの『大旅行記』を読んで、もう地理もばっちり飲み込んだ（嘘。どちらも地理的には当てにならない。『大旅行記』についている地図はなんだか狂ってるし）。

小学生の頃から行きたかったカッパドキアに行ったり、パムッカレの遺跡風呂に入ったり、旅の終わりのイスタンブールではガラタ古楽器博物館でスーフィーの旋回舞踊を見て、最終的にはハーレムに就職したいと思います。

そのためにハーレムのお勉強したんだもん。東洋の名花と呼ばれ、スルタンに一時寵愛され、飽きられたらきっと生きたままボスフォラス海峡に沈められるの。

（これは妄想です。トルコ共和国にスルタンはいません。さらにハーレムとは本来後宮のことではなく、女性の住まう処のことです。トルコは政教分離の国で、一夫多妻制は二〇世紀初めに廃止されています。おまけに婦人参政権の導入は日本より早いのです）。

二〇〇二年六月二〇日（木）その二
ちなみに私がこの度用意したハーレム参考書は以下のとおり。
1　アレヴ・リトル・クルーティエ『ハーレム　ヴェールに隠された世界』篠原勝　河出書房新社　一九九一・九
2　澁澤幸子『寵妃ロクセラーナ』集英社　一九九八・四
3　澁澤幸子『ハーレムの女たち』集英社　一九九九・四
4　作者不詳『好色なトルコ人』明石苑　富士見ロマン文庫　S54・8

5　N・M・ペンザー『トプカプ宮殿の光と影』法政大学出版局　一九九九・二
6　タージ・アッサルタネ『ペルシア王宮物語　ハレムに育った王女』東洋文庫　一九九八・一一

1はトルコ人研究者による好著。多彩な図版でハーレムの歴史・風俗・習慣を紹介しています。

2と3はさらっと読めて楽しめます。トルコ行きに合わせてこの他にも澁澤幸子の本をまとめて読んだのですが「この文章そっくり他の本で読んだ……」というのが多いような。

4は富士見ロマン文庫なので参考になりません。でもこの話のスルタンは素敵です。

5と6はこれから読むの。

ああ素敵なスルタンに見初められるようにがんばるわ（妄想）。


いずれにしろ、旅を重ねるにつれ、幼いころ本や絵や夢によって作りあげた美しい世界を、町から町、国から国へ、ひとつまたひとつと失ってゆくのはつらい思いだ。子供の頭の中にそうやって組みたてられた世界は、はたして知り覚えたことどもがふくらんでいった結果なのか、それとも前世の記憶、未知の天体の幻妖な地理か、いずれともきわめがたいほどに豪華絢爛である。どんなにすばらしいものごとや風景を前にしても、想像力がシャッポを脱いで、腰が抜けたの、前代未聞だのと言うことはまずありえない。

（G・ド・ネルヴァル『東方の旅』篠田知和基　国書刊行会　S59・1）

はたして、どうなりますことやら。

二〇〇二年六月二一日（金）その一

トランク詰めをしなくてはいけない時に限って昔の雑誌を引っ張りだしたりしてしまう。高校の図書館の閉架書庫にいつも勝手に入り込んでいた私は、暗い書庫の片隅にだけ電気をつけて「太陽」のバックナンバーを見ていた。

ぱらぱらと捲ったその一冊の中にその写真はあったのだ。

草原に一人の兵士が立っている。兵士は右手に一メートルくらいある不思議なものをぶら下げている。上の方には、末端が固そうでごつごつした塊になっている棒がついている。それから布のようなものが垂れ下がっていて、その下には人間の頭部が綺麗な状態で斜めについている。そこからさらになんだかチューブのようなものが垂れ下がっている。

それは不思議なもので素敵なかたちをしていた。

最初私はそれを物だと思った。人形だと。頭部を綺麗な状態でつけておいて、手足をばらばらにしておくというのは常套手段でしょう。その不思議なものの下、草原には綺麗に出来た足が置いてあるし。

二〇〇二年六月二一日（金）その二

でも、そうではなかった。

それは人間だった。

頭と、片方の肩と、片腕の一部と、片腕の骨と、あとなんだか内臓や皮膚と、服とで構成された人間だった。そしてちぎれた片足と。

閉架書庫で私は動きをとめた。じっとただ写真を見つめた。その不思議なものを。その素敵なオブジェを。その殺された兵士を。

ああそうか。そうだったのか。

人間も、こういう部品で出来た物だったんだ。

柔らかくて湿っていて腐りやすい部品ばかりだけれど、それでもやっぱり様々な部品を組み合わせて作られた自動人形だったんだ。

部品にはいろいろな組み合わせ方があるし、組み合わせた物には生命があったりなかったりする。

人間は、生きていたり生きていなかったりして、様々な形をとりうる物体なんだ。

私はその雑誌をこっそり鞄に入れて家に持ち帰った。有頂天になって家族に見せた。さらにその写真、石川文洋「解放戦線兵士の死体を持ち上げる米軍兵士」を切り抜いて透明な下敷きに挟んで持って歩こうとして母に止められた。

(高校生ってよく透明な下敷きに好きなバンドの写真を挟んだりしませんか？　私はルース・ソーン・トムセンの写真やアナイス・ニンの写真やロメオ・ジリのコレクションの写真や皮角が生えた中国の老人の写真を挟んでいました)。

その「太陽　特集　死を想え。」(一九九二年九月号)を時々ひっぱりだして見る。自分は物だと確認して、またうれしくなる。

二〇〇二年六月二三日(日)　東京

【機上】

地中海沖に没する岩礁を土台としてそびえる大理石の柱に私は立っている。

私一人がようやく立ち、あるいは腰掛けることができる白い円柱は、満潮になれば海中に没し、その上の私は海面に立っているように見える。

私——生ける彫像——を運んだ者たちは、沈黙の中で、定められた通りに私を柱に据え、漕ぎ戻っていった。

それから船影ひとつ見ていない。

最後に飲まされた水薬のために、私は無感動になっている。暑さ寒さも恐怖も疲れも感じず、ただただ明晰な意識を保って立っている。

日は没した。

彼方に私が住まっていた街の明かりが見える。

私は小さな灯の群れを見つめて暗い海に一人立つ。

私は待っている。

いつか私は意識を失い地中海深く沈むだろう。

願わくば海神が捧げ物を嘉《よみ》したまわんことを。

二〇〇二年六月二四日（月）アンカラ
【カラヴァンサライ（隊商宿）跡や塩湖トゥズによりつつシルクロードを行く】

木が一本も見えない。草原と、土。崩れかけのカラヴァンサライには崩れかけのモスク。右側に続く塩湖（夏には広大な塩の原になる）を眺めやりつつ本を読む。

【カッパドキア　ギョレメ洞窟教会群】

私はここの子供だったらよかった。裏庭にある三角岩を自分で掘って（それはもう簡単に掘ることができる）専用の穴を作る。そこにキリムをたくさんしいて、本を読む。私の部屋だ。うれしい。

この奇妙な岩山の立ち並ぶ処に、許されない神を信じた人々が集まって岩をくり抜き教会を作った。

光を浴びた岩は輝いているようにすら見える。頭蓋骨の中のように静かで薄暗い洞窟から見ると、その光はしらじらと強く、私はもっと奥に、奥の壁にもたれかかってぺたんと腰を下ろしてしまうのだった。

二〇〇二年六月二五日（火）カッパドキア　その一

【カッパドキア　カイマクル地下都市】

暗くてひんやりとしていて丸くくり抜かれた部屋がいくつもつながっている。地下五階まで見学できるが、各階がはっきり分かれているわけではない。一つの丸い空間の床に突然下へ続く穴があったり、壁から斜め上に部屋が続いていたりする。狭いトンネルが部屋べやを繋いでいる。バーバパパの家か、蟻の巣のよう。

迫害されていたキリスト教徒たちは、襲撃の知らせを受けるとめいめいの寝室にあるトンネルで地下都市に逃げた。蠟燭をすべて消して、暗闇の中で敵が去るのを待つ地下都市の人々。

【コンヤ　デルヴィシュ（スーフィー僧）の回旋舞踏】

回り続ける男は目を閉じている。肉体はあるが人間の気配はしない。死体のような男達はくるくると回り続ける。天体の動きを模して回り続ける。

足元は細かく動きくるくると回りスカートは翻る。天と地とを指して動かない上半身は人間ではなくなっている。

フルートの音色旋回しくるくると昇る昇ってゆく天を目指して。翻るスカートが巻き起こす風くるくると儀式の間を駆けめぐる。

くるくると昇ってゆくその先を見上げる。

二〇〇二年六月二五日（火）カッパドキア　その二

【コンヤ　ハマム】

ハマムとは言わずと知れたトルコの蒸し風呂。大理石で出来た円に近い多角形の部屋の中央に、下から暖められた円に近い多角形の一段高い部分がある。湯船はなくて、周囲の洗い場にはいくつもカランがある。天井は白い透かし彫りの明かり取りになっている。裸では入らない。必ず布を巻いて入る。

一段高くなった部分に座ったり横になったりしてのんびりする。スルタンのハーレムではハマムでシャーベットを食べるのがはやっていたそうな。

名高いハマムのあかすりとマッサージは、女風呂では女性、男風呂では男性が行う。ムスリムの国だから当然ですね。ただ、観光客向けのハマムでは男性が女風呂でサーヴィスをする場合もあるので注意とものの本には書いてあった。

そうしたら、案の定男性だった。しかし確かに私は観光客だし、相手は仕事だし、まあいいかと思って入ることにする。服をロッカールームに置いて、貸してもらった布を巻いて、まずサウナに入って盛んに汗をかき、続いてハマムでゆっくり横になってふやけた。

それから生まれてはじめてのあかすり。具体的に言いたくないほどあかが出てしまった。

ちなみにそれは汚い消しゴムかすに似ている。それからまるで泡風呂に入っているかのように泡だらけになってマッサージ。頭も洗ってくれるがリンスはしてくれない。ハマムあがりのお肌はすべすべさらさらで、まるでシルクサテンのように光沢がある。顕著な効果に驚き。今度は韓国式あかすりに行ってみよう。

二〇〇二年六月二六日（水）コンヤ　その一

【コンヤ　メヴラーナ博物館】

スーフィズムの思想家メヴラーナを始祖とするメヴラーナ教団の中心地だった所。トルコ共和国が建国されたとき、初代大統領である護国の英雄アタチュルクは徹底して宗教の影響力をなくそうとした。そのため、博物館として公開されているモスクや教会も多い。回旋舞踏の儀式場にもガラスケースが並べられ、展示物が納められている。しかし勿論信者にとっては聖なる場所であって、祈り瞑想する人々の姿がそこかしこで見られる。

トルコにはムスリムが多いとはいえ、戒律は厳しくない。トルコ風イスラム教という言葉があるくらいで、酒も平気で飲む。それでも半分くらいの女性はヴェールを目深に被り、長袖の服、長いスカートに靴下履きで手と顔しか見せない。たまには漆黒のチャドルで全身を包み込んで目だけを出している女性もいる。

半袖の私でも暑い日差しの下を、彼女たちは分厚い布にくるまって歩く。

精神の有り様では左右されない、非常にはっきりした、日常的な苦痛がここにはある。
とにかく、ここは暑いのだ。
目だけを見せた若い女性（多分私と同じくらいだ）が、博物館の収容物のひとつとして展示されているマホメットの髭の前に跪いた。ここは暑く、人声が響いているが、彼女は静かだ。一人で。

二〇〇二年六月二六日（水）コンヤ　その二
【シルクロード】その一
シルクロードをバスは行き、私は『自由と恩寵』を読んでいる。

道徳的立場からみれば、その自由に固執する者、またあらゆる恩寵の助力を拒絶する者は、確かに個々の場合においては、葛藤なしに恩寵にしたがい、また疑問なしに信仰というものを甘受している人よりも、より高い立場に立っているといえるかもしれません。こうした人々は、自由に基づく責任というものを、信仰の良心よりもより真面目に受け取っているといえるかもしれません。ルターの言葉〝勇敢に罪を犯せ〟（pecca fortiter）は、道徳的に見れば危険であり、また少なくとも両刃の剣といわなければなりません。誰も、誰かに信仰を義務づける権利をもってはいません。恩寵と信仰は、自由意志によって獲得されるものではないまさにそのゆえに、多くの神学者が、彼らの中でもほかならないキェルケゴールが、否、聖書でさえもが罪ととらえている不信仰というものも、決して罪とか悪というものではなく、わたしたちの同情感情や助力の感情が作りだしているある種の欠乏にほかならないのです。信仰する者と信仰しない者を、恩寵を授けられている者とそうでない者を単純にふたつの階層に分けてしまわないことが、無論正しいことなのです、あらゆる信仰者は、懐疑によって危機にさらされることになるのであり、時として懐疑のただ中に引き渡されることになるのです、あらゆる信仰者は、その人が正直であるならこう叫ぶでしょう。「主よ、わたしはあなたを信じます。わたしの不信仰を救いたまえ」と。

（R・クローナー『自由と恩寵　実存的思索から信仰へ』福井一光　教文館　一九九一・四）

二〇〇二年六月二六日（水）コンヤ　その三

【シルクロード】　その二

信仰とは何なのかを考えている。

私にわかるのは、ただ「存在している」ということだけだ。

存在するものが、存在している通りに、存在しているということ。それは否定も肯定もできない端的な事実である。肯定・否定は存在以降のことだから。

そのような端的な存在性、存在そのものを、スピノザがそうしたように神と呼ぶことは構わない。しかし、その事実を「信仰する」とはどのようなことだろうか。

そのように私が、世界が、存在しているということを、（肯定・否定という基準軸における肯定ではなく）絶対的な肯定と呼んでみてもいい。比喩的に、「肯定されている」、「許されている」、あるいは「愛されている」とさえ言いたくなることすらある。それに、感謝してしまうことさえも。

しかし、それは誰が「肯定し」、「許し」、「愛し」ているのだろう。

世界の状態記述を引き受ける主体を要請しようとすることは、あるがままの世界（「そういうものだ。」）という奇蹟に根拠と因果を呼び込み、その特別さを隠蔽してしまうのではないだろうか。

私は、私が願うようにではなく、その人が望むように私をなしてほしいという風に誰かを愛することがある。

その人が望むことが私にとって耐え難いことであるとき、私は必死で許してほしいと願うだろう。

しかし、その人は私の願いよりも自分の意志を優先させて構わないし、それがどれほど苦痛に充ち、私が望まぬことであろうとも、私は幸福だろう。なぜならその人が意志するがごとく私はあるのだから。

あるいは、そのような相手を極限まで抽象化したものを神と呼ぶことはありえるかもしれない。

『わが父よ、もし得べくば此の酒杯《さかづき》を我より過ぎ去らせ給へ。されど我が意《こころ》の儘にとにはあらず、御意《みこころ》のままに為し給へ』

（マタイ傳福音書　第二六章三九節）


世界を創造し、私をかくあらしめ、私の喜び苦しみを嘉納《かのう》したもう神を愛することを信仰と呼ぶことができるだろうか。

しかしそれはあまりに恋愛に似過ぎている。それも、性愛の気配を漂わせた。

私が跪いて祈るとき、その祈りは心からのものだろう。しかし、「神」とはそれを喜ぶようなものなのだろうか。

私の祈りは、どこかに届いているのだろうか。


二〇〇二年六月二六日（水）コンヤ　その四

【パムッカレ　石灰棚】

聖書に拠ると、ピリポは、あのマグス・シモン（グノーシスト）を改心させたことになっている。そんなピリポが殉教したのはパムッカレ。聖地パムッカレにはさぞかしピリポグッズがたくさんあると思ったのに……。

あるのは石灰棚のポストカードばかり。ピリポは影もかたちもない。

おまけに石灰棚はホテルがどんどん温泉をひいて持っていくために年々小さくなってい

るそうで、写真でみたよりずっとせまい。石灰棚でぱちゃぱちゃしてなんだか拍子抜け。

【パムッカレ　ヒエラポリスの遺跡】

ここのネクロポリスは生者の街に迫るほど大きい。ピリポが眠るこの地に共に葬られたい人が多いので、死者の街はどんどん大きくなっていったのだ。

【パムッカレ　夜】

トルコには美しい人が多い。日本でちょっと綺麗な人を見掛けるくらいの頻度で絶世の美人を見掛ける。長いはっきりしたまつげと、大きな深い瞳とを持つ人々は、日本人とは隔絶した美しさを宿している。

どんな人かもわからないのに、何を考えているかもわからないのに、単にあまりに美しいからという理由で、通りすがりの人を崇めたくなる衝動に駆られる。美しい人はそれだけで神聖だと感じる。

このように美しい人々が住まうこの国に、私のような者が足を踏み入れてすみませんと思う私のお皿を、美しいウェイターの少年が下げてくれた。

二〇〇二年六月二七日（木）パムッカレ　その一

【エフェス　都市遺跡】

ピエール・ルイスの世界だ。

（ここはトルコだけど）。

大理石の列柱の足元に世界最古の広告が彫り込まれている。娼館を示す広告。古代世界で三番目に大きかったケルスス図書館を越えたところに歓楽街があり、図書館の塀にある門から直接往き来できる。男性は「図書館に行く」と言って娼館に向かったそうだ。

キリスト教はこの都市ではなかなか受け入れられなかった。

ここは無数の乳房を持ち大地と人とに豊饒をもたらすアルテミスと、巨大なファロスを猛らせたプリアポスの護る都市だ。


その頃この道に就きて一方ならぬ騒擾《さわぎ》おこれり。デメテリオと云ふ銀細工人ありしが、アルテミスの銀の小宮《こみや》を造りて細工人らに多くの業を得させたり。それらの者および同じ類《たぐひ》の職業者を集めて言ふ『人々よ、われらが此の業に頼《よ》りて利益を得ることは、汝らの知る所なり。然るに、かのパウロは手にて造れる物は神にあらずと云ひて、唯にエペソのみならず、殆ど全アジヤにわたり、多くの人々を説き勧めて惑《まどは》したり、これ亦なんぢらの見聞《みきき》する所なり。かくては啻《ただ》に我らの職業の軽しめらるる恐《おそれ》あるのみならず、また大女神《おほめがみ》アルテミスの宮も蔑《なみ》せられ、全アジヤ全世界のをがむ大女神の稜威《みいつ》も滅ぶるに至らん』彼等これを聞きて憤恚《いきどほり》に満され、叫びて言ふ『大《おほい》なる哉《かな》、エペソ人のアルテミス』

（使徒行傳　第一九章二三―二八節）

二〇〇二年六月二七日（木）パムッカレ　その二

【エフェス　聖母マリアの家】

イエスに聖母マリア（と言うよりおとめマリと言う方が好きだ）を託されたヨハネは、共にエフェスの街に移り住んだ。その家（改築されています。下五分の一くらいが一世紀の建築）。

素朴な疑問として、ヨセフはどうしたんだろうと思う。

祭壇を前にした私が胸打たれて跪き、天使祝詞を唱えはじめるという展開はありませんでした。むしろ拍子抜けするほど平静でした。

讃美歌を口ずさむ修道女に頂いた蠟燭を灯したときに、それが暖かかったことだけがうれしかった。蠟燭の暖かさと光は、静けさと同じように身内に染みとおると思った。

売店にはメダイやロザリオがたくさんあるかと思ったら、不思議のメダイしかありません。

【エフェス　聖ヨハネ教会遺跡】

アジア七教会の一つだというのにここには人がいない。教会と言っても建物があって礼拝が行われているのではなくて、遺跡となっている。

どうしよう人がいないからここは静かだ。ヨハネが眠る大理石の墓所は白く白く、ああどうしよう青すぎる空は高くて雲があんなに速く流れていく。

どうしよう。
私は日傘を何歩か後ろに落としたままで立っている。

二〇〇二年六月二八日(金)　イズミール　その一
【ベルガマ　ペルガモン遺跡】
炎天下の遺跡を歩くのはあまり楽しくない。日傘をさしても暑いものは暑い。日焼け止めを塗っても肌は灼けていく。そんな遺跡を厚い布にくるまったムスリムの女性は行く。青い空と白い大理石と降り注ぐ陽光は肌に合わないのだ。薄暗い大伽藍が恋しい。こんな暑いところで爽快なのは移動中に読んだ次の文章くらいだ(ペルシアの話だけど)。

立憲革命の支持者だったこのアメリカ人銀行家が見たのは、三百人の女性が「断固たる決意に頬を紅潮させ、顔面を被う白い網目の垂れ布のついた黒無地の外衣をまとい、多くはスカートの下や袖の襞にピストルを隠しもった姿である。彼女たちはまっすぐに国会議事堂《マジリス》に向かうとそこに集結し、全員をなかに入れるよう議長に要求した。いかめしい面持の《獅子と太陽(イランの国章)の国》の代議士たちがこの奇異な訪問者を前にして何と思ったかは記録されていない」。シャスターは続けて言う。議長応接室に入った女性たちは、「議長に面と向かった。そして彼とその同僚が訪意を誤解しないようにと、世間とは縁のなかったこのペルシアの母親たち妻たち娘たちは、脅かすように拳銃をちらつかせ、面被を破り捨て、そしてもし代議士諸公が自由とペルシアの国家国民の尊厳を擁護する義務を果たすことをためらうならば、自分の夫と息子を殺し、自分たちの死体は放置するに委ねるという決意を語った」。

（タージ・アッサルタネ『ペルシア王宮物語　ハレムに育った王女』解説より
平凡社東洋文庫　一九九八・一二）

二〇〇二年六月二八日（金）イズミール　その二

【ベルガマ　アスクレピオン】

古代の医療センターであるアスクレピオンはすばらしい。地下には精神病患者が夢見るための部屋があった。夢の内容をヒントに治療をするのだ。精神科に限らず当時の最先端の医療がここで受けられたそうだ。
円形劇場では喜劇や楽しい音楽の催し物が患者の気分を引き立たせたし、景色もいい。建物と建物の間には地下道が作られ、暑い日や寒い日、雨の日などにも身体に負担を掛けることなく移動できるのだ。
ここに湧いている聖なる泉は万病に効くと言われた。しかしトルコ政府の調査によると人体に有害。有毒性を告知する札が立てられたが、ベルガマの住人の反感をかったらしく、おそらく有志の手によって勝手に塗りつぶされている。

【ベルガマ　赤い館】

聖ヨハネ教会の別名。未補修で入れない。トルコはオーソドクス（正教会）の総本山だったのに、初期キリスト教の遺跡に対して冷たいんじゃないかしら。


【トロイ遺跡】

大理石の柱すら立っていない。何層にもなった石垣の掘り出されつつある丘々を歩くのはやっぱり愉快ではない。


【チャナッカレ】

海辺の街の海辺のホテルの海辺のオープンカフェ（という言い方はあまり似つかわしくない。トルコでは沢山の人が石油缶の上や道端に出した椅子の上でチャイを飲んでいる）で夜の海を見ながらチャイを飲み、屋台をひやかす。

ヘンナタトゥー（染料で描くので二週間くらいで消える）の店がいくつかある。見本帳を見ていると、いくつも種類があるなかに何ページ分も漢字の見本がある。

「炎」とか「力」とか、勇ましいものはわかるけど、「若」は単純に〝young〟の訳ではないと思う。「方」というのは意味がわからないし、「犬」に至ってはなぜそれを選んだかわからない。

私は柔らかくてあたたかい小動物が苦手なので、赤ちゃんにも興味がないのですが、トルコの赤ちゃんは理性を失わしめる程に愛くるしく愛くるしいので私は見とれてばかりです。私は子供を産みたくないのですが、知人にはおおいに赤ちゃんを産み育てていただきたいと思います。

二〇〇二年六月二九日（土）チャナッカレ

【エセアバード〜イスタンブール】

アジア大陸からヨーロッパ大陸に渡るのは、三〇分くらい。

トルコは二大陸の国なのだ。

【イスタンブール　グランドバザール】

ワールドカップでトルコが試合をしているということで、バザール中が大騒ぎ。店先にテレビを持ち出して、店員も客も総出で試合を見ている。しばらくしたら国旗を振り回して皆で行進しはじめた。

パーティーバッグにしようと、銀細工の小さなハンドバッグを買う。

ブックバザールでは虫歯の絵と、虫歯の治療の絵を買う。

イスラム圏では、異教徒の女性旅行者は性的に放縦かつ後くされがないと見なされて、声を掛けられて大変と聞いていたが本当だ。都会の、人が沢山いるところに来て実感する。

勿論、親切な気持ちで声を掛けてくれる人も多い。トルコ人は基本的に親切だと思う。道を聞くと、単に方向を教えてくれるだけではなくて、連れて行ってくれる人もいる。その人の知り合いが通りかかると、その人たちも合流してがやがやと案内してくれるのだ。よく道に迷う私にはありがたい国だ。

二〇〇二年六月三〇日（日）イスタンブール　その一
【ヒポドロム（古代競技場跡）】

ハセキ・ヒュッレム（ロクセレーナ）の結婚式が行われたヒポドロムはさぞかし壮麗な場所かと思ったらそうでもない。

【ブルーモスク】

あまりに精緻すぎてミニアチュールのようだ。巨大なミニアチュール。

【アヤソフィア】

ドームに描かれた青衣の聖母についてはまだ何も言えない。おぼろな金の光が内側から溢れているように見えた。


二〇〇二年六月三〇日（日）イスタンブール　その二
【トプカプ宮殿　宝物殿ほか】

トプカプ宮殿に納められた聖遺物、ヨハネの腕と頭蓋骨、モーゼの杖、アブラハムの鉢を見ながら考える。

なぜキリスト教（それもカトリック）でなくてはならないのだろう。

私が慣れ親しんだ物語の多くは、キリスト教徒が書きキリスト教徒を登場人物としていた。特に宗教的な物語でなくても、どんな話でも、人々はキリスト教の神を信じていた、あるいは否定していた、あるいは何も考えず前提としていた。

私は神のいる世界を取りこみ、それで私を作った。神なしで。

世界を支える者がいないので自分で支えた。時折疲れると誰かに仮託した。

愛する人は外部からやってくるのだ。

世界というからくり仕掛けは完璧に出来上がっている。しかしそれは動かない。寸分の隙無く組み上げられた機構には内部の何かの弾みで動作が始まる余地などない。

その完璧な世界を動かすスイッチを入れる指は外にあるのだ。

世界の一登場人物である一人の人間が、私の愛する人になる。私の愛する人は魅力的かもしれないが、魅力的な人はいくらでもいる。その人が愛する人であることに、私の知る限り決定的な理由はないのだ。

私は選択などしていない。「私の愛する人」という意味づけの理由は世界には存在しない。いずこからその属性は来たり、あなたに宿った。

その瞬間世界の均一さは崩れ、意味が、エネルギーが流入した。

あなたはただの人間だが、私にとって世界はあなたによって支えられ開始されたのだ。

私はしばしば罰せられ許されたいと思う。私は完璧ではなく、罰せられてしかるべき存在であるのにもかかわらず、愛されたいと願う。

そんな私をあらかじめ罰し、しかるのちに許し愛でる者が私には必要なのだ。

私をもっと苦しめて下さい。あなたが苦しめてくれれば私は苦しみに耐えてゆける。

奇妙だ。

奇妙でいびつだ。私にはとてもしっくりくるが、いびつであることはわかる。

私が何人かの中に見たある性質、私にとっても、その人にとっても、理由がわからないままその人に宿らされた属性。世界の一登場人物であるその人の性質を次々と剝ぎ取っても残るあり方、そのもっとも純粋な形態を神と呼ぶことはあたっているだろうか。


二〇〇二年六月三〇日（日）イスタンブール　その三

【ドルマバフチェ宮殿　ハーレム】

ハーレムを見るならトプカプ宮殿よりドルマバフチェ宮殿の方がいいよと教えてもらった。

なんでも、ドルマバフチェ宮殿は最後の宮殿なのでハーレムは家具も入ったそのままの状態になっているけど、トプカプ宮殿は空っぽだということだ。なるほどと思って行ってみたけど、期待と違う。

最後の宮殿なだけに、欧化されている。ルーヴル宮をモデルにしたらしい。それはオスマン・トルコの最後の栄華を感じさせる豪奢な建物だけど、でもルーヴルには行ったことがあるし、トルコに期待しているのはそういったことじゃないんだな……。

しかし、それを抜きにしてみればなかなかだった。

ピンク色の可愛らしい建物なのだが、周りは三〇メートルはありそうな壁に囲まれている。外から中、中から外は決して見ることができない。

そして、まったく同じ部屋割り、同じ家具で基調色だけ違う四つの部分に分けられている。イスラム法では複数の妻をめとっても良いけど平等に扱わなければいけない、だからこのような造りになっている。

全く同じな四つの華麗な部屋には、同じ姿をした四つ子の姉妹妃に住んでもらいたいな。


二〇〇二年七月一日（月）イスタンブール～東京　その一
【イスタンブール　トプカプ宮殿　ハーレム】

青を基調とした細かなアラベスク模様のタイルが床、壁、天井を被っている。

金糸の刺繍を施された長椅子、クッション。

さらさらと流れていたであろう噴水が殆どの部屋に設けられている。

窓には金の格子。

窓にもたれて外を眺めると、中庭。中庭の塀の下には池と噴水。その先には高い高い塀。

その先はもう何も見えない。

中庭ごしに反対側の棟を見ると沢山の窓がある。あの窓一つ一つの奥には一人ずつ女人が住まっていた。

大きな大きな、生きた宝石を住まわせるための宝石箱。

【イスタンブール　空港　免税店】

ヘレナ・ルビンスタインのエクストラバガントマスカラをまとめ買いする。このマスカラは五月に出た新作だが、私のマスカラ人生において現時点最高の品と言えるだろう。

それまで愛用していたディグニータのマスカラビジュアリストも、まつげ一本一本がミシン針のようにぱきっとするので良かったが、エクストラバガントマスカラはさらにすごい。

マスカラブラシでまつげを一撫でした瞬間、「これまで私目をつぶってたんだっけ⁉」というくらい目が大きくなる。いやさらに「第三の目が開いた！」くらいのショックはある。瞬きするたび風を起こしたい向きには非常におすすめのマスカラ。

二〇〇二年七月一日(月)イスタンブール〜東京　その二

【機上】

彼の指のなかで、生まれてはじめて彼女は、学校でよく聞かされた宗教的陶酔というのがどのようなものであるかをさとったのだ、自分の肉体《ファーユ》、ならびに精神《フィーユ》の統御を放棄するすばらしさ、いまや自分に許された木の葉の軽さ。木の葉と女、ほとんど語呂《ごろ》まで同じ。枯葉がこちこちなのは、と彼女は考える、感覚がないからだ。やさしくたわみ、他人の偉力にすっかり自分を委ねるためには、若い生命《いのち》が必要なのだ。

（A・ピエール・ド・マンディアルグ『オートバイ』生田耕作　白水uブックス　一九八四・六）

そうなると、もう男と女の問題ではなくなって、男のなかの蛇と女のなかの蛇とが、金属的とでもいいたい軋み音をたてて、きりきり舞いをしながら縺れあい絡みあう。二つは一つになって、性の無限級数を昇りはじめる。その極限には何があるのだろう。私はそこまで昇っていきたいのだ。辛いとも快いともけじめのつかない、錐をもみ込まれるような感覚のなかで、無限級数のずっとずっと果てに、私は神を思う。そこまで昇っていくことが、もし可能なら——。

（中略）

終わらなければどんなにかいいだろう。生涯をかけて、ますます高まっていって、無限級数の極限にたどりついた時に、命が絶えるというふうであれば、と思う。命が絶えないままに極限に至るということは、狂うということだろう。狂気のなかでしか神を見ることはできないのだろう。

（高橋たか子「失われた絵」同名書所収　河出文庫　S56・11）

ひどく揺れている飛行機がきっちり六秒間落下した。浮き上がる身体を感じる。通路を挟んで隣の老人がひどくおびえている。
私も少し怖い。でも、それよりもふわふわして気持ちがいい。
私は、今日死んだって全然かまわないもの。

二〇〇二年七月八日（月）その一

先日父が心臓の手術をした。

私はその場にいることができなかったのだが、昨今は手術の様子を撮影してリアルタイムで家族に見せてくれるらしい。

そのビデオを一人で見た。

父の胸骨が切断され、裂け目を開いて心臓を切ったり縫ったりする様子が無音で映されている。

心臓は意外と白っぽく、まるで子兎のように盛んに跳ね上がり裂け目から飛び出しそうに見えた。

妹や他の人々は途中で具合が悪くなり、外に出てぐったりしていたらしい。母が一人で見続けていたそうだ。

二〇〇二年七月八日（月）その二

小学一年生の時、『はだしのゲン』を読んで一番ショックだったのは次のようなシーンだった。

ものすごい光と衝撃の後、女の子の前に、焼け爛れて皮や肉が剝けてぐちゃぐちゃになった生き物が現れて、「助けて」と言う。それに対して女の子は「あんたみたいなお化けしらない！」と言って逃げる。でも、それは女の子のお母さんだった。

小学校一年生の私はそんなのは嫌だと思った。

私の大切な人が変わり果てた姿で苦しんでいるときに、気持ち悪いと思ったり、お化け扱いしたりして助けることができないのは嫌だ。

ほんとは助けたい気持ちがあるのに、そのような見慣れない姿に嫌悪感を覚えて、助けることができないどころか、相手を傷つけてしまうのは嫌だ。

だったらどうすればいい。

見慣れればいいのだ。普通の人は大怪我や血まみれの姿を怖がったり気持ち悪がったりするけれど、お医者さんは平気で手術をする。それは慣れているからだ。

それから私は、怪我や火傷や皮膚病や、その他一般に「気持ち悪い」、「怖い」と言われる有様に慣れようと心がけることにした。

轢《ひ》かれて死んでいる猫の死体が腐って蛆がわいているところを観察し、死体写真を探し（昔はインターネットも悪趣味雑誌もなかったし子供だったから大変だった）、図書館で医学書（特に法医学）を借りて写真を眺め、食事中テレビのニュースで手術の様子が映し出されたときは目を背けず見た。自分が怪我をしたときは（よくした。今もよくする）、虫眼鏡まで出してきてじっくり眺めた。

大切な人がどうなっても助けられるようになりたいとそうしたんだという話を母にしたら、「そうだったの⁉　感動したー。奥歯はそういうのが好きなんだと思ってた。」と言われてしまった。

違います。大体私は自分が痛いのはともかく、人が痛がっているのは駄目なの。だから、外国に行くとよくある拷問博物館には一度も行ったことがありません。

開襟のパジャマの襟元からも縫い目が見える父は明日退院します。

二〇〇二年七月九日（火）

それぞれ病気と手術で入院していた父と祖父が相次いで退院。

退院に伴うもろもろの手続きはかなり時間がかかった。そうだろうと見越して本を四冊持っていった。それでも四冊はいらないだろうと思っていたのに、読み終わってしまった。

今日読んだ本

・小崎登明『ながさきのコルベ神父』聖母文庫
・鹿島茂『オール・アバウト・セックス』文藝春秋
・A・P・ド・マンディアルグ『猫のムトンさま』ペヨトル工房
・ピエール・ルイス『五つの恋の物語』彌生書房
・多和田葉子『聖女伝説』太田出版
・今泉ヒナ子『修道女の日記』日本基督教団出版局
・ジャック・ケッチャム『隣の家の少女』扶桑社ミステリー

・清水正二郎（胡桃沢耕史）『もっと強く打って　鞭の生涯・サド侯爵　下巻』第二書房

・青池保子『修道士ファルコ一・二』白泉社

良い本を汚染するような読み方をしているような気がする……。でもねでもね！

「背徳ということはキリスト教の核心に直結していて、むしろ逆説的にキリスト教的なことであるのだ（中略）。だが私は、人間の切実な真実に関するものであるかぎり、作家の試みる探求の一切がキリスト教によって許されるのだと考えている。」

（高橋たか子『人形愛』講談社　一九七八・九　あとがき）

……だめですね。

少なくとも『もっと強く打って』は人間の切実な真実に関するものじゃないしね……。ただこの本は挿絵がすばらしいんですよ。内容に全然関係のない拷問図なのですが、古典的な解剖学図のような端正かつ抑制的な筆致でまったく痛々しくなく、生々しくなく描いてあるのです。でもこの本ものすごくいい加減だから、画家名も引用元も書いていない。ほかにバイロスの絵が口絵で入っていますが、それにも何も書いていない。ひどいよ第二書房ナイト・ブックス！

二〇〇二年七月一〇日（水）

昨日マンディアルグ『猫のムトンさま』を読んだのには理由がある。

先日祖父の病室にお見舞いに行ったら、祖父読みさしの「ラピタ」八月号があった。

私は物欲王女だが、祖父は物欲王なのだ。よく東京に来て、鉄道模型やお洋服や時計やカメラや様々なミニチュアものを買っている。

その「ラピタ」の「ペットと暮らす」というページにスフィンクスという猫が紹介されていた。

この猫が、無毛で、目が大きくて頭が小さくて、恐竜めいていて素敵。でも頭は見るからに良さそう。おまけに人懐っこいらしい。

頭が良くて人懐っこい小さな恐竜みたいな猫と暮らすのって、どうですか⁉

思わずネットでスフィンクスについて調べてしまう。

それで結構真剣に検討してしまう。

でも私は生き物好きじゃない。

敏感肌でペットアレルギーだ（でもスフィンクスはアレルギーの人も飼えるらしい）。

生き物は嫌いでも同居者は好きになるかもしれないけど、でもその同居者は人語を解さない。

私も猫語を解さないので、コミュニケーションが十分に取れない可能性がある。

日中（夜もか）働いているので放っておくことになる。第一、猫は私の大事な人形や骨格標本や男根像その他のオブジェや本で爪を研いだり、それらを汚したり、壊したりするだろう。

次に考えられるのは実家で飼ってもらうということだ。動物好きみたいだし。「この猫はどうかな？　名前はムトン！」としきりに親に勧めるが、「毛がなくてこわい」と嫌がられる。しかもうちにはすでにケルビーノ（@フィガロの結婚　名付け親は妹）というミニダックスフントがいるしなあ。

だめだだめだ、物欲で生命あるものを求めちゃいけないよ！　一緒に暮らすことだけが好きなものへの態度じゃないし。

生き物としての何かを好きというのと、例えばオブジェの一種としての、あるいは象徴としての何かに惹かれるというのはまた別だし。

私、ちょっと勘違いしてました。ペット特集から入ったからです。反省。

二〇〇二年七月一一日（木）その一

年に一度やってくるタロット勉強期。今年のテキストは井上教子『タロット実践解釈事典』国書刊行会です。

幼稚園や小学校低学年の頃にダイアナ・ウィン・ジョーンズ『魔女集会通り26番地』とか、ルーシー・M・ボストン「グリーン・ノウ」とか、C・S・ルイス「ナルニア国物語」とか、エンデ『はてしない物語』とかを読んだので、当然のように私は魔法とか魔女に興味を持つようになりました。

小学校三年生の頃、図書館の子供の本コーナーから大人の本コーナーへ乗り出した私は、早速カードで「まほう」に関する本を調べ、ぴったりなものを見つけて司書さんに頼んで出してもらったのです（ちなみに同時期に子供向け「少年探偵団」を読み終わり、大人向け「江戸川乱歩全集」を読み始め、エログロへの道を歩みだしたのであります）。それが、国書刊行会の「世界魔法大全」だったのでした。

私は小学生のときにあれを全部読んだのですよ。全然わかりませんでしたが。特に、クロウリーの『魔術――理論と実践』は実践と書いてあるから期待して読んだのに、箒に乗って空を飛ぶ方法が書いていなかったので憤慨したのを覚えています（当たり前だ）。そんなこんなでタロットカードにも手を出しました。小学生の時買ったのは解説書と大アルカナ二一枚がセットのもの。本格的に興味を持ったのは高校生になってからで、ライダー版を買って基礎からやりました。

二〇〇二年七月一一日（木）　その二

私は別に占いには興味がありません。象徴画を並べてストーリーを読み取るということに惹かれるのです（カルヴィーノ『宿命の交わる城』がまさにそんな話でしたが、私はあの話の通りにカードを並べてみたことがあります）。同じテーマで、古今東西たくさんのデッキが作られているというところもいいのです。

同じテーマの絵を、製作者がどのような意図を持ってどのように描くかを見比べるのは楽しい。

そして、例えば一冊の本に全世界が含まれているという考えが魅力的なように、一組のカードに全世界が含まれているという考えはたまりません。

そんなわけで、年に一度くらい集中的にタロットや関連の本を読み、何ヶ月かに一度新しいデッキを買っています。

二〇〇二年七月一一日（木）　その三

タロットを楽しむためにはやはり最初はライダー版でしっかり身に付けることが大事だと思います。あれはこれでもかと象徴が詰め込まれた、噛めば噛むほど味がでるデッキですから。わかりやすいし、解説書も多いし。

しかし、私のように象徴画として、絵として楽しみたい向きには、あのひどい色調や絵は魅力的とは言えません（それは古典であるマルセイユ版にも当てはまります）。

そんなわけで様々なタロットデッキに手を出すことになるのですが、やはり私はそれぞれの象徴をいかに扱うかその腕を見たいのです。だから、単に月のカードで月を描き、ソードの九で剣を九本描くというのでは不満なのです。意味を理解し、お約束を踏まえた上で独創性を振るって欲しい。そんなわけで、ギーガータロットのように作家性が強いものは、それ自体は素敵な絵かもしれないけれど、タロットとしてはぴんとこないのです。

ちなみにボッシュタロットはボッシュ風の絵なだけです。ボッシュの絵ではありません。

私が好きなのはアクエリアンタロットとゼルナーファーバータロットですが、それぞれ「このカードのここを直したい」というのがあります。

七八枚全部の解釈に納得がいき、しかも美しいデッキを探す旅は続く。

今度はグランエッティラかゴッデスタロットがほしいな。

二〇〇二年七月一二日（金）

魔法が解けた。

ウロボロスの蛇が自分を飲み込み飲み込み、ついに消えてしまうところを想像する。

最終的には、口から裏返り、くるくると身体を巻き返す形になるはずだ。

その時には、内側は外側になる。

それまでの蛇の中味はなくなるが、世界が蛇の中味になる。

自分の中に潜ってゆく、どこまでも潜ってゆくと、くるんとひっくり返って、内側が外側を向く。

そうだ、私の身体は無に向かって収縮し、溢れ出したものは世界に浸透する。

しかしそれは難しいことだ。自分の内側に入っていくための扉を私はなかなか見つけることができない。

扉を教えてくれた人がいた。他の言い方をすれば、その人が扉を作ったのだ。そうされることと、そうあることが同一であるような次元の話だ。

その人は私が気づかなかった扉を教え、世界に一つしかない鍵でその扉を開き、私をその先へと送り出してくれた。

その扉をくぐることは、全ての属性を脱ぎ捨てることだった。私がなくなって、世界と隔てがなくなることだった。

しかし、ある時から鍵の持ち主は私を扉へと導くことをやめた。

私は、その人に焦がれ、その人の持つ鍵を欲した。

あの鍵でないと、あの扉は開けられないのだ。

どうにかこうにかその扉まで行き着くことがあっても、鍵穴を覗いて向こうを垣間見ることしかできなかった。

私はずっと、鍵の持ち主を求めていた。

でも、なぜだか急に気がついたのだ。

問題なのはその鍵でも鍵の持ち主でもないのだった。どうやってあそこに辿りつくかなのだ。

そのためには例えばあの鍵を使ってあの扉を開けて、そこから入っていくという方法があった。でも、その方法はもう使えない。それなのにその鍵に固執するとは、本末転倒としか言いようがなかった。

あの鍵が使えず合鍵でも駄目なら他の扉を探せばいいし、内側に裏返るためにはもっと他の方法だってあるだろう。気がついた。私は扉の先に行きたいのであって、鍵が欲しいのではない。

二〇〇二年七月一三日(土)その一

離れに行って子供の本の山から『白鳥の王子』を見つけてきた。多分この本を読んだのは幼稚園くらいのことだが、非常にエロティックな物語と感じていた記憶がある。

その時はそんな言葉は知らなかったけれど、受苦と、近親相姦と、獣姦のおはなしだったのだこれは(母はそんな話ではないと言っています)。悪い魔法使いの継母に疎まれた一一人の王子は、お日様が出ている間は白鳥になるよう魔法をかけられる。王子たちの妹である王女エリザもお城を追い出され、遠い国の森の中の洞窟で暮らすことになる。夢の中で綺麗な女の人が、お兄さんたちを助けるためにはたった一つだけ方法があると教えてくれる。

「わたしがもっている、このとげのあるいら草をごらん。これとおなじ草が、あなたのねているほらあなのまわりに、たくさんはえているでしょう。それから、おはかにもあります。

さあ、よくおききなさい、あなたは、それをつみとらなければなりません。とてもいたいのよ。手がひりひりして、火ぶくれができても、がまんしてやるのですよ。」

「はい、やってみます。」

「そのつぎには、足でいら草をふみくだいて、糸をとるのです。その糸で、長そでのきものをあむのです。

きものができあがったら、白鳥になげかけてごらん。すぐ、まほうがとけますから。けれども、このしごとをはじめたら、できあがるまで、なん年かかっても、けっしてものをいってはならないのよ。」

「もし、しゃべったらどうなるの。」

「もし、ひとことでも口をきいたら、あなたの口からでたことばが、するどいきりになって、おにいさんたちのむねをつきさすのです。それっきり、おにいさんたちのいのちはなくなってしまうのです。」

こういうと、その女の人は、いら草をエリザのうでにおしつけました。すると、手は火のようにあつくなって、そのいたみで目がさめました。

（アンデルセン『白鳥の王子』野村兼嗣　ポプラ社　S41・3）

二〇〇二年七月一三日（土）　その二

エリザは苦痛に満ちた仕事に一心に打ち込む。狩の最中の王様に見初められ、あまりの美しさと優しい様子からお妃として迎えられることになる。一言も口をきかず、夜の墓地にいら草を摘みに出かけては怪しい編み物をしているエリザは魔女の疑いをかけられる。しかし口をきいてはならない彼女は弁明もできず、火あぶりになることになる。刑場に曳かれていく間にもきものを編み続けたエリザは最後の瞬間、白鳥たちにきものを投げかける。するとそこには美しい一一人の王子が現れ、エリザははじめて口をきくのだった。

それで疑いが晴れたエリザと王様は美しい行列と共にお城に戻りましたとさ。めでたしめでたし。

一番下の優しいお兄さんのきものだけ片袖が間に合わなかったため、片腕は白鳥の羽根のままというところがまたいいんだ。王様より、そのお兄さんと結婚すればいいのにと私は思った。

エリザの苦難には性の匂いがした。

幼稚園に通う女の子だってエロティシズムは判るのです。性器と性交はエロスにとって二の次だということがここからもはっきりしますね。

二〇〇二年七月一六日（火）

実家に置いてあった『ヘンリー&ジューン』を読んでいる。

ジュエリー売り場に行く。ネックレス、ブレスレット、イヤリング。わくわくする。ぼうっと何かに見とれている野蛮人みたいに、私は立っている。光る石、紫水晶、トルコ石、貝殻のピンク、鮮やかな緑。冷たく透明に輝く宝石で、私の裸身を飾ってみたい。宝石と香水で。幅の広い、平らなステンレススチール製のブレスレットが二つある。手錠みたいだ。私は手錠をかけられた奴隷。すぐに、この手錠は、私の手首にはまる。代金を払う。口紅とパウダーとマニキュアを買う。（中略）固い金属が巻きついた手で、日記を書く。

（アナイス・ニン『ヘンリー&ジューン』杉崎和子　角川文庫　H2・12）

アクセサリーは単に身を飾る物ではないし、香水は単に香りのついたアルコールではない。

そして買い物とは、単に物を買うだけのことではない。

アナイス・ニンはよく香水のことを書く。最初は何もつけずに本を読んでいたが、読んでいるうちに香りが欲しくなり、テュエリー・ミュグレーのエンジェルを手首につけることにした。

彼女の定番はミツコだが、おとなしすぎるという理由でヘンリー・ミラーがミツコを嫌ったので、ナルシス・ノアールも使うようになった。

ミツコをおとなしいというなんて、昔の感覚はやはりかなり違うんだなあ。自然に毛皮や宝石を身につけることができる蠱惑的なマダムに似合う、豊かで深みのある香りなんだけど。古典的で、オリエンタルで、濃厚な。

ナルシス・ノアールはオリエンタルノートの起源となった名香で、オレンジフラワー、薔薇、麝香が絡み合うセクシーで神秘的な香り。

二〇世紀初めにアルデヒドという人工香料が作られ、天然香料だけで作られていた香水の世界に新たな香調が生まれた。ミツコやナルシス・ノアールはこの頃の香りで、今では非常に古典的に感じられるけれど当時はそれはそれは新鮮なものだった。アナイス・ニンはそんな香りを身に纏っていたわけですね。

二〇〇二年七月一七日（水）
スピリット・オブ・アユーラ（二〇〇一年一一月四日の日記参照）をつけてアナイス・ニン『ヘンリー&ジューン』の続きを読む。
家にはあいにくミツコも、ナルシス・ノアールもないので出来ないけど、作品に出てくる香りを纏いながら読むと、登場人物の存在が空間的に感じられていい。ヘンリー・ミラーやヒューゴーが残り香でアナイスを想ったように、香りは気配だから。

よく雑誌の特集で芸能人の愛用香水を紹介しているけど、あんな風に作家や作中人物の愛用香水を紹介してくれたらおもしろいのに。

香水のミニボトル（は無理そうだから香りのついた栞でもいい）付き作品集というのはどうだろう。

そんな矢川澄子作品集とか、高橋たか子作品集を読みたいな。一人の作家でなくても、アンソロジーでもいいし（でも、こやしの香りつき尾崎翠『第七官界彷徨』は嫌だなあ）。

今回実家に帰るにあたり、スピリット・オブ・アユーラとエンジェルしか持ってこなかったことが悔やまれる。最愛用、コムデギャルソン・オードパルファム（二〇〇二年一月五日の日記参照）の香りが恋しい。

先日行ったレストランは、大学一年から二年にかけてつきあった人の部屋の匂いがした。

昨日洋服箪笥を整理していて、中学生の時に着ていたカットソーを着てみたら、かぶる時に本当にかすかにその頃つけていた香水が香った。

そんな時、その頃の気持ちがそのままよみがえる。思い出すのではなくて。

その時の空気をそのまま吸い込むことができるのだ。

二〇〇二年七月二二日（月）

物欲大爆発！

這い寄る混沌ナイアルラトホテップのぬいぐるみを発見しました。

うちのクトゥルーちゃんとおなじ Toy Vault 製です。

クトゥルーちゃんにも仲間がでていたのね。うちにいるのは Cthulhu Plush-Original (Large) です。Gothic Cthulhu というのは、モスラに対するバトラみたいな色合いでこれもかっこいいかも。

ナイアルラトホテップちゃんがほしいよー。というか買う。買います。一一月発売だって。アメリカの子供たちはサンタクトゥルーやナイアルラトホテップをクリスマスにもらうんだ。

ところで邪神の名称ですが、私は小学生の時に国書の真ク・リトル・リトル神話体系で読み、高校生の時に創元のラヴクラフト全集で読み、大学生の時に青心社のクトゥルーで読んだのでごちゃごちゃになっています。大変響きの良い名前で呼んでいます。クトゥルーちゃんをク・リトル・リトルちゃんとは呼びたくありません。

私がクトゥルー神話に求めるものは、人智を超えた大いなるものへの畏怖と、黄昏時の懐かしさです（ベストはランドルフ・カーターもの）。ですからダーレスの怪獣大戦争的神話観は興醒めなのです。しかし私は怪獣好きでもありますから、いずれにせよ楽しんでいます。

邪神占いという動物占いのようなものがあります。私はハストゥールでした。でも全然当たってないよ。これ。

二〇〇二年七月二三日（火）

六月一七日の葉山嘉樹「セメント樽の中の手紙」からの連想で、高橋葉介「腸詰工場の少女」を読みました。

過酷な腸詰工場で働く貧しく健気な少女が、工場主の息子に遊ばれて妊娠し、実の父親に犯され、クビを言い渡され、腸詰機械に飛び込んで自殺する話。

これだけだと単に悲惨極まりない話で読んでいて辛くて仕方がありません。しかし、この漫画は少女が途中事故で機械に巻き込まれて右肩から先がソーセージになり、最後に自殺してお腹の赤ちゃんごとソーセージになるというところに眼目があるのです。だって、右肩から先に、ソーセージが連なっているんですよ。一瞥すればその荒唐無稽さに絶句。というか、高橋葉介はソーセージの作り方を理解していないと思われます。工場の古顔も昔の事故で右腕がソーセージになっていて、それを鞭のように振り回して「こいつ奴！　トロトロ働くんじゃねえ！」などといいながら女工を打ちのめすという摩訶不思議な場面もあり、ホラー漫画なのか不条理漫画なのかギャグ漫画なのか判断がつきかねる怪作と言えましょう。

生きたままセメントとか、生きたままソーセージとか、そういう針の振れ切った話だからうっとりできるのです。あと、人間という素材が加工されるというところも肝。

こうしてあたしは

腸詰《ソーセージ》になりました
小さいピンク色した
腸詰になりました

さあ
お食べなさいな
きっと美味《おい》しいわ
さあ、あたしを
食べて……

（高橋葉介『腸詰工場の少女』朝日ソノラマ　一九九九・九）

しみじみうっとり。
人間加工物としては同書所収の「SCYLLA」も良いですよ。最終形態が。
二〇〇二年七月二七日（土）
東京に戻ったら、人形が届いていました。
私は人形を買いました。一〇〇センチ、一一歳くらいの少女の球体関節人形です。
去年の一一月の個展の時惹かれて、でも私には分不相応だと思って断念し、それでも思い続けていました。

五月の個展の時、もしまだ彼女がいたら私は彼女を連れ帰ってしまうだろうと思い、初日に行きませんでした。

何日目かに訪れてみると、値札が付いていませんでした。彼女だけではなくて、すべての人形に。

私はふらふらと作家の方に近寄り尋ねました。すると、今回は販売の予定はなかったけれど、ご希望ならお譲りしますよとおっしゃるではありませんか。

それで、彼女はここにいます。私のベッドの脇の椅子に腰掛けて。

この人形作家の方は、わざと人形と目が合わないように眼球を入れているということです。彼女を見つめても、彼女は決して私を見ません。

彼女は独りで、日常を拒否しています。彼女は不全感を抱えているようですが、その不全感は誰かに（私に）よって癒されるようなものではありません。彼女が、自分の望むような存在であり続けようとすることと表裏一体であるような不全感なのです。

私は、彼女と独りで生きていこうと思います。

夜逃げする時は、彼女をトランクに詰めていきます。

二〇〇二年七月二八日（日）
私が実家に帰っている間に弟（一八歳の男子大学生）が人形を受け取った。一五〇センチくらいはある大きな箱の表書きは「人形」。

宅急便のお兄さんは、非常に含みのある視線で弟を見たそうだ。弟は恥ずかしくて仕方がなかったそうだ。

シリアリちゃん（オリエント工業製ラブドール）もかわいいけど、でも、私は私を受け入れてくれる人形と暮らすことは望まない。

二〇〇二年七月二九日（月）

昨日頂いたCDを聴きながら化粧をする。ひとりでいってしまった少女の声を聴きながら化粧をする。

――こちらもだんだん臆病になってきちゃったから、命令してくれるんでなければ行かないわよ。

――ほんとに命令する？

――は、はい。

――はい。ではまいります。

――よろこんで。

――はい、そこまで行って、もう一度お電話します。

――え、じゃあこれから大いそぎで、ぴょんぴょん跳ねまわって雲のくるまをさがすわ。風邪ひかないように、しっかり毛皮にくるまってね。

――うれしい。じゃあ大いそぎで、とばして行くわね。

（矢川澄子自作朗読「夢のウサギ」『ありうべきアリス』水牛　二〇〇二・七）

でもウサギはTさんをひとめ見るだけで会わずに消えてしまうのです。『兎とよばれた女』のときも、いつでも。
化粧が終わりました。
私、これから、大いそぎでとばして行きます。
それでは。

二〇〇二年七月三〇日（火）
くちうつしの問いにくちうつしで答える。

上下の唇は皮膚と粘膜にはさまれた高度に敏感な帯域があって、多くの点で陰門・膣口に似ており、そのうえなお一そう極度に鋭敏な舌の活潑な動きによって強化されている。したがって、腫脹作用に都合のよい状況の下で、右の部位を永く堅く接合すれば、強烈な神経刺戟の波動が生ずる。

（ハヴロック・エリス『性の心理学入門』大場正史　河出新書　S32）

二〇〇二年八月三日（土）

渋谷でマグリット展を見る。「驚きの時代」（一九二六　油彩）の前に立つ。

バルコニーの手すりはどうしてこんなに低いのか。私のふくらはぎまでしかない。向こうに見える暗緑色の雲、風は吹いていない。第一、風がどこから吹いてきて、どこへ向かうというのだろう。

バルコニーに面した、不定形の穴（戸口？）だらけの壁面は異常に厚い。その穴をくぐった先に屋内などはないのだろう。これは、壁に穿たれた行き止まりに過ぎない。

頭上は屋根。左手は壁、右手は額縁で切られている。私の視線は右奥に向かうしかない。

あの暗い空に。

私は知っている。バルコニーの手すりから下をのぞき込んではいけない。そこはまだ作られていない。

いや、いつまでたっても作られることはないだろう。ここはバルコニーだけで廃棄された世界だ（完成された世界と言っても構わないが）。

そこはどうなっているのか、果てしなく、果てしなく、私の視力が到達しうる限界まで、このバルコニーを支える壁面が下に向かっているのだろうか。

そこはのっぺりした壁なのか、それとも。

同じようなバルコニーが各階ごとにしつらえられてあり、私の下の階に、下を見下ろす私の姿を見てしまうのだろうか。勿論その下の階にも、その下の階にも、下を見下ろす私の姿が見えるのだろうか。

それとも、バルコニーの手すりはすぐ下で断ち切られており、塗装もされていない無愛想な裏側が見え、それは何の支えもなく虚空に浮かんでいるのだろうか。

このバルコニーから出るためには、虚空に身を滑らせるしかないのだろうなと私は静かに思う。

私の左手には、腰から太股にかけて歯車で構成されている裸体の女性が頭から白い布を被って立っている。おそらく同じ姿の女性が奥に後ろ向きでいる。彼女達は出番がないままここに廃棄されているのだ。私は彼女達に何も尋ねない。彼女が語りはじめるのはいつかどこかでのことであって、ここのことではない。

私はためらっている。手すりに近寄り、このバルコニーの下を覗き込み、そして作りかけの世界を直視しようか。

それとも、三人目として。

ここで、このまま、立っていようか。

二〇〇二年八月五日（月）その一
「地下五階には男子浴場があるらしいよ」と聞いた。
さらに女子のシャワールームや休憩所もあるらしい。
でも、誰ひとり、それを見た者はいないのです。

階段を下りて行くと、そこには建物の全長を貫く廊下があった。廊下の左右には鉄の扉が並んでおり、それが何百メートルも続いている。壁際にロッカー一つあるではなく、段ボール箱一つあるでもない、まるで遠近法を学ぶためのテキストのような地下の廊下。

人は私しかいない。煌々と照らされた廊下を足音を響かせて歩く。

正面に位置する、ちょっと他とは違う扉には、フィットネスルームと書いてあった。扉の向こうからは轟々と水の流れる音がする。プールがあるのかと思いつつ扉を開けると、そこは真っ暗。気配からかなり広い部屋だということはわかる。

手探りで灯りをつけると、そこはたしかにフィットネス用の道具が装備されていた。誰ひとりいない。そして、水は一滴もない。水の流れは耳を圧するようで、私は困惑して扉を閉める。

廊下を歩いていく。扉のノブに手を掛けるが、鍵は閉まっている。何十かの扉の前を通り過ぎると、そこには開いている扉があった。そして、灯りがついている。

ずっと誰もいなかったので驚いて、戸口の前で立ち止まった。ついたてがあって、中を直接のぞくことはできない。しばらく耳をすましても何の音もしないので静かに入っていくと、机が一つあるきりで、誰もいない。電気はつけたままで奥に進むことにする。

また、開いている扉があった。暗い内部を覗くと、短い廊下が延びていて、その両脇にまた同じ鉄の扉が並んでいる。

床のマンホールを踏むと、コーンと響く。この下には深い暗渠があるのだ。ここは頭上に地下鉄が走るほどの地下。

二〇〇二年八月五日（月）その二

そうして何分かあるいて、行き止まりには鉄の扉があった。IDカードを滑らせてみても何の反応もない。振り返ると、無人の廊下が驚くほど長く続いている。

私は壁に身をもたせかけた。

誰もいない。誰もいない。

私が歩くのを止めたら、足元を水の流れる音と、頭上を地下鉄が走る音しかしない地下五階の廊下。

体温をコンクリートに移しながら、眠りに沈むように壁に飲み込まれていかない自分の身体を不思議に思う。誰も見ていないのだから、私はこのままここで消えてしまってもいいはずだ。

数分後には人の沢山いる部屋で書類に向かっているであろう自分を人ごとのように想像する。誰も、私がこの冷たい明るい地下にいることを知らないことを幸福に思う。

たまたま、マンホールが空いていたら、そしてそれに気がつかず一歩を踏み出してしまったら。

私が暗闇の中を流れていくことなど誰も知らないのだ。

二〇〇二年八月一〇日（土）

鬱蒼と葉の茂る桜並木の下をバイクで走る。

日差しに白々と浮かび上がった道路も厚い葉の重なりの下では暗い。その下を駆け抜けていくと、影と光とが目まぐるしく移り変わる。

光。影。光。影。光。

ちかちかする街並みは一瞬ごとに新たに作り直されるように見える。

いかにも本当に存在しそうな街だ。錆が浮き、剝がれたチラシの跡が残る街灯。三輪車に乗った子供。道路脇に溜まったさらさらの白砂。こんなに細部までそのままに再現されている。

影。光。影。光。影。

影。

ああそうだ。この道は四年前の真夏に通った道の画像をつぎはぎしたものに違いない。

すれ違った車はおととい家の近くで居眠り運転していた車の画像を流用したに違いない。

光。影。光。影。光。

桜並木を出た。

光。光。光。どこまでも過剰に照らし出される世界。

派出所から出てきた警官は、先日ある田舎町に行ったとき道沿いの派出所で書き物をしていたあの警官の使い回しだ。

私の記憶した映像を編集することで刻一刻と作りだされる街をバイクは行く。私は桜並木で神隠しにあったのかもしれない。神隠しで消えた先、それは私の記憶を再構成して作られた世界だ。

日差しと既視感とに刺し貫かれながら私は赤信号で止まる。きっと、さっきまでいた世界のこの交差点に私の姿はない。

夏の真昼。

二〇〇二年八月一一日（日）その一
蜈蚣 Melibe『バージェスの乙女たち　アノマロカリスの章2』を買いにいく。身体改変マゾヒズムユートピア（ディストピア）ものとしては、世界で二番目の作品と固く信じているシリーズ（一番目は家畜人ヤプー）。そして恋する乙女身体改変ものとしては世界一。
バージェスの乙女たちに比べたら、イアン・ワトスン『オルガスマシン』なんて安直でありふれた軽薄な三文妄想小説に過ぎない。蜈蚣 Melibe は常識的なポルノの文脈を一顧だにせず、自分が表現しようとしているものに対して邁進している。その作品からは自分の描いているものへの確信が感じられる。そしておそらく彼はその観念を離れては生きていけないのだ。

このシリーズは『バージェスの乙女たち　ワイワクシアの章』、『同　ディノミスクスの章』、『同　アノマロカリスの章1』が三和出版から発行されている。あまりの突き抜けぶりに、シリーズ中途で出版社が下りてしまい、最新刊は同人誌として発行された。というわけで買いに行きました。行ってしまいました。

二〇〇二年八月一一日（日）その二

美しく高価な有機人形達（オートメーションで培養され人間ではないとされている）は改造される。歯を抜かれ、瞼を縫われ、喉を潰され、四肢を切断され、口と膣口を置換（当然付随する臓器ごと摘出し縫合する。大手術だ）される。刳り抜いた眼窩に宝石を嵌め込まれ常に涙を流している少女もいる。

それは美しい異形の少女達の幸福と愛に満ちた世界だ。

彼女達は、みな、製造された時から所有者を愛し、自分になされることすべてを幸福に感じるように洗脳されている。だから、この漫画に陰惨なトーンはほとんどない。恋する乙女が集う女子校の雰囲気は充ちみちているが。

洗脳によるものだからといって愛が偽物であるはずがないではないか。

彼女達はこれほどまでに所有者を愛しているのだ。彼女達の愛が偽物だとしたら、誰の愛が本物だというのだろう。

おそらく彼女たちは性能・容貌が衰えてきたら（単に所有者が飽きたというだけでも）

廃棄される。紙屑のように即座に、あるいは戯れに拷問されながら。
そしてそれすらも彼女達にとって幸福以外のなにものでもない。

「ねえお医者さま《ドクター》」
「俺はまだ医学生だよ　可愛いお人形さん」
「だったら…　いつかお医者さま《ドクター》になったら…　わたしをすてきな身体に改造してください」

（蜈蚣 Melibe「ディムロイド・アノマロカリス」『バージェスの乙女たち　ワイワクシアの章』
三和出版　H9・8）

二〇〇二年八月一三日（火）

その金は彼女の最後の金だったし、これから彼女はひとりで自分の家まで歩かなければならなかったが、そんなことはどうでもよかった。積った雪は、白い海の白い波のようだった。彼女は、その上を、風と月の潮に運ばれて歩いていった。何が欲しいのか、わからない。おそらくこれからもわからないだろう。でも星を見るたびに願うことは、ただ、もうひとつ別の星を見せて欲しいということだけ。それに、ほんとうにもう怖くなんかない、と彼女は思った。男の子がふたり、バーから出てきて、彼女をじろじろ見た。ずっと昔、どこかの公園で見かけたふたりの男の子と同じ人間かもしれない。ほんとうにもう何も怖くない。あとをつけてくる彼らの雪を踏む音を聞きながら、彼女はそう思った。ともかく、もう、盗まれるものなんか何もないのだから。

（トルーマン・カポーティ「夢を売る女」『夜の樹』川本三郎　新潮文庫　Ｈ６・２）

冷房が利きすぎて、少し暗く、おおぜいの人間がたてる焦点を欠いたひとまとまりの音の充満した社員食堂で短編を読み終わり、次の短編を読み始める。もあもあもあもあ頭骨の中に籠もる人々のささやき。食器のふれあう音。高校野球の中継の音。斜め向かいの初老の男性の咀嚼音。そしてまた一つ読み終わる。

そう、また一つ読み終わった。

私は枠物語の内側にある物語をいくつ読んだだろう。外側を読んでいるあなたがこの話を読んでいる間に。

彼女はいつものように思う。

世界で一番本を読むのが早い人にこの話をあげたかった。お風呂に潜って息を止めていられる幸福な数秒と同じくらいの時間で私の物語を読み終えることができる人に。

そして彼女は本を閉じ、それを置いたままテーブルを離れる。もう続きの行（図書館で借りたその本を返しに行くような）は存在しないことを確信しながら。

〈改頁〉

解説

とはならない。この瞬間もそうはならずに過ぎてゆく。なぜだろう。これまでものすごく沢山の物語を読み終わったのに。なぜよりによってこの物語は終わらないのだろう。

二〇〇二年八月一四日（水）
帰ってきたら、お風呂に入って、化粧を落として、パジャマを着る。ベッドに潜って、眉も描いてない顔で、口をぽかんと開けて、目もぽかんと見開いて、氏賀Y太の「ペコといっしょ」を読むの。
エツ子ちゃんは、つらいことがあるとくまのぬいぐるみのペコに聞いてもらう女の子。いつものように、ペコに向かって泣いているところからお話ははじまります。

あ……
おかえり　エツ子ちゃん
今日もまた　つらい事があったんだね
何かな？
ママにしかられたのかな？
友達にいじめられたのかな？
うんうん

ふんふん
そうなんだ
かわいそう
エツ子ちゃん
「君は人間に向いてないんだね」

（氏賀Y太「ペコといっしょ」『毒どく猟奇図鑑』桜桃書房　二〇〇〇・七）


突然しゃべったペコにびっくりしたエツ子ちゃんは気絶し、気がついたときには巨大化したペコに犯されていました。ペコは動けないエツ子ちゃんを犯しながら手足を千切り取ります。がらんと床に投げ出された手足は、それぞれ人形の手足になっているのです。お腹を開けると、中には動いている内臓があります。ペコはそれもむしり取ります。床に投げ出された子宮や肝臓や腸はみんなプラスチックになって砕けてしまいます。

お腹も手足もからっぽになったエツ子ちゃんは、なんにも感じない人形になって、ばらばらになりました。

血まみれの部屋にはばらばらになった女の子の人形とくまのぬいぐるみが残され、エツ子ちゃんは行方不明になりました。パパとママが人形とぬいぐるみを直して部屋に置き、そうして、二人はいつまでも一緒にいるのです。

そんなお話。

ああほっとする。からっぽになって、それで寝るの。おやすみなさい。
しかしうちのクトゥルーちゃんはそんなことしません。邪神だから（理由になってない）。

二〇〇二年八月一五日（木）
気がついたら、東から風が吹いていても平気になっていた。
そうしたら歌を作らなくなった。わかりやすい。

あの人が住む方《かた》から吹く風なれば
風吹くだけで腫れる唇

三度目の夏の終わりは四方八方から風が吹いても平然と立っていられるよ。
来たれ嵐よ、嵐よ来たれ。グロスが光る唇で笑ってみせるわ。

二〇〇二年八月一六日（金）
夕方に神保町を歩く。
私は乙女パワー全開なので古本屋に行くと嫌がられることが多い。なんだかちゃらちゃらした女が興味もないのに入ってきたと思われるのだ。
今では親切にしていただいているある古書店に最初に行ったとき、店主のおじさんは木で鼻をくくったような態度でこう言った。

「何か御用ですか。」

「いえ、見てるんです。」

そして私は店を一回りして、何かの本を買った。

何度目かに行ったときには何を探してるのかを聞かれた。だからあるジャンルを述べた。

おじさんは何冊か出してくれたけど、みんな持っていた。

それからは、こんなのが好きじゃないかと教えてくれるようになった。

ある時お店のおばさんが店に出ていた。おばさんは私をじろりと見て言った。

「何か御用ですか。」

奥から出てきたおじさんが言った。

「ああその人はいいの。」

二〇〇二年八月一七日（土）
『しくみ発見博物館9　動物の生殖』を買った。この本はすごいですよ！　生殖の仕組みを、精巧な模型の断面図で見せてくれるのですよ！
キーワードは模型と断面図。
カタツムリの求愛は、片方が相手に「愛の矢」を打ちこむことにより始まる。この愛の矢は石灰質の物質でできており、相手の皮膚につきささるほどするどい。

（ディヴィッド・バーニー『しくみ発見博物館9　動物の生殖』遠藤秀紀他　丸善　H10・7）

愛の矢を打たれたカタツムリは相手に近づきキスする。六時間もキスをし続ける。そうしてカタツムリは受精し卵を産む。

キスで子供ができるなんて絵本みたいだなあ。

ふたりとも受精してふたりとも産むんだよ。

キスといっても絡ませるのは舌ではなくて交尾器なんだけどね。

二〇〇二年八月一八日(日)

「奥歯ちゃんはなんでこういう風になったの？　誰かが造ったの？」

「うん。誰かが人工的に造ったんです。だけどその人は私を造った後すぐ捨てたの。だから誰が造ったのか私知らないの。」

「ああ、博士とかね」

「そう。私、博士を探す旅に出てるんです。」

二〇〇二年八月二〇日（火）

今野緒雪『マリア様がみてる　レイニーブルー』を読んでいたら妹が「ハリー・ポッタ

ー」のビデオを見始めた。

ハーマイオニー（秀才の女の子。お利口そうで髪の毛ふわふわ）があんまり可愛いから私は絶句し口ごもりそしてぶつぶつと語り始めた。

「なんて可愛いの。ああこの子は今死んでしまった方がいい。こんな子が歳をとってしまうなんてそんなこと勿体無くて。剝製に！　いやプラスティネーションに！」

「お姉ちゃんがやばい。」

「いつものことだよ。」

妹と弟が言う。

「私は、私は彼女にどうすればいいのだろう。彼女とどういう関わりを持っていけばいいのかわからない。そもそも関わりたいのかしら？　いや、そうじゃないの。ただ彼女の魅力の前になすすべもないの。この溢れる胸の内をどこに向ければいいのかわからないの。向かう先はおそらく彼女ではないの。ただもうやるせない。どうすればいいの？」

「ロン（ハリーの親友。赤毛の男の子）だって可愛いよ。」

「いや、男の子はいいんだ。男の子は君に譲る。」

「先生（名前がわからないけど、厳しそうな年配の女性）も魅力的じゃない？」

「私の世界には女の子とおじさんしか存在しないの！」

きっぱりと言い切る私に、弟はつぶやいた。

「随分かたよった世界だな……。」

だけど私は女の子（少女）でもおじさんでもないから居場所がない。

二〇〇二年八月二三日（金）

古本屋でクリスティナ・ロセッティ（ダンテ・ガブリエル・ロセッティの妹）の『花と宝石』を見つける。これは聖人にまつわる植物と鉱物についての散文集"Called to be Saints"の抜粋。語学の授業でよく使う、原語のテキストに日本語の解説が付いている本です。

植物幻想にひたりたい気分だったので買う。瑞々しく軽やかでひたひたとつめたい。こんな感じ。

＊

蔦（二階堂奥歯試訳・抜粋）

一枚いちまいの葉はそれぞれ異なってかたち造られている。何万枚もの葉、その一枚ずつが持つ曲線と先端のそれぞれとまったく異なった、その一枚だけが持つ曲線。一枚だけの、とくべつな、突端。あるものはまろやかな円を描き、あるものは繊細に切れ込み細く尖る。

地味な姿をもつ蔦は、しかし、それにもかかわらず不思議な美と優雅さを見せることがある。枝は花飾りを吊り下げ、狭間を縫って巧緻な装飾をなす。そして、葉脈の繊細なレースで飾られ、あるいは日に照らされて赤く染まり、あるいは象牙から彫り上げられたかのごとく仄白いその葉。

もつれあった葉をすり抜けようとする陽の光は、緑に、光と影の戯れの上に、落ちる。


（クリスティナ・ロセッティ'IVY'『花と宝石』研究社小英文叢書　S39・6）

＊

この家は薔薇でいっぱいだ。庭の壁からは野薔薇がしなだれ落ちている。

でも私は目の前の花瓶に挿してある薔薇の名前も知らない。そういえば帰省して一度も庭を歩いていない。蔦の葉の形を知らずに蔦についての文章を読みます。イランイランの花の姿を知らずに精油を焚きながらね。

なお、ダンテ・ガブリエル・ロセッティがクリスティナ・ロセッティをモデルにして描いた受胎告知画があります。

「見よ、我は神の婢なり」

二〇〇二年八月二五日（日）

妹と子供の頃に読んだ本について喋っていたら、どきどきした話の話題になった。

奥歯「私はなんといっても、『ファーブル昆虫記』のね……」

妹「昆虫⁉」

奥歯「うん。ジガバチの話だね。ジガバチが芋虫を痺れさせて卵を産み付けるじゃない。それで卵からかえったジガバチの子供たちに食べられちゃうんだよね。ああ！　興奮する！」
妹「……私はハチに感情移入できないな。」
奥歯「違うよ、ヨトウムシ（芋虫）に感情移入するんだよ。想像してみなよ、毒針で痺れて動けない身体に卵を産みつけられて、やがて自分の体内で孵《かえ》った幼生に生きながら貪り食われるんだよ。その間動けないけどずっと生きてるの。」
妹「……ごめん、それ、わかんない。」
ちなみに妹は『西遊記』で三蔵法師がさらわれるところで胸高鳴らせていたそうです。

二〇〇二年八月二六日（月）その一
あなた。
どこまでたどりつけた、どこまで。
語られることばをひとつずつ封じ込めていったこの場所には、いるはずもないことを知っている。
だが、深まる
　深まってゆくふたつの息
　　その合間に
垣間見た
　あなたが現われた場所

わたしが現われた場所
　へと向かう
会いはじめるまでの孕むような日々。
あのねじれた亀裂の風景のなかで、わたしたちはなにを見るのか。
（金子千佳「遅刻届」『遅刻者』思潮社　一九八七・一二）

私が生まれてはじめて出会った「自分より本を読んでいる人」は書店員をしていた。私は一六歳で、雪雪さんは私の一七歳上だった。

私はあの時インフォメーションカウンターで雪雪さんに出会うためにそれまで生きて本を読んでいたのだった。私は宿命を見つけるように雪雪さんと出会い、雪雪さんは私にいくつも種子を埋め込んだ。いま私が考えていることはほとんど雪雪さんが指し示しておいてくれたことだ。私の大部分は雪雪さんが造った。

その書店ではとてもとてもセンスのあるポップが本に付いていた。私はそのポップを見てロバート・シルヴァーバーグ『夜の翼』や井上直久『イバラード博物誌』を手に取った。そのポップを書いていたのが雪雪さんだった。

手元に、雪雪さんが最初にくれた手紙がある。これには私に薦める本の一覧が載っている。店頭でののべ数十分の立ち話で判断して書いてくれたリストがその後の私を決定的に変えた。

私のような人に届けるために、その一覧を転記しておくべきだと思う。
私はそのとき、『アルクトゥルスへの旅』と『人生使用法』と『火星年代記』しか読んだことがなかった。

いない。
知っているなにもかもここで与えることができなかったすべての約束。
遅刻したわたしとあなたの約束のために。
あぁまた見ている。
あるはずのない窓から　　　扉から
　　　　階段から
いるはずのない
けしているはずのない
あなた　（そこに）
あなた　（ここに）
あなた　（きのうよりも
　　　　はるかにちかく）
会えない。
歩き続けている

静かに。
しずかに、
踏み外す。

（金子千佳　同上）

二〇〇二年八月二六日（月）その二

・イタロ・カルヴィーノ『見えない都市』河出書房新社
・アラン・ライトマン『アインシュタインの夢』早川書房
・スティーヴン・ミルハウザー「東方の国」『イン・ザ・ペニー・アーケード』白水社
・マーヴィン・ピーク「ゴーメンガースト」三部作　創元推理文庫
・エディスン『ウロボロス』創元推理文庫
・オールディス『地球の長い午後』ハヤカワ文庫SF
・山田正紀『宝石泥棒』ハヤカワ文庫
・天沢退二郎『オレンジ党と黒い釜』筑摩書房
・なだいなだ『夢をみた海賊』ちくま文庫
・アンドレ・マルロー『風狂王国』福武文庫
・マーヴィン・ミンスキー『心の社会』産業図書
・デヴィッド・リンゼイ『アルクトゥルスへの旅』国書刊行会

・オースン・スコット・カード「エンダー」シリーズ　ハヤカワ文庫
・山尾悠子『夢の棲む街／遠近法』三一書房
・アニー・ディラード『アメリカン・チャイルドフッド』パピルス
・コードウェイナー・スミス『ノーストリリア』ハヤカワ文庫
・デイヴィッド・ジンデル『ありえざる都市』早川書房
・残雪『カッコウが鳴くあの一瞬』河出書房新社
・ジョルジュ・ペレック『人生使用法』水声社
・ミロラド・パヴィチ『ハザール事典』東京創元社
・A・E・ヴァン・ヴォークト「武器店」シリーズ　創元文庫
・金子千佳『遅刻者』思潮社
・ジム・バーンズ『ライトシップ』日本テレビ
・カスタネダ『呪師に成る――イクストランへの旅』二見書房
・藤原新也『ノア』新潮社

二〇〇二年八月二六日（月）その三

・山田正紀『神狩り』ハヤカワ文庫
・小松左京『果しなき流れの果に』徳間文庫
・バーナデット・ロバーツ『自己喪失の体験』紀伊國屋書店

・ピーター・S・ビーグル『最後のユニコーン』ハヤカワ文庫
・ブラッドベリ『火星年代記』ハヤカワ文庫
・リチャード・ブローティガン『ロンメル進軍』思潮社
・松井啓子『のどを猫でいっぱいにして』思潮社
・ポール・オースター『孤独の発明』新潮社
・J・P・ホーガン『星を継ぐもの』創元SF文庫
・パトリシア・マキリップ「イルスの竪琴」シリーズ　ハヤカワ文庫
・ジャック・ヴァンス「魔王子」シリーズ　ハヤカワ文庫
・シュペルヴィエル『沖の少女』教養文庫
・オラフ・ステープルドン『スターメイカー』国書刊行会
・吉本良明『よしもとよしとも珠玉短編集』双葉社
・ジッドゥ・クリシュナムルティ『クリシュナムルティの瞑想録』平河出版社
・池田晶子『事象そのものへ！』法藏館
・竹内敏信『天地交響』講談社
・門倉直人「ローズ・トゥ・ロード」シリーズ　遊演体
・唐沢なをき『八戒の大冒険』白泉社
・水見稜『悪魔のふる夜』ハヤカワ文庫
・ロバート・リンドナー『宇宙を駆ける男』金沢文庫

・荒巻義雄『時の葦舟』文化出版局
・アレクサンドル・グリーン『波の上を駆ける女』晶文社
・大森荘蔵＋坂本龍一『音を視る　時を聴く』朝日出版社
・フローラ・リータ・シュライバー『失われた私』ハヤカワ文庫
・士郎正宗『仙術超攻殻 ORION』青心社
・ロード・ダンセイニ『妖精族のむすめ』ちくま文庫
・C・G・フィニィ『ラーオ博士のサーカス』ちくま文庫
・パトリック・ウッドロフ『ハレルヤ・エニウェイ』ペーパータイガー
・ティム・ホワイト『キアロスクーロ』ペーパータイガー

二〇〇二年八月二七日（火）その一
私が語り得ることはすなわち、あなたに伝わり得るかもしれないことのみである。

読む者としてのあなたの限界が、書物としての私の限界である。

われわれにとって謎めいた理解しがたいそれ。

そのようなものがあれば、多くの場合それにとってわれわれは謎めいて理解しがたい。

しかし時に、われわれにとって謎めいて理解しがたいそれがわれわれのことは理解しているという事態がありうる。

このようなことを思うとき、私の内部に明晰であろうとする動機がうまれる。

そのような態度はいわば、あなたに出会う前の私が、どこにもいないあなたに向かって、あるいは私に出会う前のあなたが、どこにもいない私に向かって、発していた声のように響くのではないか。

その声は、じっさいに聞きとられたあの時、願っていたより遠くから、希んでいたより深くまで、響いた。

そのことじしんが、思い出されようとする意志を持っているみたいに、何度も何度も思い出されてくることがらがある。

たとえば、私がまだなにも誘い水めいたものを示さないうちに、あなたが手紙に書いてきたこと。

「私は物語は書けないけれど、私はそれをまもる者でありたい」

それがたとえいかに大切なものであっても、まもろうとする意思を持つ者がいなければ、あまりにもたやすく潰《つい》えてしまうものがある。

書くことは凡庸である。そしてまもることははるかに貴重である。

この言明じたいが、いかにも凡庸にひびくかもしれないが、それはそれでせんかたないことである。

雪雪がなにほどのものか知らないが、かれという現象にいかなる次第か随伴しているなにか大切なものがある。ぼくはそれをまもろうとしていた。けれども実質戦線は後退していたのだ。ぼくは最後の橋頭堡を築く、というようなことをすでに開始していたと思う。その時はそれが最善の方策だと思っていた。あの日、あなたがあらわれるまでは。

あなたはたぶん、なにかをまもりえたのではないだろうか？

（雪雪　二階堂奥歯が東京の大学に入ってからくれた長い長い手紙の一部　一九九六夏）

二〇〇二年八月二七日（火）その二
私はなくしてはいけない何か大切なものを持っていることを忘れていたのだ。

私はいつでも忘れる。忘れてはいけないと心と躰に刻み込んだことも。忘れる。忘れてしまう。

私は一六歳の私に語りかけたい。

あなたは九年後このようになる。

世界が今日終わればいいと思っていることは知ってるよ。でも終わらなかった。いつも終わらないんだ。

ただあなたが大切に思っているものを、私は今でも大切に思っている。

あなたが残してくれたものを私は受け取っている。

大丈夫だから。安心して。あなたが奇蹟だと思っているものは、九年後も奇蹟であり続けている。

それを信じてかまわないから。あなたが愛しているものを、愛しなさい。

二〇二二年八月二八日（水）

私はラジオ会館の業務用エレベーターが好きだ。あちこちへこんでくもったステンレス張りで、天井はカーブしていて、「未来世紀ブラジル」に出てきそうだ。これに乗ると、自分が貨物になった気持ちになる。

七階にある模型屋には五〇センチ立方程度のレンタルショーケースが並んでいる。不要になったコレクションをそこに並べて委託販売することができる。ガシャポンや怪獣ソフビやフィギュアやきせかえ人形やトレカや模型、そんな胸躍るものが詰まった八〇〇個のおもちゃ箱。

そう、その透明な箱に入っているものはみんな捨てられたおもちゃたちだ。おそらくほとんどすべてが成人男性によって捨てられ、新しい所有者の目に留まるのを待っている。

タッコングのソフビと同じ箱に入った猫耳メイドフィギュアを見ながら考える。

私は膝を抱えてショーケースに入っている。

店員が近づいてきて鍵を開ける。

「リカバリー済・保証書付です。こちらでよろしいでしょうか。」

「お願いします。」

「歩かせますか？　それとも郵送いたしますか？　送料が別途かかりますが。」

「それでは持ち帰ります。」

所有者設定後起動された私は言う。

「はじめまして。生まれたときからずっとあなただけを愛しています。」

二〇〇二年八月二九日（木）

虫のオブジェで一番好きなのは、東大寺大仏殿にある花挿しについている青銅の揚羽蝶だ。

修学旅行で見つけて大喜びして、行くたび土産物になっていないかと探すけれど、見たことがない。

この揚羽蝶はからだがむくむくしていてかわいいし、なんといっても脚が八本もあるのだ。昆虫の定義は六本脚であることだというのに。本当におかしなやつだ。

揚羽蝶という家紋（平家の紋）があって、これはデザイン的には東大寺の揚羽蝶と同じだけど、脚は六本。その他の日本古来の蝶の図版を見ても、みんな六本脚だ。

なんで東大寺だけ八本なのか調べていたら、次のような説を見つけた。

福寿寺にある平家の赤旗に描かれている揚羽蝶は、触覚が六本脚の後方についている（へんな蝶だ）。

それを元にして作って間違えたのではないかというのだ。

すてきだ。デューラーの犀のように、間違いが間違いを呼び、怪獣が生まれる。

八本脚揚羽蝶を私の紋にしようかな。

二〇〇二年八月三〇日（金）

私が貞操帯を好きなのは、「私の中に入ってこないで」という意志を形にして他者に強要できるからだ。

正確には「あなたは決して私の中に入ってこれない」かな。

（自らの意思で）貞操帯を着用することは、世界中のすべての人に向かって決して侵入させはしないと宣言することだ。

なのに貞操帯の話をすると喜ぶ人がいるのはなんなんだ。そんなに拒絶されるのがうれしいのだろうか（本当のところ理由はわかっています。私と貞操帯観が違うからです）。目隠しをして、猿轡をして、両腕を後ろで縛り、耳栓を嵌め、貞操帯をした少女の絵の題は「私の中に入ってこないで」。

私はあなたを見ないし、あなたに向かって話さないし、あなたを抱きしめないし、あなたの声を聞かないし、あなたを私の中に入れはしない。

そう、決して。

二〇〇二年八月三一日（土）
アクションサンプラー（四分割連写インスタントカメラ）を買った。一回シャッターボタンを押すと、四回連続シャッターが切られて、それが一枚の写真を四分割して並べた形になる。

これで写真を撮ると、一秒くらいの時間の経過を一枚の写真に切り取れる。代官山は晴れていて、空気はきらきらと眩しく、隣を歩む人は美しい。私はでたらめにシャッターを切る。

歩道橋、止めてあるバイク、眩しく光るキャッシュディスペンサー、それらを横切って歩く人々みんな、称えられてあれ、この土曜の一日に。

私のこの午後の一瞬一瞬よ切り取られてきらきらと現像され焼きつけられきらきらと。歩く階段を下りる足の影切り取る四分割に。

日差しの中見る景色、四分割された景色をいつか見かえして、あの午後はきらきらしていたと思うことがあると私は知っている。その未来の写真を透かしてこの一瞬を見ます。だめ、わ、た、し、三十六に、分割、される、一瞬、一瞬、き、え、る、助けて、点滅、する、一瞬、もう、もどって、これなく、なる、から、だから、もう、ああ、眩しい、気が、遠く、なる。

引き戻される。

シャッターの音。今の点滅も記録されました。

あの午後はきらきらしていたと思うことがあると私は知っている。

二〇〇二年九月二日（月）

昨日から風邪をひいていて微熱がある。喉が痛くてリンパ腺が腫れていてだるい。しかも会社の薬箱に入っていた風邪薬はものすごく眠くなる。

半死半生で仕事をし、半死半生で家に帰り着く。

どさっと、重い荷物を置く。

重い荷物⁉　私は今日最小限の荷物しか持っていないはずだ。

おかしい。私は慌てて財布を探る。確かに今朝入れた虎の子の一万円がない。

その代わりに、ジュンク堂カフェのドリンクチケット（一万円以上買うと貰える）が入っている。

荷物を見やる。ジュンク堂の袋だ。それもビニール袋ではなくて、紙袋。

そしてなぜか中には、吉増剛造『花火の家の入口で』（詩集）と、スティーヴン・ミルハウザー『マーティン・ドレスラーの夢』（小説）と、藤野一友＝中川彩子『天使の緊縛』（画集）と、ベッティナ・ランス『I・N・R・I』（写真集）が入っている。

なんなんだ。こんなに具合が悪いのに、ジュンク堂を徘徊して本を買ってしまったのか？　生活費はどうするんだ？　先月頭に転職して初任給が入るのは今月末だというのに。

まあ、いいか。中川彩子の画集が出るなんて今世紀最初の快挙だ。以前古書店で見つけて結構なお値段だったからためらっているうちに誰かに買われてしまって悲しんでいたんだけど、新たに出版されるなんて。うれしいうれしいうれしい。

（藤野名義の絵はサンリオのディックの表紙でおなじみです。中川名義の絵は「風俗奇譚」でおなじみです）。

頭がふらふらする。熱に浮かされて見る責め絵の少女達。もうこれは夢の中なのかな。

ああ、ああ、苦しくて、懐かしくて、とってもしあわせな夢だ。

二〇〇二年九月三日（火）

ベッドの脇の椅子に人形は腰掛けていて、ベッドから手を出せば彼女の手を握ることができる。

私の体温がうつってかすかに暖かくなるのがかなしくてすぐに手を離す。なんだか汚染してしまうような気がするから。

どうか私の愛があなたをあたたかくやわらかく呪っていくことがありませんように。

腐肉でできた私の愛にあなたが汚れませんように。

あなたの前で私は自らを律します。

ともすればどろどろとみにくく崩れ落ちていく私のこころを恥じます。

私の中の一番大事な輝かしいもの、結晶のようなもの、それをまもっていきたいと思います。

あなたよ決して私を赦さないでください。私を受け入れないでください。

美しく稀なるなにかを忘れがちになる私を。

二〇〇二年九月四日（水）

ゆうきりん『ヴァルキュリアの機甲　首輪の戦乙女』（電撃文庫　二〇〇二・四）を読む。

未知の巨大生物と戦うために造られた平均身長一六メートルの巨大少女小隊《ヴァルキュリア》達とその隊長を主人公にしたライトノベルです。

巨大人造女性を兵器並びに道具として使役するというアイディアは鷲籠真太郎『輝け！大東亜共栄圏』・『超伝脳パラタクシス』と同じなのですが、いかんせん「ヴァルキュリア」はライトノベルなので脳の摘出だとか切断及び縫合だとかギミック埋め込みだとかは致しません。不条理エログロ場面もなし。

兵器として作っておいて「女の子扱い」せよなんて。彼女達を洗脳してあげればいいのに。自由意志と苦痛と幸福感による支配は、彼女達の精神を少しずつ蝕み最後には壊してしまうでしょう。人間のために造られ人間のために死ぬのが一番の幸福と洗脳して、愛する優しい隊長のために一丸となって戦うようにすれば、彼女達も幸せだし戦闘効率も上がるよ。ファティマみたいに。

ちなみに大好きな「バージェスの乙女たち」の世界には有機人形三原則があり、有機人形達は製造時より洗脳済み。

有機人形三原則

・ご主人さまには絶対服従

・有機人形同士仲良くする
・わたしたちは道具です
それから、「ファイブスター物語」における星団法によるファティマの規制は以下。これも製造時より洗脳済み。
主人《マスター》をもつ場合
・騎士（主人）の命令でなければ、人を傷つけたり殺してはいけない
・騎士（主人）以外の命令は受け付けない（命令でなければ人間と同じ）
・騎士（主人）以外の人間の言葉は尊重する
主人《マスター》をもたない場合
・人間に対し、いかなることがあろうと、たとえ殺されることになろうと、暴力をふるってはならない
・人間のようにふるまってはならない（アイコンタクト、クリスタルをはずしてはならない）
それにしても「わたしたちは道具です」ってすがすがしい宣言だなあ。つらいときは心の中で口ずさんでます。

二〇〇二年九月八日（日）
表面張力が破れるように私の名前を呼ぶ。

二〇〇二年九月九日（月）その一

コンビニで立ち読みしている一ページを前にして世界が急激に圧縮されるようなそんな経験をあと何度できるだろうか。

岡崎京子「ヘルタースケルター　第3回」の最後のページ。私は不意に崖っぷちにいることを意識する。奈落が見えるこの縁で踊りつづけていることを。

りりこは人気絶頂のスーパーモデルにして女優。ただし情緒不安定で自己中心的で演技は下手でトークも出来ない。彼女の魅力はその完璧な美貌だけなのだ。しかし、その超絶的な美貌があればいい。それ程彼女は美しい。

そして、その身体も顔も、美しい彼女の全ては、整形によって作られたものだ。「骨と目ん玉と爪と髪と耳とアソコ」以外は完膚無きまでに切り取られ削られ盛られ縫い合わされて作られた美の化身。元々の彼女（一重まぶたで太ったブス）には何の価値もない。

りりこは、自分が皮膚一枚だけで評価されていることを知っている。美しくなければ自分には何の価値もないと知っている。彼女は自分自身から離れれば離れるほど、作り物になればなる程愛されることを知っている。

しかし、その身体は作られたときから崩壊がはじまっているのだ。整形の副作用で痣が浮かびあがり、身体が崩れる度に繰り返す再手術。不安を紛らわすためのドラッグがますます精神を崩壊させる。

＊
カメラがシャッターを押すたびに空っぽになってゆく気がする
いつも叫びたくなるのを
必死でおさえているのよ
いつかあたしは叫び出すだろう
その前に……ああ…なんとかしなくては…
（岡崎京子「ヘルタースケルター　第3回」『フィール・ヤング一〇月号』祥伝社　二〇〇二）

二〇〇二年九月九日（月）その二
そんな状況から抜け出そうとりりこは御曹司の玉の輿を狙う。交際がスクープされた頃、りりこの身体に新たな崩れが発見され、二週間の集中治療を受けることになる。そんな時にりりこは見るのだ。御曹司と政治家令嬢の結婚記事を。窓ガラスを割って泣き叫ぶりりこの唇から血が滴り、スタッフは凍り付く。うつむいていたりりこは目をこすり、そして血の染みのできたバスローブをはだけてその裸体をあらわにしポーズを取りながら笑う。血走った目をして完璧な笑顔。完璧な身体。

＊
「ごめんなさいね♡　ちょっと　ドーヨーしちゃって♡　さ♡皆さん♡　始めましょう

か♡」

止まっちゃいけない　進むのだ　進め!!
もう始まってしまっているのだ
（ちょっと夢見ただけよ　そう　いつも夢見てあきらめる）

恐れてはいけない
選択はもうすでに行われたのだ
あたしはもう選んでしまっているのだ

（同上　最終ページ）

＊

このぎりぎり感。崩壊が必ず来ると知っていながら見る未来。だって、崩壊の原因は自分自身なのだから。自分自身によって内側から浸食されつつある存在価値。
ねえ腐っていく音聞こえないですか？　私の中から腐っていく音聞こえないですか？
崩れる寸前までは完璧でいるから。崖から落ちるまでは見事に踊って見せるからね。

二〇〇二年九月一〇日（火）

魂を手渡す軽やかさを私は知っている。躰を明け渡すよろこびを私は知っている。

神に近い何者かの意のままに苦痛と快楽そのものになり、何者かの意のままに満ちあふれるよろこびとかなしみそのものになることを知っている。

その時はもう私などいないのだ、存在するのはただあなたのものである魂とあなたのものである躰。あなたの意志の変化と同時に変化する存在そのもの。

なにもないなにもないなにもない。だからすべてなの。

創造者の意識のままにあらわれる世界。

（それはついさっきまで二階堂奥歯と呼ばれていた）。

あなたのものであるこの世界を今終わらせてもかまわない。

あなたのものであるこの魂をどう扱ってもかまわない。

あなたのものであるこの躰をいくら壊してもかまわない。

でもそんな瞬間はもうこないのかもしれません。

ところで、知人のメールによると、一般的なMのステロタイプとは、縄・鞭・蠟燭に加えバイブやアナルや浣腸や強制オナニーなんだそうです。

……ジャンルSMって実はすごく遠いのかも。

私にとってマゾヒズムとは例えば先に書いたようなものであり、また下の引用のようなものなのですが。

私は、苦しみなしでは一瞬も生きることができませんでした。私が苦しめば苦しむほど、私は、もっとこの愛の聖性に満足しました。そしてそれは、絶え間なく苦しんだ私の心に、三つの願望をかき立てました。その第一が苦しむこと、第二は、主を愛し、聖体を受けること、第三は、主と一致するため、死ぬことでした。

（マルガリタ・マリア・アラコク『聖マルガリタ・マリア自叙伝』鳥舞峻　聖母文庫　一九九八・三）

二〇〇二年九月一一日（水）

ユイスマンス『黒ミサ異聞』を読んでいたら大好きなマルグリット・マリーの記述がありました。けど、こんなの。しょんぼり。

「だが、それよりもっとひどいのがありますよ。マリー・アラコックの生涯をお読みになってごらんなさい。あれは苦行のために病人の糞便を舌でよせあつめたり、指先の傷の膿を唇で吸ったりしていますよ」と、ジュルタルが言葉をはさんだ。

「そうでしたね。しかし、実を申せば、そういう不潔なことには、感動するどころか私はかえってイヤな気がしますよ」

（ユイスマンス『黒ミサ異聞』松戸淳　北栄社　二〇〇一・一二）

私も、そういう不潔なことには、感動するどころかかえってイヤな気がしますとも。

二〇〇二年九月一四日（土）

天野可淡展プレビュー初日。


昔むかしあるところに一人のお姫様がおりました。

お姫様は美しくそして誰よりも誇り高い方でした。

ところが、お姫様の国は隣の国とのいくさに負けてしまったのです。

お城に乗り込んだ兵隊たちは、お姫様をさらって娼館に売り飛ばしてしまいました。

宝石と刺繍を散りばめたドレスは奪われ、東洋の国からきた緋色の夜着を与えられました。

お姫様は決心しました。

「わらわの広大な王国は奪われた。それならばせめて今日からはわらわのこの身体をわらわの王国といたそうぞ。この王国を統べるのはわらわ。外つ国びとに侵入させはせぬ。」

お姫様の滑らかな肌はそのまま石になりました。

わずかに開いたその唇をこじ開けることはできません。

すらりと伸びた脚を開く者がもしあっても、その奥の入り口は閉ざされたまま溶けだすことはありません。

お姫様の王国、その身体の中には誰一人、指一本侵入することはできないのです。

お姫様は、人形になったのでした。

お姫様はこの地下室ですっくと立っています。

お姫様の王国、お姫様自身を奪おうとする者を決して許さぬ強い視線をすえて。

地上を統べるはずだったあなたが住まうのはこの薄暗い地下室。

しかし、どこにおられてもあなたは王女です。あなたの王国はあなたがおられるところにあるのですから。

わたくしはそれを知っております。

二〇〇二年九月一五日(日)
完璧な左の耳を持つ人がいた。

ウィンスロップ・コレクションに行く。

「今、ここではない場所」を探して、海を越え月にまで至った。世紀末は過ぎ二十一世紀がきた。

でもいつもここだし、いつも今なのだ。

「今、ここではない場所」なんてどこにもない。自分でつくらない限りは。

世界の外が定義上存在しないならば、入れ子の世界を内側につくるしかない。

そうしてつくられた小さな入れ子の世界はでも入ってしまえばこの世界より広いの。

そのような世界を描いた絵が並んでいます。

完璧な左の耳。あの耳に住まいたい。

二〇〇二年九月一六日（月）
命の気配のない夜明けに
私はそっと静かな声で
喜びの歌をうたう
左の耳のために

（黒百合姉妹「左の耳のための喜びの歌」『月の蝕』SSE　一九九三）


秋が来たので外は寒い。

私は羽根の布団にくるまって夜明けに目を覚ます。

夜の後で朝の前の時間は暗く、静かな空で鴉が鳴く。その声を聞くと「ひとりだ」と思う。ひとりきりだ。とてもさみしい。

そして、私は布団を身体に巻き付ける。目を閉じて、しあわせだと思う。

このひとりきりでさみしくしあわせな黎明の時間が続けばいいのに。

朝が来なければいいのに。

「みんな忘れてしまいがちなんだけど、この世界は本当はとてもうつくしいんだ。」

朝、電話でそう言った人がいた。

「ええ、そうですね。」

と私は答えた。本当にそう思ったから。

うつくしいこの世界はとてもおそろしく、さみしい時間はとてもしあわせだ。

＊

二〇〇二年九月一九日（木）

雨が降っていて私は黙ってまだ青い鬼灯に降る雨を見ていて、見ていて、見ていて、私が見ていたものはこれだった。と思い出す、表参道を歩く私に降る緑の光。天気、晴れ。

くるくると精妙な螺旋を描く蔓。細い細い緑の光でできた。萌え出でたばかりの瑞々しい蔦はまだそれをつくった光を多分に含んでいるので実は淡く発光している。

繭から糸を紡ぎ取るその手付きで、陽光はたおやかな茎から緑の光を巻き上げた。対になって描く螺旋。発条《ぜんまい》。時計の発条が園庭に落ちていた。錆びた発条を踏んで足から血を流したのは誰だったか。

雨の滴が、螺旋を辿って落ちる。落ちる。

緑の葉に。

朝顔の花弁に零れた水は、霜のような繊毛で弾かれてころころと球体になる。その硬い表面。光すらはね返して、透明に。

水晶球が花弁を滑る。滑り落ちる。緑の葉に。

光に透ける青い如雨露。中の水が重く揺れる。如雨露越しに透ける水のうごき。光と影の模様。

勢いよく揺らした途端に水のかたまりが私に向かって溢れる。蜜のようにとろりとしたひとかたまりの水の重さ。光の蜜。

昼休み、私は誰よりも早く水着に着替えてプールサイドに駆け出す。

誰もいないプールは、ひとかたまりのとろりとした光だ。

冷たく重みのある光に足を踏み出す。私を弾き出そうとするつるりとしたその表面。

それ、が、破れる。

滑り込む、透明な蜜の中。泡立つ光。目を開ける。弾けながら昇天していく泡。私が青い光をかけば、硝子の粒が指先から零れる。

プール一杯の溶けた硝子が、私の動きで揺れる。私より先に滑ってゆく波を追いかける。

強い光と弱い光のゆらめく中を、結晶を生み出しながらくぐり抜ける。

二〇〇二年九月二〇日（金）
真夜中過ぎの道路はとても混んでいて、私は助手席でうとうとしている。

「なーんで夜なのにこんなに混んでるかな。……明日から三連休だからか。」

「みんなで大移動してるんだね。」半分夢を見ているように私は続ける。「いつも移動している一族がいるんだよ。眠らないで車を走らせるの。」

「そりゃ大変だね。」

「うん。変わりばんこに、決してとまらずに車を走らせるの。夜に住む人だからね。朝に追いつかれないようにずっと一直線に西に向かって走ってるんだよ。もう何年も何十年も。」

そしてそのまま私は眠りに落ちる。

二〇〇二年九月二一日（土）その一

コノハムシのフィギュア（二〇センチ）と、アンモナイトのフィギュア（一五センチ）と、聖アガタのカードと、『教会ラテン語への招き』を買いました。

コノハムシは大きい。四六判の本より大きいくらい。

お店の隣のオープンカフェでチャイを飲みながらテーブルに並べて愛でる。節足動物・外殻を持つ生物は硬くて部品の構成がはっきりしていていいな。アンモナイトは中身はやわらかいけど、触手があるからいい。

私は外骨格がほしくなるとコルセットをつけます。柔らかな肉をきちんと殻に納めて形作ります。すべすべの繻子と硬くしなやかなボーンで囲まれた流線型の身体はうれしい。

聖アガタのカードは、手枷と鉄鎖で縛《いまし》められた女性が胸元を白布で隠したまま炎で焼かれている絵。

聖具売り場でこの御絵を見るたびに、ほしいなと思っていました。

でも「この人は無惨絵趣味でこの聖女のありがたい御絵を買おうとしているんだわ」とレジの人が不愉快になるかもしれない。

マゾヒズムやエロティシズムはその深みでは聖性と結び付くと確信しているわたくしではありますが、敬虔な信者の方を不愉快にさせるようなことをしたくはない。

ただ買えばいいのに、まるで買ってはいけない本を買おうとする中学生のように葛藤していたのです。自意識過剰です。

しかし、ついに買いました。『教会ラテン語への招き』と一緒に買えば真面目な意図の下に買うのだと思われるだろうと信じながら（これではまるで買ってはいけない本を真面目な本と一緒に買う中学生のようだ）。

聖アガタおとめは、三世紀の殉教者です。美貌に恵まれた高貴なアガタを総督クィンティアヌスが愛人にしようとしました。しかしアガタは自分はキリストの花嫁であると断ります。総督は一ヶ月の間彼女を娼館に入れて辱めますが、彼女の純潔は守られました。クィンティアヌスは彼女を牢に入れ、その美しい乳房を鞭打たせ痛めつけついには切り落とさせました。しかし聖ペテロが現れて彼女の傷を癒しました。どんな責めにも改宗しなかった彼女は、灼熱した石炭と陶器や硝子の鋭い破片を撒いた上を全裸で引きずり回され殺されました。

シンボルは切り取られた乳房、一角獣の角（処女の象徴）、拷問具、松明、薪の山。

それはなぜかと考えました。

二〇〇二年九月二一日（土）その二
アガタやアレキサンドリアのカタリナなど、初期の殉教おとめたちは皆聡明で意志が強く凛々しく気高いのですが、マルグリット・マリーのように心の友（？）とは思えない。

アガタの受苦はキリスト者である限り逃れられないものだった。アガタが望もうが望むまいが、彼女は拷問を受け死ぬしかなかった。殉教者は皆喜んで苦しみ死ぬが、その状況は彼女の意志では変えられないものだった。

それに対してマルグリット・マリーの受苦は自ら望み自ら実行したものだった。病の苦しみは体質によるにしても、身体が弱いのに病人の世話をしその分泌物を口にしたというのは自分から罹患したのだとも言えるはずだ。皆がキリスト者として生まれキリスト者として生きて死ぬ世界では、修道女は社会的に保証され、讃えられこそすれ虐げられることはない、その状況であえて苦しみを求め苦行の許しを請い求めるマルグリット・マリーの真摯な倒錯に私は惹かれるのだ。キリスト教の爛熟した倒錯の美しさ。愛する主に向かって苦しめて下さいとこいねがう聖女たち。

それにマルグリット・マリーが自ら書き残した言葉を読めるということも大きい。

私は、一度も私の苦しみが減少するのを望んだことはありませんでした。なぜなら、私の体が一層うちひしがれればそれだけ、私の霊は、もっと喜びを感じ、そしてもっと私自身に専念させ、苦しみのイエスともっと深く結びつく自由があります。

（マルガリタ・マリア・アラコク『聖マルガリタ・マリア自叙伝』鳥舞峻　聖母文庫　一九九八・三）

二〇〇二年九月二五日（水）その一

恐ろしい予感があった。わたしがぐずぐずして全てを言葉にするのを拒み続けるならば、運命はもっと悲惨な状況を用意することで、むりやり壁を越えさえようとするだろう。でもビクビクしながら、わたしはそれを待っていた。それがある意味でいちばん正しいやり方だと知っていた。

けれどその考えを理解できるのは、わたしの中のいっとう深いところのわたしであって、普段つかっている部分のわたしではない。要するにストレスは一向に減らなかった。気が弱くなって、以前のように自分を天才だなどと思えなくなっていた。単なる変わり者、言葉の通じない異端者だった。ひょっとしたら気が違っているのかもしれないと、半分本気で考えた。

わたしの言葉の中に、『のようなもの』だの、『とかいうもの』だのという単語が頻繁に出てくるようになった。文末は、『かも知れない』で締めくくられた。紙に書くと、あらゆる単語をカギカッコでくくってしまうか、あらゆる単語の前に『わたしの言う』をつけなければ不安になる。わたしの言葉で言えばわたしはわたしの言う『天才』かも知れなかった。世間一般からみればママにとってパパは『かれ』だったかも知れなかった。

わたしと『まりかちゃん』は『ともだち』なのかも知れなかった。日本は『しあわせ』なのかも知れなかった。

わからない。

もうなにもわからないかも知れない。

ほんとのものはなにもない。『ほんとのもの』があるだけだ。

（木地雅映子「氷の海のガレオン」同名書所収　講談社　一九九四・九）

この話の主人公「わたし」こと杉子（小学六年生）は、言葉が通じない世界で生き延びていくことができただろうかと考える。この本に収められたあと二つの短編それぞれの主人公である中学三年生と高校三年生の少女達は、はたしてその後何年生き延びていかれただろうと考える。

二〇〇二年九月二五日（水）その二

何不自由なく満ち足りたこの世界で私はなぜだか戦場にいるような気がします。

ほんの小さな失敗でもしたら私はここにいることを許されなくなってしまうような気がします。

挨拶はきっと複雑な合図で、それを間違えれば即座に虐殺されるような気がします。

私をかこむ隣人達の中に入っていくとき、砲弾の飛び交う中を進んでいく気がします。

時限爆弾を解体するかのように息をつめて仕事をします。

世間話をしながらも銃弾が耳を掠める音が聞こえます。

私の微笑みは自然に見えますか？　口の中には恐怖の味がします。

今日も生き延びた。でももうすぐ明日が来る。明日は生きていられるのかな。

でも、この人だって生き延びているのだ、生き延びて、二二歳で『氷の海のガレオン』を書いた。

木地雅映子がどのように生き延びたのか私は知りたかった。

まったく書いていないようだけど、どこかで生き延びているのなら、それを知りたかった。

その人は外国に住んでいたらしかった、昨年までは。

「昨年から、連絡がつかない状態です」。

三〇歳。三〇年生き延びたということ？

それとも、どこかでまだ生き延びているのですか。

それならどうか、その世界がそれほどおそろしくありませんように。

私はもう二五年生き延びました。

二〇〇二年九月二六日(木)その一
私達は強くない。賢くない。悟らない。

ずっとは。ずっとのあいだは。

でも、一瞬なら。

一瞬なら強くなれる。

一瞬なら賢くなれる。

一瞬なら悟れる。

一瞬なら、水面を破ることさえも。

自分からさえ跳ね上がることができる。

そして私達は、それを思い出にする。

世界は美しくない。

ほとんど。

あるかなきかのかすかな美しさを、摘みあげて摘みあげて積み上げてきたのだ私達は。

時には、すべてが美しいと感じてしまうまでに。

世界を解釈することは、世界に講釈することだ。

世界に美しくあろうとする動機はないし、美しいままに私達を待っているわけでもない。

私達が美しさを発見するとき、それは忘れ去られていた美しさを思い出しているのではない。私達が美しさを忘れ去るとき、美しさはまた誰かが思い出してくれるのをどこかで待っているわけではない。

私達は時折、人類の夜明けの時代に想いを馳せて、最初の詩、最初の音楽、最初の一言、最初の約束について考える。

いったいこれらの魔法は、どのようにしてはじまったのか？

私達にとっての一瞬。

この一瞬。

次の一瞬。

その次の一瞬。

たとえ思い出にもならないありふれた一瞬であっても、それはすべて、もしも人類の夜明けの頃に起こっていたなら、人類史を変えてしまったであろう一瞬である。

長い長い年月を経て、私達は、魔法を日常にしたのだ。

いま行くことができるどこかのうち、もっとも遠いどこかへの旅程は、一瞬である。

生きることに意味があり。そしてその意味を理解したとしてもなお、死を択ぶ意味が消え去るわけではない。

ただ、きっと、一瞬の余命があれば、生き続ける意味はある。

そしてぼくも、次の一瞬くらいなら、生き続けることができると思うのだ。

（雪雪「水の下からの眺め」二〇〇二年九月二六日のメール）

二〇〇二年九月二六日（木）その二
物語の登場人物になりきっていた。

読み手であることを忘れていた。

もう何年も前に、この物語を読むすべを知ろうと決めたのに。

もちろん二階堂奥歯はこの世界の一登場人物に過ぎない。

しかし、そのような二階堂奥歯が、「私」であるということ、その事実によってこの物語は読まれ始めた。

そして、世界という物語は読まれることによって立ち現れるのだ。

読むことが書くことである物語。

頁をめくることが次の頁を生み出すことになる物語。

一登場人物である二階堂奥歯が物語を動かすことはほとんどできない。

でも「私」には、その物語を読むこと、読みとること、読んで解釈することができる。

読むことを忘れていた。

読みとることを。紡ぎ出すことを。

世界を。この物語を。

美しさを読みとることによってはじめてこの物語は美しいものとして立ち現れる。

そのような「読み」は常に可能なわけではない。

だから、だけど。

読み手であることを忘れてはいけない。覚えておきなさい。

すぐ忘れる二階堂奥歯へ。

二〇〇二年九月二七日（金）

無根拠性。

善悪の無根拠性だとかには、人はたやすく向き合ってゆける。

おそらく、世界の無根拠性にも。

しかし、恐怖の無根拠性に対してはどうだろうか。

恐怖に浸透された日常。

恐怖は現実のものだ。それは私の身体機構とその化学組成のバランスを崩す。

物理的に影響される私の身体。そしてその身体によって測られる（アフォードされる）外界。

問題は、この恐怖には理由がないとはっきりわかっていることだ。

根本的な対策はないということを私は知っている。

その無根拠性に向きあうこと。

毎日、恐怖とたたかい生き延びること。

二〇〇二年九月二八日（土）

「ここかわいいよ」という言葉を添えてかこさとしの世界・絵本のお店だるまちゃんのHPをメールで弟に教えたら、返事が来ました。

「URL見てグロ画像かと覚悟して飛んだけど、ほんとにかわいいね。」

「だるまちゃん」でグロ画像だと思うあなたはスレ過ぎだと言ったら、お姉ちゃんからということを考慮したんだと返されました。

それで思い出しましたが今月出た氏賀Y太の新刊『デスフェイス』（ティーアイネット）は身体改変もの「マテリアル」シリーズ中心。私は「マテリアル」シリーズではない「四時間目・生物」が好きです。いじめられっ子の女子生徒が唐突に生物の時間に解剖されてしまうという、なんの救いも教訓も落ちもない話。

人間の形態をなしていない彼女の死体を手にクラスメイトが和気藹々と記念写真を撮る最終頁を見ると、学校生活や社会生活などの「生活」を生きている時の心構え（意味体系や重要性の尺度）がさっぱりとえぐりとられるような気がします。心の中にぽっかりと空間が開けるのです。

二〇〇二年一〇月一日（火）

翻訳SFファン度調査をやってみました。

既読は二五〇作品中八六作品です（平均は四二・六七作品）。

一一九六人中一五六位でした。

リストに上がっている作家で特に好きなのは
・ジェイムズ・ティプトリー・Jr.
・ブルース・スターリング
・フィリップ・K・ディック
・ジョン・クロウリー
・リチャード・コールダー
・スティーヴン・ミルハウザー
・グレッグ・イーガン
の七人。

ついでに本格ミステリファン度調査をやってみました。三〇〇作品の内八九冊既読でした。

なぜ⁉　私はあえてジャンルを言うならば幻想文学者でSF者だという自覚を持っているのに、なんだかミステリの方が読んでる数が多い！

自分に納得がいきません！

さらにお奨めアニメ判定をやってみました。

「天使のたまご」でした。確かに好きです。

二〇〇二年一〇月二日（水）その一
「あなたが現実にその通りになりたかったのでしたら、もっとうまく力を使わないと」

「力ってなにさ」

「言葉の力というべきものです。それに妄想ばかりに先走らせて、想像が追いつかないのもあなたに力が足りないからですよ」

（中略）

「ちぇっ、おかしいなあ。メイドとか女家庭教師はもう心底から淫乱で、いつも発情していて、男とあれば手ぐすね引いて待っている吸精の毒婦のはずなんだけどなあ」

「何度も申し上げますが、そういう妄想的シチュエーションを望むのならそれ相当の力が必要なのです。あなたにはまだ基本的に力が分かっていないし、足りないみたいですね」

「ひどいな、妄想なんかじゃないって」

「力が伴っていれば妄想は妄想でなくなります。現実ともなるのです。今のあなたには無理」


（酒見賢一『語り手の事情』文藝春秋　一九九八・三）

私を従えることができるのは、私が従う人だけ。

私が従うのは、私を従えることができる人だけ。
（世界に対する説得力）。
私を読んで。
新しい視点で、今までになかった解釈で。
誰も気がつかなかった隠喩を見つけて。
行間を読んで。読み込んで。
文脈を変えれば同じ言葉も違う意味になる。
解釈して、読みとって。
そして教えて、あなたの読みを。
その読みが説得力を持つならば、私はそのような物語でありましょう。
そうです、あなたの存在で私を説得して。

二〇〇二年一〇月二日（水）その二
彼が彼女を用いる時の自由さ、彼女の肉体から自分の快楽を引き出すのに、いかなる手心も加えず、いかなる制限をも設ける必要がないことを知っているその確信、それらをまざまざと味わう時の彼女の幸福にくらべれば、どんな快楽も、どんな喜びも、どんな空想も物の数ではないということを、彼女はあえてステファン卿に告白したことは一度もなかった。愛撫のためであれ打擲《ちようちやく》のためであれ、彼の手が彼女の身体にふれ、何事かを彼女に命令するのは、ひとえに彼がそれを望んでいるからであり、たしかに彼には自分自身の欲望しか眼中にないのだと思うと、Oは、その証拠を見せつけられるたびに、あるいはただそれを頭のなかで考えただけでも、肩から膝までおおう火の衣か、燃える鎧《よろい》を身にまとったかと思うほど、幸福でいっぱいになるのであった。

（ポーリーヌ・レアージュ『O嬢の物語』澁澤龍彦　河出文庫　一九九二・六）

わたしのみもこころも操ることができた人。
あなたが私を読むままに私はあらわれました。
あなたの定義が私をつくりました。
あなたの視線がなぞるままに私の躰はつくられ、
あなたの指がなぞるままに私の躰はかわりました。
あなたの意志が組み込まれるように私の思考体系は変化しました。
そして世界も。
あなたが私に言葉をかけ、あなたの言葉のままに私はなりました。
あなたの言葉のままに世界は変わりました。
あなたの視線だけでよかった。
その視線は私の神経の一本一本をなぞることができた。
あなたの声だけでよかった。

その声は耳朶をかすめて私を溶かした。
溶けた私が、脊髄を辿って、滴って、溢れた。
浸透する。私、溶けていく、世界が。
あなたの匂い、あなたの気配、あなた。
そこにはあなたしかありませんでした。
痛みとか、快さとか、そんな区別を私はできませんでした。
私はあなたしかわかりませんでした。
私はあなたではないもの。私はあなたに与えられる感覚。
私はありませんでした。世界はあったと思います。あなたが与える感覚も。
世界大に拡散した私は、いつもあなたを中心におさめた形で人のかたちに戻りました。
あれはなんだったのでしょう。
最後に世界に溶けたとき。
あの時に人のかたちに戻さないで下さったらよかったのに。

二〇〇二年一〇月三日（木）
サディストやマゾシストは「享楽への意志」に導かれることによって〈他者〉の享楽の道具になり、倒錯的行為を実行することで〈他者〉における欠如の否認を継続している。かれらは決して「享楽する者」ではなく、「〈他者〉の享楽に奉仕する者」であり、その奉仕の「しかた」をよく心得ている者たちである。つまりかれらはどこまでも「享楽への意志」の対象なのである。

否認を継続するかれらにとって、〈他者〉とは「欠如なき他者」であり、サディストやマゾシストは自らを「欠如なき〈他者〉のシニフィアン＝S（A）」と見做している。

このS（A）は、もはや主体を他のシニフィアンに対して差しだすシニフィアンでも、欲望のシニフィアンでもない。そうではなく、これは欠如をもつ〈他者〉の享楽の道具そのものを表すシニフィアンなのである。

（中略）

死の欲動の設定によって、サディスム、マゾシズム、サド―マゾシズムという「残酷」と「悦楽」で構成される倒錯の基本病理が見えてくる。これらの病態は、いずれも「〈他者〉の〈意志〉」の前に、主体がシニフィアンの衣を剝がされ（斜線を解かれ）、生の姿（生の主体）を晒すこと」である。

（藤田博史「サディズムの病理」『性倒錯の構造』青土社　一九九三・二　ただし文中のフランス語の原文引用部は省略）

神のようなもの。

その不完全さや虚構性に目をつぶって、私は跪きます。

架空の神のおかげで私は属性を剝ぎ取られて、ただ存在することに近づきます。

近づくだけです。

それはわかっています。

私が目指すのは、架空の神の先。架空の神は目的ではなくて入り口あるいは道しるべです。

あなたを見ていないかもしれない。

あなたを通して先を見ているだけだと思います。

ただわかっているのは、あなたを通さなくては見えないということです。

二〇〇二年一〇月七日(月)
真夜中の体育館で私は一輪車をこいだ。
家出をしていたのだ。小学五年生だった。小学校の体育館に忍び込んだ。
向こうの壁も天井も見えないほど暗いその大きな空間には私しかいなかった。
体操のマットの上で暗幕にくるまって横になる。
がらんとした空間の隅で、目を見開いたまま。
私は誰もいない建物の広がりを見た。
それは広く、おそらく世界の広さにほぼ近いのだと思われた。
そこは静かで誰もいない。暗く、少しだけ寒く。

体育の時間は嫌いだ。

沢山の子供たちがあふれかえりうわんうわんと散漫な音が響く体育館の中で、体育座りの私は目に映るものから実在感を引き剝がす。

そして、そっと重ねる。

無人の、夜の、体育館。

「奥歯ちゃんの番だよー！」

サーブのためにコートを出る。

ボールを持った私は見る。

誰もいないコート。

その暗い天井をめがけて、私はサーブを放つ。

二〇〇二年一〇月八日（火）その一
「私はビヨンデッタじゃありません！」
私をスクリーンにして幻想（それとも妄想）を見ているあなた。
今あなたが見ているものは私ではない。
それでは無自覚すぎる。
現実を改変できる強度を持った幻想を紡ぐ方途もあるのに。
ビヨンデッタにもなりましょう。

あなたが私を作れるのなら。

私は「聖母」でも「娼婦」でもないし「妖精」でも「悪魔」でもないけれど、それになることはできるかもしれません。

「神」の手にかかれば。

私の特異点の前では。

世界を変えることができる人の前では。

二〇〇二年一〇月八日（火）その二
もし私の幼時の肉体が、まづ言葉に蝕まれた観念的な形姿で現はれたのであれば、今はこれを逆用して、一個の観念の及ぶところを、精神から肉体に及ぼし、肉体すべてをその観念の金属でできた鎧《よろひ》にしてしまふことができるのではないかと考へたのだ。
（三島由紀夫「太陽と鉄」講談社文庫　S46・12）

児童文学を読んでいたころ、そこに出てくるのは女の子だった。大人の本を読み始めた九歳頃、私は「少女」というものに出会った。

「少女」は女の子とははっきり言って関係がない。

それはすぐにわかった。

それはとても抽象的な存在だ。女の子や人間よりは妖精に近い。ただ、女の子と同じ姿形をしているのでとても間違われやすい。

「少女」は素敵なものだ。それは純粋で観念的だ。

でも当然気付く、「少女」はすぐに大人の男の人に利用されるのだ。

それは無垢で悪魔で天使でいたずらで非日常で無邪気で神秘的で繊細で元気で優しくて残酷で甘えん坊でわがままで弱くて強くて無口でおしゃべりで白痴で悩みがなくて憂いに沈んで無表情で明るくておてんばで物静かでこわがりでなにもこわくなくて何も知らなくて何でも受け入れてくれて潔癖で閉鎖的な性質を持っている。

だから、いつでも一番都合のいい性質が選び取られて、男の人を気持ちよくするために利用される。

そして、どうやら、男の人たち（私が知っていた大人の男の人とは、つまりみんな本を書いた人のこと）は「少女」と女の子の区別がつかないらしいのだ。

私は女の子だ。

私は「少女」ではない。

私は「少女」が素敵だと思う。

私は「少女」ごっこをする女の子になった。

素敵な抽象物になろうとした。

お手本は例えば美術館で見た天野可淡の人形。

でも勿論私は自分が「少女」じゃないということは知っていたのだ。

そして大好きな「少女」を都合よく利用して卑しめる心性に対して敏感になった。

なにしろ「少女」は女の子のようには実在しないから、その観念を持つ者がきちんと譲らなくては消えてしまうのだ。

二〇〇二年一〇月八日（火）その三
その内私は女になった。女の場合はもっとすごい。

女の子と「少女」よりもっともっと混同されているのだ。

出版物や社会組織を成り立たせている言説に出てくる「女」はどうやら大抵女の子の成長後でなくて「少女」の成長後のことらしい。文学に出てくるのも、哲学に出てくるのも。

私は「女」ごっこをする女になった。

「女」の仮装をする女になった。

「女」は「少女」程素敵ではないのだが、やはり高度に抽象的な美しい概念だ。

そしてなにより、「少女」でなくても女の子はなんとか上手くやっていけるかもしれないが、大抵「女」じゃないと女は上手くやっていけないのだ。

能力（仕事、学力、趣味、なんでも）が高い女がいても、「女」度が低いと減点される。

「女」度が高くても、能力が低ければとてもよく利用される。

両方ちゃんとできてやっと一人前だ。

私は「女」ではないのをはっきり知っている。

それが架空の存在であることをはっきり知っている（なにしろ女だから）。

だから、私はまた素敵な抽象物になろうとした。

自分の躰は着せ替え人形だと思う。

問題なのは、着せ替え人形はいくつでも持つことができるが、自分の躰はひとつしか持てないということだ。

このたったひとつの着せ替え人形でわたしは遊ぶ、メイクやお洋服や小物を入れ替えて遊ぶ。

この躰は私が作った。いろいろなイメージを投影した作り物だ。

女を素材にして「女」を作ってみました。

ドラァグ・クイーンの知人が何人かいる。

ドラァグ・クイーンとは、表象的・社会的に女性的とされている記号を意識的に過剰に身につけた人間のことで、通常男性である。とにかく派手なドレスを着て、激しく化粧をして、女性性をパロディ化する。

肉体すべてをその観念の金属でできた着せ替え人形にしてみた。

私は、女のドラァグ・クイーンだ。

二〇〇二年一〇月一二日（土）

会員各位

十月一日をもって、私たちはいよいよ組織としての活動を開始することになりました。すでに御承知のように、私たちの活動の主眼は、マゾヒズムの本義を世間の人々に正しく認識してもらうことです。一般人がしばしば口にする「マゾヒストは自尊心と自由と平等の精神を放棄し、人間の尊厳を貶めている」とか「マゾヒズムは虐げられているマイノリティに敗北主義を植えつけることによって、現今の不平等な社会制度の維持に奉仕している」といった誤解に基づく批判、あるいはそこに官能の漂わない単なる自虐趣味や忍従の美学、自己犠牲の精神等を〈マゾヒズム〉と形容する間違い、はたまた私たちがマゾヒストであるとカミング・アウトした際に、優位を保証されたと一人合点して急に偉そうな態度をとり始めたりにやにや笑い出す人々に対して、毅然と「違う」と伝えること。

委員会の名において行われる抗議行動ばかりではなく、会員一人一人が日常の場面でも機会があればマゾヒズムの何たるかを人々に知らしめる努力をして行きましょう。

今後の具体的な活動計画は追ってお知らせします。

全米マゾヒスト地位向上委員会

（松浦理英子『裏ヴァージョン』筑摩書房　二〇〇〇・一〇）

天野可淡人形展に向かう電車の中で読んでいて、思わず快哉を叫びそうになりそれはこらえてにこにこし、頭の中でコンビニに駆け込んでここをコピーして駅でばらまいたわたくし。

女性のマゾヒズムはジェンダーへの過剰適応ではないのかという疑問に対して、私は否という実感を持っています。が、これはきちんと考えないといけないもんだい。

二〇〇二年一〇月一五日（火）

遠くから。

夜。雨の音。声。届く。

雷が落ちる。

皮膚。エレキテルが夜気に漲っているのですねだから私の皮膚はこんなに。

（今私の皮膚は部屋の空気の動きさえ感じることができる）。

声。

雨の音雨の滴が落ちる落ちる水滴の形に空気が動くので私の躰に雨が落ちる感覚。

声、なぞる私を内側から。

雨が落ちる私の躰に、わかるのです一滴一滴がしたたるのがしたたるのはあなたの声私の内側に。

空気の感触で自分の輪郭がわかるほど鋭敏な皮膚なぜなら受話器からあなたの声が聞こえるからです。帯電した私の皮膚を走る青い光ちちち。

ちりちりと私の粘膜を灼くのは嵐の夜の空気ですのであなたはそのまま話し続けてください。

声は電波になって私を帯電させ私はちりちりと焦がされながら指先に青い光を灯し、あなたの声が高まるままにほら小さな稲妻が私の皮膚をなぞり。

私の躰遠くから届くあなたの声で光る。雨。声。届く。届く。

雷が落ちる音届くでしょう受話器越し。

夜。

二〇〇二年一〇月一七日（木）
古書店で眉村卓『わがセクソイド』を買い、その足で某キリスト教書籍専門古書店に行ったら、たまたま休憩で店が閉まっていた。
（う、店にはじかれた⁉）
『わがセクソイド』入り袋をぶら下げた人間は入れたくないという意志を感じすごすご帰りました。

二〇〇二年一〇月一九日（土）
浜野佐知監督「尾崎翠を探して　第七官界彷徨」のビデオを見たら髪を切りたくなり、

お風呂場でざくざく髪を切る（私はいつも自分で髪を切ったり染めたりします）。男の子みたいになった。

髪を乾かしていたら弟が帰ってきて「わあお姉ちゃん可愛い。中学生みたい」と言いました。

小野町子みたいに赤毛にしようかと一瞬思ったけど、私はアッシュ系かカーキ系が似合うんだよなあ。

二〇〇二年一〇月二〇日（日）その一
髪を切って男の子になったので、弥生美術館に「江戸川乱歩の少年探偵団展〜迷宮へのいざない」を見にいきました。
昭和三〇年代の少年探偵団カルタというのがあって、これがほしい。復刻しないかな。
「こ」　これはゴムのにんぎょうだ
「と」　とうめいにされた大友くん
「ね」　ねむりぐすりでグウグウグウ
「む」　むねにかがやくＢＤバッヂ
「め」　めにもとまらぬぞくのにげあし
「も」　もらったてがみはきょうはくじょう
「ら」　らんらんとめだまの光る海底魔王

ＢＤバッヂを売ってました。でも鉛じゃなかった。鉛じゃないと尖ったもので引っ掻いてもメッセージを刻めないし、石つぶてにならないし、糸をつけて水深を測れない！
村山槐多の水彩画「二少年図」（大正三　世田谷文学館蔵）も展示されていました。槐多を好きだった乱歩が昭和八年から書斎に飾っていたもの。手前の少年のイメージが小林少年の人物造形に関係しているのではと言われているらしいです。

二〇〇二年一〇月二〇日（日）その二
少年探偵団シリーズで好きだったもの。
・『電人Ｍ』
タコ型宇宙人登場。アミューズメントパークの作り物の月の中は怪盗団の会議場というのが良かった。
・『時計塔の秘密』
C.N.Williamson“A Woman in Grey”を翻案した黒岩涙香『幽霊塔』をさらに翻案したもの。時計に仕組まれたからくり仕掛け。洋館の中に張り巡らされた誰も知らない迷路。虫がうじゃうじゃ。整形美女。手首の腕輪を外すとそこは噛み千切られた跡が、とか。私も手首に傷が出来たらバングルで隠したい！
・『影男』

これは大人版の方がいいけど。お風呂に入る場面があるんですが、そこで「自分は風呂が苦手なので入らない」と言う人がいて、お風呂が大好きな私はカルチャーショックを受けた記憶がある。パノラマ・ジオラマ・人工世界趣味はこの作品の影響。そしてなにより『悪魔人形』（前の版ではこう改題されていた）。

小学一年か二年の時、はとこの双子ちゃんの家に行った。木が鬱蒼と茂った中にある大きなお屋敷が双子ちゃんの家だった。そこには多分お兄さんの少年探偵団シリーズが揃っていて、私はみんなと遊ばないでそれを読み始めた。それが『悪魔人形』だった。生きたまま人形になろうとしているお姉さま。棺に入れられて送られてきたルミちゃんに生き写しの少女人形。西洋館の地下にある人工密林。

「ハハハ……、びっくりしているね。どうだ、わしが、たんせいこめてつくりあげた人形だよ。ルミちゃんは、この美しいおねえさまと、いつまでも遊んでいたいとは思わないかね。いや、それよりは、ルミちゃんもこんな人形になりたいとは思わないかね。ウフフフ……、わしは、生きた人間を人形にすることもできるのだよ……」

（江戸川乱歩『魔法人形』ポプラ社　一九九九・二）

私もそんな人形になりたかった。それで棺にしまい込むなり、ショーウィンドウに飾るなりしてほしかった。

でも腹話術の人形をつれたおじいさんは私のところには来ませんでした。

二〇〇二年一〇月二一日（月）
あなたが死んだらその灰で宝石を作ってピアスにしたい。
一枚いちまい服を脱いで、身に纏うものがなにもなくなっても、それでも私の躰であなたはきらきらと光り続ける。
遺灰でボーンチャイナは無理かもしれないけど、宝石は本当にできます。アメリカのライフジェム社で人体に含まれる炭素を人工ダイヤモンドにしてくれるそうです。夢のいくつかはかなうものなんだなあ。

二〇〇二年一〇月二六日（土）

想い人に競り落とされるのは結婚式から攫われるより嬉しいのではないかと思いながら眠りにつく。

ねえそうじゃない？　クトゥルーちゃん。

ホームズ、クリプキ、みんなそうじゃない？

注　ホームズ、クリプキはうちのテディベア。ホームズとは一二年、クリプキとは六年一緒に暮らしている。由来はそれぞれ下記の人々。
・シャーロック・ホームズ
(Sherlock Holmes,1854〜?)
探偵、養蜂家。主著『各種煙草の灰の識別について』、『養蜂実用ハンドブック〜付・女王蜂の分布に関する若干の見解』。
・ソール・クリプキ（Saul A.Kripke,1940〜?)
哲学者。主著『名指しと必然性』、『ウィトゲンシュタインのパラドックス』。

二〇〇二年一〇月二七日（日）

犀星はもちろん、あの『蜜のあはれ』という美しくも奇妙な題名の由来について、一言も語ってはいません。とはいえ、一尾の朱《あか》いさかなに托して知ったかぎりの女達をふりかえると『火の魚』にもあるとおり、あそこに溢れているものはほかでもない、わたしたちを愛しいと思って見守ってくれる男たちの、ほとんど神にも紛う、父のまなざしなのですね。そのまなざしの中でこそわたしたちは最ものびやかに、生き生きとふるまうことができる。

（矢川澄子「「蜜の文学」の成立」『「父の娘」たち　森茉莉とアナイス・ニン』新潮社　一九九七・七）

父の？　さあ。

しかし甘い蜜にみたされた午後は確かに存在し、私はうたたねするようにみもこころもゆだねきっていたのでした。私の頸を締め付ける指を微笑みで迎え、眠りの中にとろりと沈みこむように意識を失ったものでした。

死ぬことは眠ることに多分似ているのです。

きっとそれはあたたかい蜜に溶けていくことに似ていると信じています。

お風呂に入って、そしてベッドに入って眠る。

ここはとてもあたたかくって、しあわせです。

二〇〇二年一〇月二九日（火）
深き淵の底よりあなたを呼びます、主よ。
主よ、わたしの声を聞いて下さい。
わたしの嘆きの声に
耳を傾けて下さい。
（詩篇一三〇より）
Arvo Part "De Profundis" Hillier : Theatre of Voices : Harmonia Mundi 1996.

静謐さ。

それは音のあるなしには関わりがない。むしろ距離の感覚、あるいは深さの感覚。

音が届くことがないであろう広大な虚無を感じること。

この音楽の静謐さに沈みこんだまま私は動かずにいる。

囁きによって静寂がよりいっそう澄んで感じられるように、小さな焚き火によって夜の闇と寒さがよりいっそう深まるように、祈りの声はそれを聞き届ける者への距離を明らかにする。

夜が終わろうとする瞬間に時を止めようとそっと口から紡ぎ出す音階。

夜明けの風に髪を凍らせながら呟くように歌う声。

どこにも届かないで消えていくのだその歌はいつも。

そして朝がくる。

二〇〇二年一〇月三〇日（水）

深き淵より（De Profundis）のこと。

手持ちの二冊の聖書では共に詩篇一三〇となっているけど、公教会祈禱文では詩篇一二九となっている。

なんで数が合わないのでしょう。

私がもっとも好きなミュージシャンはDead Can Danceなのですが、そのアルバム“Spleen And Ideal”にも‘De Profundis（Out Of The Depths Of Sorrow）’という歌があります。

もし世界中に一枚しかCDを残せないとしたらDead Can Danceの“Aion”を選ぶ。ちなみにジャケットはボッシュの「快楽の園」部分。私もこんなお家に住みたいです。それともこれは乗り物なのかな?

二〇〇二年一〇月三一日（木）

そうか、それでわかりました。

あなたは児童文学を読んでいた子供だったんですね。だから信じるんだ。

児童文学を読んでいた子供は信じています。何かを。

世界には恐怖や危険や悪や絶望があるけれども、大切なもの、愛おしいもの、美しいもの、かけがえのないものが必ずあるということを。

その大切なものを、勇気や知恵や友情や愛で守ろうと決心したことがきっとあるはずです。

私も信じています。

守ってみせるから。

何をかな?

とりあえず「物語」と呼んでいますが。

「絶対にファンタージエンにいけない人間もいる。」コレアンダー氏はいった。「いけるけれども、そのまま向こうにいきっきりになってしまう人間もいる。それから、ファンタージエンにいって、またもどってくるものもいくらかいるんだな、きみのようにね。そして、そういう人たちが、両方の世界を健やかにするんだ。」

（ミヒャエル・エンデ『はてしない物語』佐藤真理子・上田真而子　岩波書店　一九八二・六）

だれかこの物語を読んでいる子はいますか？
あいにく返事は聞けないけど、そっちでもがんばってください。

二〇〇二年一一月一日（金）

神を探し求めるという表現をわたくしは好みませんし、間違った表現のように思われます。わたくしは若いときからこう考えて参りました。神の問題はこの世では材料のない問題で、この問題の誤った解決は一番悪いことと思われますが、それを避ける唯一の方法はこの問題をとりあげないことであると考えて来たのです。ですからわたくしは神の問題をとりあげませんでした。肯定も否定もいたしませんでした。この問題を解くことはわたくしには無益なことと思われました。というのは、この世にあるわたくしたちは、この世の問題に対して最善の態度をとるべきであって、その態度は神の問題の解決によるものではないと考えていたからでございます。

（シモーヌ・ヴェーユ「神を待ちのぞむ」『シモーヌ・ヴェーユ著作集4』渡辺秀　春秋社　一九九八・九）

六・四三二　世界がいかにあるか、ということは、より高次の存在にとっては、全くどうでもよいことだ。神は世界の中には顕われない。
六・四四　世界がいかにあるかが神秘なのではない。世界があるという、その事実が神秘なのだ。
六・五二　科学上のありとあらゆる問題に解決が与えられたとしてもなお、人生の問題はいささかも片付かないことをわれわれは感じている。もちろんそのとき、すでにいかなる問いも残っていない。まさにこれこそが解答なのだ。
六・五五二　いい表わせぬものが存在することは確かである。それはおのずと現われ出る。それは神秘である。
七　語りえぬものについては、沈黙しなければならない。
（L・ヴィトゲンシュタイン『論理哲学論考』酒井秀寿　法政大学出版局　一九六八・七）


神よ、私はあなたに呼びかけます。

私の声を聞き届けるのならばあなたは神ではない。

私の声が届くような存在は神ではない。

あなたに届かせようとする努力は私に到達可能な範囲を広げ、そして定義上私には到達できないあなたはますます遠ざかる。

神よ、私はあなたに呼びかけます。

不在の神に向かう不可能な祈りはどこにも届かないとしても、その向かう軌跡の先に、どうか、あなたがおられますように。

二〇〇二年一一月二日(土)

黒百合姉妹のlive「星の夜 vol.10　Stellae Decem」に行った。

青い光の中上昇していく声と過去に沈降していく私の意識。

私が黒百合姉妹を知ったのは一六歳の頃だ。

その頃私は生きているのがおそろしかった。

そして決心した。私は決して子供を産まない。

私が耐えかねている「生」を他の誰かに与えることなど決してしない。

私は高校生で未成年で被保護者だから今はしないけれど、大人になって自分で生計を立てるようになったら、卵管圧挫結紮手術を受けよう。

避妊だとか、ましてや掻爬といった場当たり的な手段では足りない。私が生を与える可能性を完全に消し去ろう。

私は、産む機能を持たない身体を得ようと思った。

このおそろしさは、私で終わりにする。

卵管圧挫結紮手術を受け、妊娠が不可能な身体になった後、私が考えを変えて子供をほしがることがあるかもしれない。今の気持ちは変わらないなどと思い上がりはしない。私は自分がどれほど変わりやすく、忘れやすい人間かを知っている。

だからこそだ。私は取り返しのつかない改変を自分の身体に加えようと思った。子供をほしがる未来の私を私は決して許さない。未来の私が今の私を裏切ろうとするのならば、思い知るがいい、私は決してあなたを許さない。

子供をほしがる未来の私よ、あなたは忘れたのか。

この世界がどれほどおそろしかったのかを忘れたのか。

このおそろしさをあなたの子に味わせようというのか。

あなたは悔やむだろう。今の私を恨むだろう。これほど大きな不可逆的な決定が既に下されていることに苦しむだろう。

苦しめばいい。この恐怖を味わう可能性を産み出そうとする私など苦しみ嘆けばいい。

子供を産もうとする私よ、あなたはあらかじめ罰されている。

九年後の今、私は卵管圧挫結紮手術をまだ受けていない。

私はまだ不可逆的に身体を改変してはいない。

ごめんなさい。

でもまだ忘れていないから。

二〇〇二年一一月三日（日）
Terri Weifenbach の写真集 "Lana" を買った。
ものごころのつきはじめた頃。
いろとりどりの光の揺らめきでしかなかった世界を分節しはじめた頃。
その頃見ていた景色はこんな感じではなかったか。
ちくちくする芝生の上をブランコに向かって歩く（まだ上手く歩けなかった）。
手をさしのべる母を見上げれば、その後ろには真っ青な空間が広がっていた。
はじめて空を見た頃。
はじめて水面に映る秋桜の影を見た頃。
その頃の景色はこんな感じではなかったか。
私は小さく、世界は広く広く、そしてそれはひたすら輝かしかった。

二〇〇二年一一月五日（火）

アレクサンドリアのカタリナ、あなたは真理を知り、そのために生き、そのために死にました。

皇帝が帝国全土から集めた五〇人の最高の学者と皇妃を論破し、全員を改宗させました。

あなたは神を信じていましたね。

私は、神を信じてはいけないと思うのです。私に信仰可能な神は信ずるべき神ではないはずです。

カタリナ、教えてください、あなたは神を知ったのですか?

あなたの信仰はいかにして可能だったのですか?

私は知りたい。

信じたいのではないのです。

信じて楽になりたいのではないのです。

私は知りたい。

神について、世界について、世界の外について、語り手について、物語について、読み手について、知りたい。

信じたいのではないのです。知りたいのです。届きたいのです。届けたいのです。

カタリナ、あなたは知ったのですね。

哲学者と少女の守護聖人であるあなたは、智と共に生き、真理のために死んだ。

私の生もどうかそのようなものでありますように。アレクサンドリアの聖カタリナ(CATHERINE of Alexandria)。

四世紀の王家の娘で、学識と気高さと美しさとで知られた。一八歳の時、キリスト教を憎悪した皇帝マクセンティウスを説得しようと一人で立ち向かい、皇帝の差し向けた五〇人の博士を論破し改宗させた。皇帝は美しいカタリナを得ようと二番目の后になるよう誘うが、カタリナは拒否し、皇后を改宗させてしまう。激怒した皇帝は鋸と釘を打ち並べた車輪による車裂きの拷問を課すが、車輪は砕け散る。最後に斬首されて殉教。

二〇〇二年一一月六日(水)

私はフェミニストでありかつマゾヒストである。

フェアネスを求める私が、残酷さを愛するということ、この事態は許容されうるのか、私はそれをどう受け止めればいいのか、これは私にとって重要な問題である。

女性を抑圧し支配し利用する言説と制度に反対しながら、責め苛まれ所有され支配され犯され嬲《なぶ》られ殺される女性の状態を愛することは、許されるのだろうか。

高原英理(『少女領域』)=秋里光彦(『闇の司』)氏は、一一月四日の「もの語りの夕べ～民話からモダンホラーまで」においてこの問題について触れ、「論理によらない説得力を韻文と言う」と語った。

ここで言う韻文とは狭義のそれではない。意匠を凝らした、美的な、文体自体が力を持つ文章のことである。

書かれている文章の意味に対して反対していても、美しさによって説得されてしまうことがあると氏は言った。しかし、それだけでは納得できないとも。

私は、「責め苛まれ所有され支配され犯され嬲られ殺されているこの女性は私だ」と自らの身に引き受けて読むことで、この問題を解決しようとしてきた。責められているのは私だ。苦しみを受けるのは私だ。私は他人の苦しみをよろこんでいるのではない、自分の苦しみをよろこんでいるのだ。

しかしこれが小手先の解決法に過ぎないことははっきりとわかっている。

マゾヒズムとフェミニズム。どちらも私にとって真正の性向である。しかし、常にどこかでそれらが拮抗しているのを感じるのだ。

二〇〇二年一一月七日（木）

主よ、われは信ず、されどさらに固く信ぜしめ給え。主よ、われは望む、されどさらに安心もて望ましめ給え。主よ、われは愛す、されどさらに熱く愛せしめ給え。主よ、われは痛悔す、されどさらに深く悔ましめ給え。

ああ天主、われはわが思いを、主を思わんがために、わが言葉を、主を語らんがために、わが行いを、御旨を行わんがために、わが苦しみを、主と共に苦しまんがために、主に献げ奉る。

主が欲し給うことは、欲し給うが故に、欲し給う如く、欲し給うかぎり、われも欲し奉る。

（「公教会祈禱文　救霊に係わるすべての恵みを求むる祈」より）

あなたを愛しています。

あなたを愛しています。

あなたを愛しています。
だけど多分私が呼びかけているのはもうあなたではない。

二〇〇二年一一月八日（金）
〈記憶〉
骨くらい折っていいのにその指で本の頁を捲る手つきで
蛇口から口移し知る君の位置都市にはびこる銀の神経
願はくばあなたが蛇口捻る時金魚となりて零れ出でたし
あの人が住む方《かた》より吹く風なれば風吹くだけで腫れる唇
墨田区に入った（今の信号で）ひとりだけ知る墨田区の人
成層圏硝子床ごし見える距離「存在しない者を愛せよ」
目閉づれど匂う重力加速度の向かふる先へおちてゆけわれ
〈日々〉
八度二分　アスファルト面下を泳ぐ大鮫の影浮上見つめる
右目から月までの距離を求めよミクロン以下は切り捨てとする
一片のスライドガラス舌にのせぱりりと砕きて夏をはじめむ
唇を離し尋ねるティーカップお前は誰の骨だったの
三度《みたび》目の治療を終えた初夏の夜第二臼歯が電波を拾う

金属を詰めた歯で聴くラジオから歌が流れる間は音痴
〈クトゥルーちゃん〉
触手持つ汝と我と交はりて沈むは冥きわたつみの夢

二〇〇二年一一月一〇日（日）

夢の話。

目が覚めたら、私は全身不随になっていた。

まぶたを開けることができず、指一本動かすこともできない。

何も聞こえない、匂いもわからない。

身体のパーツが揃っているのかも定かではない。

パニックのために私は叫ぼうとした。

でも、声も出なかった。

恐怖の内圧は高まり、身体は暴れることでそれを発散しようとしたが、ぴくりとも動かなかった。

私はパニックに陥っている。今パニックに陥っている。

私は植物人間だと思われているかもしれない。

意志の疎通がまったくできないこの肉体の中で私が意志していることを誰も知らないのかもしれない。

私は動けないがそれでも意志している。

どうか聞いて下さい、誰か聞いて下さい、私は聞いてほしい。

何かを呼びかけたいのではなくて、呼びかけたい。

意味を伝えるための呼びかけではなくて、それ自体が目的である呼びかけを。

私はここにいる。ここにいる。外界を一切感じることができないまま、外界に意志を伝えることができないまま。

私は気付く（何で気が付いたかよくわからないが、夢の中だから）。

私は念じることによってモニター上に文章を書けるようだ（頭に何か繋いであるのかな？）。

家族や看護師さんやお医者さんに対してメッセージを伝えるためにあるんだろうなと私は思った。単に呼びかけるために呼びかけることはおそらく医療行為の妨げになる（と夢の中では思った）。

それでも、私は呼びかけはじめた。

二〇〇二年一一月一一日（月）
津原泰水「玄い森の底から」、「夜のジャミラ」、「脛骨」、「天使解体」、「約束」。
今ふかく吸い込む息と共に私の血管を巡る言葉。指先がどくどくと脈打つ、身体の芯から先端まで届いて私に混ざる物語。まばたきで起こる風も心音も言葉になるほどに物語を飲み込め私のからだ。

この世界のこの私ではなかった無数の私たち、聞いて。

私が読んだ。

この物語が届いたのは私のところだった。

合わせ鏡に映る私どこまでも連なるの視野の限りその一人一人聞いて。

私が読んだ。

私に届いた。

あなた達の分、私が読む。あなた達の代わりに。

机に向かう私の周りにはもう音はないのです。違う、ないわけではないの。遠い耳鳴り。

頁を捲る指白い。爪の先まで届けこの言葉たち。

私が存在したこの世界にこの物語が存在し、そしてそれらは出会った。

存在するのは捲られる頁と読みとる私。

ではなくて、物語の生成。世界がはじまるように。

二〇〇二年一一月一四日（木）
東銀座を歩いていて歩道に出ている画廊の看板が目にとまった。そこに貼られた一枚の日本画に引き寄せられて私は階段を昇る。「ギャラリー毛利　清野圭一展　時・風・流・花」の会場へと。

屏風画だ。

黒い月は大きく、萩がしな垂れている。月と萩は左半分をほとんどふさいでいる。右半分には何もない。ただ下に小さく桔梗が咲いている。月と桔梗との間の空白。

淡い淡い爪の色で塗られたその空虚の存在。むしろ非在。

この非在をいつまでも見ていたい。黒い月と桔梗の間の空虚を。

息をつめて見つめる。視線が届く限り、その一枚の絵の中の空間を貫くように。

小学生の時なぜか夜家族で城跡に行った。

街灯の明かりを受けた玉砂利は冴え冴えとして、そこに落ちる影をくっきりと際立たせる。私は光る石が敷き詰められた夜の古城址に落ちる自分の影を見下ろしながら歩いた。

黒い大きな影に自分が飲み込まれてしまうまで。

影を落とすものを見上げた。高い高い（そうそれは過剰に高いのだった。だから、だれもその上に気が付かない）石碑の上の、大鷲の像を。

見上げる私の目と大鷲との距離。

冬の夜は寒く、空気は凍てつき、そこにはなにも無かった。

私の目と、誰も顧みることのない大鷲の像とを結ぶ直線を横切るものはなにもなく、その距離は厳然とし、その空間はからっぽで、ただ私の視線が突き抜けるばかりだった。

中学校の校庭。もう運動部の練習は終わっていて、私はグラウンドの真ん中をつっきって歩いている。もう月が出ていた。宵の月。

私は今地球という惑星に立っている。私が立っているこの点において、私は誰よりも月の近くにいる。

月と私との距離。私の足は地球に着き、私の周りを大気がそして宇宙が包み、そして私と月を両端とする直線が存在する。その直線が突き抜ける空間。距離を意識する。空間を。

今私がいるこの部屋、私を囲む半径数メートルの生活空間ではなくて、ここからは見えない誰かへの距離を。まだ見ぬ惑星への距離を。私を包む無限の広がりを。今も空虚を貫いている直線を。

二〇〇二年一一月一五日（金）

会社で取れかけたボタンを縫いつけていたら「珍しいね。二階堂さんソーイングセット持ち歩いてるんだ」と言われた。

持ち歩いていますとも。少年探偵団の七つ道具のように、ポケットの中の活字や方位磁針のように、私のバッグにはソーイングセットも香水瓶も入っている。

一九七二年にアンデス山中に飛行機が墜落した時、生存者の中に医者は一人もいなかった。一番医者に近いのは、医学部一年の学生だった。何も専門技術など持っていない。そもそも治療の道具などない。そんな彼に後ろから友達が声をかけた。

「おい、俺こんなになっちゃったよ。大丈夫かな？」

振り向くと、友達のおなかには鉄の棒が突き刺さっていた。

医学部一年生は言った。

「なに言ってんだ。そんなの抜けば大丈夫だ。」

抜いたら腸が出てきたので慌てて穴から中に入れたけど、手術の道具なんてあるわけがない。そんな時一人の女性が声をかけた。

「私、ソーイングセット持ってます。」

他の女性は香水を持っていた。

香水で消毒した縫い針と縫い糸でお腹を縫って、彼は一命をとりとめました。

（この事件に関してはP・P・リード『生存者　アンデス山中の70日』というノンフィクションが出ています）。

大丈夫、あなたのおなかに鉄の棒が突き刺さって抜いたら腸が出てきても、私の香水で消毒してソーイングセットを取り出して縫ってあげる。黒と白と赤と青と水色と緑と黄色とピンクの糸があるけど、何色がいいですか？

二〇〇二年一一月一七日（日）その一
メガネウラ（羽を広げると六〇センチにもなった石炭紀のトンボ）の復元模型の前で私は言う。
「ほらこれがメガニューラ。メガヌロン、メガギラスと三段変化してゴジラと戦うんだよ。あっちがイクチオステガ、最初に地上に上がったすごい生き物。」

科学博物館は大好きだ。実物大（三〇メートル）のシロナガスクジラも。

ぎざぎざ模様の円錐の殻持つオルトセラスは触手を深海に漂わせ、ティロサウルスは身をくねらせて浅い海を巡る。

空を舞って、クェツァルコアトルス。翼を拡げると一二メートルあった最大級の翼竜。

名前を呼ぶよ。六メートルのナマケモノ、メガテリウム。七メートルのアルマジロ、ドエティクルス。史上最大の陸生哺乳類、八メートルのサイ、インドリコテリウム。

消えてしまった大きな生き物たち、あなたの骨を私は見上げる。

二〇〇二年一一月一七日（日）その二
私が一番好きな博物館はフィレンツェのMUSEO LA SPECOLAだ。日本では解剖学博物館と呼ばれ、一八世紀に作られた精巧な蠟細工による一五〇〇点以上の人体模型（特に「解体されたヴィーナス」）で知られているが、ここは実際は動物学博物館である。広い館内の内二三部屋が数千点はある生物の剝製で占められ、一〇部屋が人体模型展示室となっている。
LA SPECOLAはフィレンツェ大学動植物学科のキャンパス内にあり、観光客の姿はまったく見えなかった。平日の昼間だったということもあってか、現地の人々の姿もなかった。

ピンで留められたマイマイカブリ、イッカク、オオジャコガイ、エイ、ワニ、アナコンダ、モグラ、ヤモリ、アルマジロ、キリン、コンドル、ゾウアザラシ。中身を抜かれ加工された数千点の死骸。もう決して動かない奇妙な形の死骸が入った沢山のガラスケースの間を私は歩く、次の部屋も、また次の部屋も、生きているものは誰もいない。コツコツと靴音を響かせて死骸の間を歩く一人の生者。

LA SPECOLA を宇宙人が接収したら、地球上の生物の形態をよく知ることができるだろう。一〇部屋分の人体模型によって、宇宙人達は人間の構造をくまなく知ることができる。骨格、軟骨、神経、血管、リンパ腺、筋肉、脂肪、皮膚がどのように付いているのかを。

そして、私、一体だけの生きた標本。

霊長類ヒト科、♀、二二歳、体長一六三センチ。

ノアの箱船みたい。クラーク『幼年期の終り』みたい。

さあ、これらの標本で、太陽系第三惑星の生命圏を再現してみて。

二〇〇二年一一月二一日（木）その一

三歳か四歳の頃、私には指しゃぶりの癖があった。左手の人差し指と中指をくわえてちゅーちゅー吸う。その時右手で何かやわらかい手ざわりのものをなでるとさらに落ち着いた。何度も洗濯してくたくたになったコットンのブラウスとか。

その頃私は世紀の大発見をしていた。

なんと、声を出さなくても本を読むことができるのだ。

音を媒介しなくても、本に書いてある字を目で見るだけで、その意味がわかる。

それまで言葉は音そのものだったので、それらが分離しうるということには本当にめんくらった。色のない物があるとか、匂いに触るとか、そんな種類の信じられなさを覚えた。

しかも、目で言葉を読むと、ものすごく速く本が読めるのだ。

私はこの発見に夢中になり、むさぼるように本を読んだ。段ボール箱の中か簞笥の横の隙間にもぐりこんで、本の上にかがみ込んで、無我夢中で目で活字を吸い取った。指をちゅーちゅーしゃぶりながら。

あんまり夢中になって本を読み、指を吸ったものだから、私の左手の人差し指と中指はすこし平たくなってしまい、心配した親によって指しゃぶりは禁止されることになる。

だってもうすぐ幼稚園に入るお姉さんだしね。

二〇〇二年一一月二一日（木）その二
足元にすわりこんで、小さくなって私は見上げる。
そのあたりの手触りはとてもやわらかですべすべしていてなんだかうっとりと懐かしくせつなくなるのだった。ああそれにこの部屋は本の匂いがします。

はるか頭上から声がふってきて、その声はなんだかからかうようなのだけど、でも私は本当にしあわせなおさないころのような気持ちになっているので離したくなくて口の中に入れたままうんうんとうなずく。そうするとよしよしと頭をなでてもらえてうれしいうれしい指しゃぶりは怒られたけどこれはほめてもらえるだから私は一生懸命になってしまいそうすると大きな手が髪をなでその手に力が入り喉の奥までいっぱいにふさいでくれるので私はよろこびのあまり泣きそうになるのだった。

私はどんどん小さく幼いころにかえっていきなにもわからなくなる。内側からとけていく私のからだはきっとうすいうすい膜に包まれたあたたかいとろりとした液体のかたまり。だから揺すられるだけであちこちから液体があふれるのです。力が入らなくて支えられない首ががくがくと揺れるたびに私の頰をつたってぽたぽたこぼれ落ちる液体。私をかたちづくる膜、私と外界を隔てる膜はどんどん薄くなっていく。私は今とても弱く何も考えられず自分を守るすべを知らずただ意味のない泣き声をあげるしかない存在なのできっと簡単に壊してしまうことができるでしょう。

うれしいうれしいこのままとけて流れて消えていくのきっとだからやめないでくださいこのままぜんぶなくなるまでどうかお願いです。どうか。

二〇〇二年一一月二四日（日）

小林健二展「科学少年の青色」に行った。

梯子《はしご》を上がった小さなロフトに「PSYRADIOX（Type c）」があり、その両脇の小部屋にそれぞれ「銀変性　AGULOPAYA」と、「In tune with infinite：Night and Saturn　無限への同調」がおいてある。小さなスペースに一人きりで籠もって作品と向き合うことができるのだ。画廊にきてこんなふうにどきどきわくわくしたのは初めてかもしれない。

私の手の中で「PSYRADIOX（Type c）」のチューニングが合った瞬間の嬉しさときたら。幼稚園から小学生にかけて生きていた世界は間違いなく今よりずっと呪物的なところだった。

私は神人たちが作りだす伝説と、魔法の道具とに囲まれていた。

通学路でひろったすべすべの小石（引き延ばした雨だれのような形をしている）はただの石などではなく、世界から私へ向けられた暗号だったし、虫眼鏡は単なる柄のついた凸レンズなどではなかった。

ましてやラジオは。

初めてトランジスタラジオを持ったとき、神秘的な音の箱が手の中にあるような気がした。実際に聞こえるのは歌謡曲やＤＪのおしゃべりであっても、可能的にはその箱が受け取るのは遠く見果てぬどこかからの呼びかけなのだ。

その頃ラジオは、今私の目に見えるものとは違って見えた。もっと科学と魔法と未知の世界の気配をただよわせていた。

そう、私がその時手の中に見ていたのはたとえばPSYRADIOXのようなものだったのだ。

二〇〇二年一一月二五日(月)

ひどい熱を出して、会社を休んで一日中眠っていた。

切れ切れに夢を見る。

夢の中で、私は趣ある和室に一人寝かされている。いつもとは違う綿の布団がずっしりと重い。

そこに一人の老いた男性が入ってくる。

老人は私の夜着をはだけると、用意の筆を濡らして私の身体をなぞる。

夢の中の私は発熱していないのでひんやりとかんじるだけだ。

「これはなんですか。」

私が尋ねると、老人はひっそりとわらって言う。

「ただの水だよ。」

老人は布団の隣に大きな画帳を拡げる。私の胴体がすっぽり入ってしまうくらいの大きな画帳だ。無造作に開かれたその一頁の上に私は俯《うつぶ》せに横たわる。

「そう、じっとして。……もういいだろう。」

老人は私の身体を丁寧に拭って、夜着を着せかけ、布団をきちんと整えてくれる。

その間に乾いた頁は何も書かずに閉じてしまう。

「それでは、もう使った頁かどうかがわからないのではありませんか。わたくしがうつしとられた頁も既に誰かがうつしとられているのかもしれませんし、あるいはただ一頁だけにすべての女性がうつしとられているのかもしれません。」
襖に手をかけていた老人はゆっくりと振り向き、言う。
「それでいいのだよ。私にとってこの画帳のすべての頁はすべての女人をうつしとったものなのだ。」

二〇〇二年一一月二六日（火）
病院で名前を呼ばれて診察室に向かう途中、かくんとおもしろいように力が抜けて膝から落ちた。診察室までもうちょっとだったので看護婦さんがつるつる引きずってくれた。
（そうかそのためにこの廊下はこんなに磨いてあるのか）と感心した。
安西冬衛の詩が読みたい。それなのに今この家には昔書き写した詩が数編あるきりだ。足りません、安西冬衛の詩が全然足りません。

迷宮　　安西冬衛

大学の寄生虫学教室へ論文——寄生虫卵殊《こと》に蛔虫卵に於ける湿熱及び調味料に対する抵抗に就いてといふ論文の確定実験に初めて行つた時、彼女は帰りの出口を見失つて、地階から地下室への階段を半ば下りかけた。

「そつちへ行つてもなんにもありませんよ」

幽市《ネクロポリス》から吹いてくる黴《か》びた氈《かも》のやうな臭が天井に木霊《こだま》して、嗄れ声を堕してきた。

「屍体室ですよ……」

（安西冬衛「迷宮」『日本の詩歌 25 北川冬彦・安西冬衛・北園克衛・春山行夫・竹中郁』中央公論社 一九六九・一二）

＊

この話をして呉れたお嬢さんは、「大学つてそんなところよ」といつて、悲しげに笑つた。

二〇〇二年一一月二八日（木）その一

体調と夢は深く関係している。例えば私は睡眠不足状態で眠ると夢の中では眩しくて目があけられなくなる。

具合が悪いときは夢の中で電話がかけられない。どんなに慎重に確認しながら数字を押してもディスプレイに表示されるのは違った番号で、そして違う人が出る。いつもそうだ。

会社に電話したら一回でちゃんとかかった。

だから、これは夢ではない。

あるいは、眠っているうちに風邪は治り、私は健やかな状態でひどい風邪をひいている夢を見ている。

二〇〇二年一一月二八日（木）その二

「まったくそうだなあ、ぼくのように寺町に住んで、朝から空気が鐘楽の波にふるえているようなところに暮らしていると、病気のときなどは朝晩の鐘の音が解放の叫びのように待ち遠しく思われるからね。殊に夜のほのぼのあけには、こう優しく身体を揺すってもらうような、幼いころの愛撫につつまれているような、なんともいえない気持になるね。ちょうど水のようにさわやかな繃帯をまかれた気持だ。それで、丈夫に働いている人たちが、病んでいるもののために、したがって、ぼくのためにも、祈っていてくれるという確信が湧いてきて、孤独感がうすらぐ思いがしたものだ」

（J - K・ユイスマンス『彼方』田辺貞之助　創元推理文庫　一九七五・二）

一九世紀末のフランスでは、デュルタルのような人でさえもそのような信頼感や一体感を見知らぬ信徒たちに持っていたかと思うと状況の違いに驚く。私は仏教寺院の鐘の音も聞こえないところで暮らしてきたので、そのような思いはしたことがない。すこし近いと思ったのは、鴉の鳴き声。

布団の中で鴉の声を聞くと、私が眠ろうとしている世界にはまだ起きているものがいると安心する。

二〇〇二年一一月二八日（木）その三

薬を飲むべくまず胃に林檎を入れつつとあるアンケートを書いていたら、「毎号買うと決めている雑誌は？」という質問があった。内容で買うことにしているのでなし、と書こうとして、思いあたった。一冊ある。

私は仮想愛玩用人造美人専門誌 i-doloid を毎号買っています。「ラブドールと行く廃線探訪」なんて記事が読める雑誌はこれしかないもん！　文芸・美術系雑誌と違って、なくなってから探すの大変そうだし。でももっと人形記事増やしてほしいな。美少女エロＣＧなんて他の雑誌でも見られるでしょう？

（ラブドールから創作人形まで、性器から観念まで扱って下さいとは言いません）。ちなみに私はオリエント工業のキャンディガールの写真集『LOVER'S DNA』も持っているのだ。あと、リアルドールのメイキングビデオもね。

等身大人形の魅力はなんだろう。

ラブドールは基本的にものすごく可愛らしく媚びた造形だけど、それでもやっぱり存在感を主張する。人の大きさとかたちを見ると多分人は多くの場合それにふさわしい魂を読み込んでしまう。等身大人形には「魂に対する態度」喚起力がある。

ここからは取りあえず創作人形に限定すると、人間にはその人が生きてきたであろう歴史が感じられるように、人形にはその人形が本来存在していたであろう世界が感じられる。人形に魂のようなものを感じたとき、その人形は異世界の気配を周囲に召喚するのだ。

この人が生きるのにふさわしい世界はここではないと思わせる人、その本来の世界の気配を漂わせている人に一人だけあったことがある。それは雪雪さんです。

二〇〇二年一一月二九日（金）

寝込んでいるうちに食べ物がなくなったので弟に買い出しに行ってもらう。その間に小さいときから大好きな絵本『くいしんぼうのあおむしくん』を読んだ。入れ子になった世界という観念への偏愛はこの本によって芽吹いたのだと思う。

なんでも食べるくいしんぼうのあおむしくんが、まさおの両親を食べ、まさおの町を食べ、まさおを連れて旅にでます。都市を食べ、大陸を食べ、大海を飲み、そして「もうなんにも　ありません。」

ひとりぼっちになったまさおはあおむしくんを責め、あおむしくんは「なみだを　ためて」まさおを食べてしまいます。

　きがつくと、まさおは　まちの　はずれに、ひっくりかえっていました。

まさおが　すんでいた　まちです。ようちえんも　こうえんも　ありました。
せんせいも　ともだちも　いました。まさおの　うちには、ぱぱと　ままが　ちゃん
と　いました。まちも　こうじょうも　みんな　あおむしくんの　おなかのなかに　は
いっていたのです。
だから　そらは　あおく　あおく　すきとおった　あおむしくんの　おなかのなかの
いろでした。

（楨ひろし作　前川欣三画『くいしんぼうのあおむしくん』福音館書店　一九七五・一〇）

あおむしくんはなきむしでおなかがすくとだめなんだよ。その口調がかわいくて私はおなかがすくとよくあおむしくんのまねをしてます。「おなかが　すいたよう。しにそうだよう」とか。「ぼく　おなかが　すくと　ほんとうに　だめなの」、「ぼく　もう　ぜったい　まちなんか　たべない」とべそをかくとことか。
福音館の絵本には英文タイトルがついてるんですけど、この絵本は“Masao and the sky blue worm which eats all things in the universe”となっています。すごくいいタイトルだと思う。

二〇〇二年一一月三〇日（土）

「あなたの中に、大きな欠落と同時に、つまり、それ故に、はげしい渇きがある。欠落を何かで満たしたいという、その渇きを、大事になさい。一直線の線のように、渇きをずっと遠く、眼に見えないところまで、伸してごらんなさい。あなたの渇きの彼方に、神というものを置いてみるのです。渇きの無限の延長線上に、神の存在があるのです。おわかりでしょう。渇きを満たすのは、神だけであり、あなたが渇望するからこそ、神というものは存在するのです」

（高橋たか子『没落風景』新潮文庫　S55・2）

欠落から一直線に彼方に向かう「求め」。高橋たか子は充たされたかったのだろう。しかしその「求め」自身は充たされることを求めてはいなかったのではないか。充たされることなくどこまでも彼方へ向かうはずだった「求め」たち。

高橋たか子が、自分が求めていたものとして「イエス・キリスト」と出会ったとき、尋《と》めゆく者が一人失われた。

そして神がみはいった。「つぎに、尋《と》めゆく者を創ることにしよう。いくら尋《と》めゆくとも、神がみの創造にかかわる秘密をついに解きあかせずにほろんでしまう者を」（中略）

人間は大空を仰ぎ見るときに、自分以外にも尋《と》めゆく者があり、自分とおなじようにむなしい探索をつづけている者がある、ということを知る。

（ロード・ダンセイニ「世界を創ること」『ペガーナの神々』荒俣宏　早川文庫　S54・3）

二〇〇二年一二月一日（日）

「昔、クラスメートの上に立ち、スターでもあった彼は、口でこそいろんなことをいっていても、今の境遇に満足しているわけがない。欲求不満におちいっていたところへ、彼を認め、彼に献身的につくすように見えるセクソイド・ロボットなるものがあらわれた。そこでは彼は支配者で、王者だからね。逃避には違いないが、彼にはどうしようもないことだろうな」

（中略）「でも、そんなことを続けていたら、いつまでたっても成熟した人間にはなれないはずよ。女というものを、自我を満足させるためのものとしか考えないで年をとって行くだけ……いつまでたっても、一人前のおとなにはなれないじゃないの」

（眉村卓『わがセクソイド』立風書房　一九六九・六）

（自分がちゃんと認められていない）つまらない日常から、夢の世界へと連れだしてくれる少女（という名の自我充塡用妄想）を求める人が沢山いるけれど、大抵一面的にしか少女を見ていない。少女が期待通りじゃなかったらどうするの？　少女に飽きたらどうするの？

ブルトン「ナジャ」などなど、そのような話はたくさんあるけれど、主人公が飽きてもてあます頃になるとみんな発狂したり自殺したりして消えてくれるんだよね。みもこころもあなたのものになろうという女の子に対してそれでも飽きるということは現実にはいくらでもあるわけで、それでも大抵その女の子は発狂も自殺も失踪もしない。その時あなたはどうするの？　と思うのです。妄想が現実化したとき、それをきちんと扱うことができるのか知りたいのです。

その回答の一つがこれ（＊1）かと。これは、ファンタスティックのティナという1／1フィギュアが書いた日記という設定で、その所有者の男性が書いた文章です。ちなみに私は、ラブドール及び1／1フィギュアの中ではオリエント工業のアリスが一番好きです。

＊1　http://web.parknet.co.jp/neg/tina.html（二〇〇六年一月現在）

二〇〇二年一二月二日（月）

実家にいたころは冬になると天体望遠鏡をかついで出かけ、一人で月を見た。つまみをまわす、まわす、ぼんやりした月がふいに焦点を合わせ、そしてくっきりと浮かび上がる。でもそれは指先のほんの少しの動きでまたぼやけ、そして見えなくなる。私は、たまたま見ることができたその美しい景色を、いつまでも見続けられないことを知っていました。ほんのすこし、どこかがずれてしまえばすぐに失われる景色を。だから私はその景色を見ていたときずっと息をつめていたのです。息をしただけで消えてしまいそうで、おそろしくて。美しく希少な一秒一秒が身を切られるようにくるしかった。

突然あなたが望遠鏡を渡し、覗いてごらんと言った。そのとき見えたありえないほど美しい夜空を見続けることはできないとわかった時、そしてこれから何度夜空を見上げようと決して見ることができないとわかった時、どうすることができただろう。

もうあの夜空を見ていなかったころには戻れない。もうあの夜空を見ることはできない。でも、それはとても美しかったのです。今でも夢に見るほど。

二〇〇二年一二月三日（火）

今日は神保町で「るしおる　四八号」と「別冊宝島　僕たちの好きなガンダム　TV版『機動戦士ガンダム』全エピソード解析」を買いました。弟から本も沢山借りました。

ガンダム復習週間なのです。

ガンダム好きと言うわけでもなく初代しか知らない私がそんなことをはじめたのには理由があります。女子のためのプラモデルワークショップに参加するのです。

これは「女子（高校生以上。いわゆるそこそこ大人の女子）が集まってガンダムのプラモを作る。お茶を飲んだりおやつを食べる時間もいれつつ、女子業のひとつとしてプラモ作りをたしなむという企画。プラモ作りで得た技をネイルアートに応用しておしゃれも楽しんでしまおうという欲張り企画」です。ああ、うきうきしちゃう。そういえば最近女子な会話（コスメとか、お洋服とか、かわいい雑貨とか）をしていなかった私は、奮起しました。おしゃれしてガンプラ作ります。そしてシャア専用ザクのネイルを伝授していただきます。海老沢玉希さんという方が作られたジオンペディキュアはさっそく真似したいです。左足の親指の爪だけとか、さりげなく（私はマニキュアはほとんどしませんがペディキュアは常時しています。いつでも素足になれるよ）。

プラモデルを自分で造ろうとはあまり思わなかった私ですが、そうですね、コスメで培った技術が発揮できるわけですね。下睫毛の内側（目の縁）にインサイドラインを引いたり、睫毛の一本一本の先にラメを一粒ずつ付けたりできるんだもの、プラモだってこわくない！　ネイル用のラインストーンやシールも持っていこうっと！

ビグ・ザム（ラインストーンつき）を作ろうかと思うのですがいかに。

二〇〇二年一二月五日（木）その一

六歳の頃私が考えていたこと。あるいは責任について。

「人間性」とは感情移入される能力のことであり、感情移入「する」能力ではない。ほとんどすべてのヒト（ホモサピエンス）が人間であるのは多くの人々に感情移入されているからである。ヒトであるだけでまずヒトは感情移入され、人間となる。

しかし、人間はヒトに限られるわけではない。感情移入されれば人間になるのだから、ぬいぐるみだって人間でありうるのである。

そう、ピエロちゃんは人間だった。私が人間にしたのである。「した」と言う言い方は傲慢だ。言い換えると、ピエロちゃんは私にとって人間として存在していた。

上に書いたようなことを私は小学校一年生ながら理解していて、すさまじい責任を感じていた。なぜなら、ピエロちゃんに感情移入しているのは世界でおそらく私一人だったからだ。ピエロちゃんが人間であるかどうかは私一人にかかっていた。これは大きな責任である。ピエロちゃんに対する責任に比べると、この意味での責任を例えば生まれたばかりの弟に感じることはなかった。私一人弟に感情移入しなくたって世界中のおそらくすべての人間は彼を人間として扱うだろうから。

私がピエロちゃんが人間であることを忘れてしまったら、ピエロちゃんはきたない布切れで構成されたくたびれたピエロのぬいぐるみに過ぎなくなってしまう。それは人殺しだと私は思っていた。私がピエロちゃんをどこかに置き去りにしてしまったらピエロちゃんを見た人間は誰一人ピエロちゃんを人間だと思わないだろう。忘れもののぬいぐるみだと思って捨ててしまうかもしれない。

そして実際私はピエロちゃんを忘れ、ピエロちゃんはどこかにいってしまった。

ピエロちゃんはいつのまにか捨てられた。殺された。

違う。私が、ピエロちゃんを、殺した。

（私が子供を産まずペットを飼わないと決めている理由の一つは、私がピエロちゃんを殺した人間だからである）。

二〇〇二年一二月五日（木）その二

これと同種の責任を私は枝分かれし続ける世界にも感じていた。神はこの世界に責任を取るべきであると私は思っていた。また、お話の中の世界も世界であると。それではお話を作った人がその世界の神なのではないか。作者はお話に責任を持たなければならない。

その頃私はお話を書いていたから、その責任は重大だった。私が一文「戦があって沢山の人が死にました」と書いたら（そんなことは書いていないが）、その瞬間私は沢山の人を殺すのだ。

もしそうだとしたら、と私は考えた。お話は別にノートに書いた瞬間にお話になるわけではないのだから、お話を思いついただけで私は世界を作ってしまう。お話といってもいかにも架空のものでなくても、「今日晴れだったら」とか、（けんかして腹が立っているときに）「妹がひどい目にあったら」と考えるだけで世界は作られてしまう。確かにこの世界では妹はひどい目にあってはいないが、私が作った世界でひどい目にあっているのである。私が、ひどい目に合わせてしまうのである。ほんのちょっと考えただけで。

「飢饉に苦しむ子供たち」のことを考えただけで私は子供たちを飢饉に苦しませてしま

う。ちょっと思うだけで。「あんなこと思っちゃいけない」と意識するだけで、やっぱりあんなことを思ってしまう。

私は何も思わないことに没頭しようとしたができなかった。

枝分かれし続ける世界に責任をとることへの絶望をはっきり覚えたのは、ある年の劇場版ドラえもんを見たときのことだった。

『のび太の魔界大冒険』だった。その中で、しずかちゃんが敵のとりこになってしまう。これから生け贄にされるという時にのび太とドラえもんは「もしもボックス」を使う。「もしもこの世界がいつもの世界だったら！」ボックスから出てみると効果覿面、世界はいつもどおりである。空き地にはジャイアンがいるし、しずかちゃんはおふろに入っている。

「うまくいってよかった」と、のび太は言う。「……でも、ドラえもん、さっきとりこになっていたしずかちゃんはどうなったの？」

ドラえもんは言う「あれはパラレルワールドになっちゃったんだよ。あの世界はあのまま存在しつづける。この世界はこの世界で存在しつづける。もう関係ないんだよ」。しずかちゃんを見捨てるわけにはいかないのでのび太たちはまたさっきの世界に行く。

二〇〇二年一二月五日（木）その三
これが絶望的な事態でなくてなんだろう。確かに物語でしずかちゃんはめでたく助けられた（だが戻った世界は本当にさっきの世界だったのか？）。しかし、パラレルワールドは無数に存在しているのである。助けられなかったしずかちゃん、もっとひどい目にあうしずかちゃん、しずかちゃんの不幸は無数のヴァリアントを持ち、救われることのないまま殺されていく。

たとえ世界を越境しひとりのしずかちゃんを救い出すことができても、残りのしずかちゃんはみな見捨てられたままである（もちろん、幸せなしずかちゃんのいる世界もあるだろうが）。

今この瞬間にも幸せな私や不幸な私が無数に存在し、あるいは存在せず、ピエロちゃんは人間だったりただのぬいぐるみだったり、あるいは製造されもせずにいる。それを思うとき、私は畏怖を覚えた。

これから先私は何も思うことはできないだろう、とそのとき私は思った（すでに思っていたのだが）。私が思うことによって枝分かれしていく手の届かない世界をおそれて。そしてまた、私がどう思おうとあるいはなにも思わなくても私にはどうしようもなく枝分かれしていく世界をおそれて。

「私が」何かを「する」ことがどうしてできるだろう。私が何かをするということは単に可能性としてあげられる世界の無数のヴァリエーションの一つであり、それは最初から無数のなかの一つとして存在すべく存在しているのである。

私は責任を持ち自由に意志するように決定されている。

それに対して私になにができる？　何もしないと意志することすらすでに幾重にも矛盾していた。とてもこわかった。

（一九九九年一〇月二二日に雪雪さんと79さんに出した「責任」というメールに加筆修正）

私は今でもピエロちゃんの絵が描ける。今、試してみた。もし、ピエロちゃんがまだどこかに存在していたら、どんなに変わり果てた姿でも見つけてみせる。

二〇〇二年一二月七日（土）

こうして、われわれの前から永遠に消え去った人物はみずからが自己の内部に取り入れた対象であり、自己にとって良い対象でありながら二度と再びめぐり会えぬ失われた対象となっていく。これこそわれわれが常に摑もうともがきながら、摑みそこねる失われた対象としての対象ａの一つの現世的な姿だとはいえないだろうか。そこで逃れて失われてしまった対象とは外部の他者のようにみえて、その実、自己の内部に生み出された極めて内的な自己像だったということができるのである。

主体の消失がその補完物としての対象ａを誕生させたように、対象の喪失はそれをとおして欠けてしまった自己の姿を映し出す。この両者は合わせ鏡のようにその欠けた輪を重ねて、はじめにあったはずの主体の欠如を反復する。対象ａは失われたという資格で世界のどこにでも登場し、主体はこれら消え去った対象に橋渡しされることで、彼岸に投擲された十全なる存在と逆説的にその関係を保とうとする。ここでも失われたという事実が、ひるがえって、かつてたしかにそれが存在したという確証として対象aにアリバイを与え、それを無限の遠点へと先送りしている。

（福原泰平『ラカン　鏡像段階』講談社　現代思想の冒険者たち13　一九九八・二）

失われたそれは、失われたというまさにそのことによって特権化された（それの意図に反して）。それは、求めても得られないがゆえに、いつまでも求め続けることが可能な存在になった。たどり着くことの出来ないその名のもとに、過去形という形でしか存在できない、幻の「失われた楽園」が現在において創造される。失われたものは特権的ななにかではない。その価値は、「失われた」というその一点にあるのだ。明らかに。それはわかっている。

二〇〇二年一二月八日（日）
この景色を見ることはもう二度とないと思うと、あらゆるものに魔法がかかる。コンクリートの亀裂にたまった雨に揺れるバス停の灯り。コンビニエンスストアから溢れるまばゆい光。白線に含まれた反射性物質のきらめき。

溶けたマスカラで目の下が黒くなっても夜は暗いからわからない。雨が降っていて涙が流れていて光はみんなにじんでいる。この景色をもう見ることがないように西へ、西へ走ってください。朝に追いつかれないように、明日が来ないように、黒い涙が見られないように、暗い夜の国へ。小さな尊い光たちが灯る夜の国へ。

泣いているのは世界が美しいからです。

世界が美しいのは、失われるからです。

とても綺麗です。どうか、この一瞬にすべてが消えますように。

二〇〇二年一二月九日（月）
また朝に追いつかれた。

二〇〇二年一二月一三日（金）
青蟲はそらのもとにも青ければ澄むそらのもと焼きころすべし
（葛原妙子「葡萄木立」『葛原妙子歌集』国文社現代歌人文庫　一九八六・四）

　つぎのひの　あさ。
「あれえ！　ぼくは　どこで　ねてたんだろう」

すると、こやまのように　おおきくなった　あおむしくんが　いいました。

「あのねえ、ぼくが　みんな　たべちゃったの」

「えっ！　ぱぱや　ままは　どこ？」「あのう……やっぱり　ぼくが　たべちゃった。でも　まさおくんだけは　たべなかったよ。だって　ぼくたち　ともだちだもんね」

（槇ひろし作　前川欣三画『くいしんぼうのあおむしくん』福音館書店　一九七五・一〇）

「ごめんね、あおむしくん。このままじゃ、きみに　せかいを　たべつくされてしまうの。ごめんね。ごめんね」

「うん、わかったよ　おくばちゃん」

あおむしくんの　めから　なみだが　おちました。

「ちっちゃいときから　いっしょだったけど、もうおわかれだね。あおむしくん、だいすき」

わたしは、おおきな　おおきな　あおむしくんに　火をつけました。

「あつぃよーあつぃよー」

あおむしくんが　ないています。

「ごめんね　あおむしくん。わたしも　もえるから　ゆるしてね」

じぶんの　からだが　もえるのは　とてもふしぎなかんじでした。つめとかみのけがもえるときは　とくにへんなにおいがすると　おもいました。

「あついよーあついよー」
　あおむしくんの　おおつぶのなみだでも　もう　ひはきえません。あおむしくんと
わたしは　くっついて　もえていました。
　あおむしくんによりかかった　わたしのめに、あおむしくんと　おなじいろのそらが
うつりました。
「みてみて。あおむしくん」
「……そらが、もえてるね」

二〇〇二年一二月一五日（日）
われらが夢の中で体験することは、それをしばしばくりかえすかぎり、結局は「現実の」体験と同様に、われらの霊魂の全財産の一部分である。われらは夢によって、富みもし貧しくもなり、望みを増し減じ、ついには白昼にわれらの精神が醒めてもっとも明るい時にも、いくらかは夢の慣わしによって導かれる。
（ニーチェ『善悪の彼岸』新潮文庫　一九五四・五）
それにしても眠るたびに決まって目が覚めるのはなぜなのでしょう。夢の材料を探しに行くため？

二〇〇二年一二月一六日（月）
ファンタジー小説ファン度調査をやってみました。既読は三五一作品中一五三作品でした。ファンタジーにおける児童文学の存在は大きいですね。中でも特別中の特別な本を選んでみました。
・九年目の魔法／ダイアナ・ウィン・ジョーンズ
・「グリーン・ノウ」／ルーシー・ボストン
・ふくろう模様の皿／アラン・ガーナー
・見えない都市／イタロ・カルヴィーノ
・鏡の中の鏡／ミヒャエル・エンデ
・最後のユニコーン／ピーター・ビーグル
・サロメ／オスカー・ワイルド
・「ナルニア国ものがたり」／C・S・ルイス
・幻獣の書／タニス・リー
国内SFファン度調査をやってみました。既読は三〇〇作品中一四三作品でした。まったく納得がいきません。私はSFが好きなのです。でも読んでないのだわ。
この中では次の二つの作品が見られたのがうれしかったです。石黒達昌大好きです。
『グリフォンズ・ガーデン』（92）早瀬耕
『新化』（97）石黒達昌

二〇〇二年一二月一七日（火）その一

準備の期間には、魂はむなしく愛する。魂は何か現実のものが自分の愛に対応するかどうかを知らない。自分がそれを知っていると信じているかもしれないが、信ずるということは知ることではない。そういう信念はなんにもならない。魂はただ自分が飢えていることをたしかに知っているだけだ。大事なことは、魂が飢えの叫びをあげることだ。子供は多分パンがないことを聞かされても、叫びつづける。それでも叫ぶのだ。

危険なのは、パンがあるかないかを魂が疑うことではなく、いつわって自分が飢えていないと思いこむことだ。いつわりによってしかそう思いこむことはできない。魂が飢えているという現実は信念ではなくて、確実なことだからである。

（シモーヌ・ヴェーユ「神を待ちのぞむ」『シモーヌ・ヴェーユ著作集4』渡辺秀　春秋社　一九六七・一二）

私は愛しています。私は愛しています。あなたを、あなただけをひたすらに想わずにはいられません。私のすべての存在を、あなたに捧げます。私の日々に、私の思いに、私の行いに意義があるのなら、それはすべてあなたがいるからです。

でも、あなたが誰なのか、私にはわからないのです。あなたは人ではないかもしれません。書物かも、秘密かも、言葉かも、記憶かも、景色かもしれません。

私はあなたを探すことを何度もあきらめようとしたけれど、その度にあきらめ切れずまた目を覚まします。私が、あなたを求めつづけることを、断念せずにいられますように。

二〇〇二年一二月一七日（火）その二

おお　優しい死よ
私を痛みから救っておくれ
あなたの殴打は甘美
霊魂を自由にしてくれる
何と幸福か　私の愛するお方よ
あなたの側におられるなんて
あなたにお目にかかりたくて
私は死にたくてたまらない

私の霊魂はむなしく
あなたを探し　ああ　私の主よ
あなたはいつも見ることができない
あなたを慕う憧れはたまらなく
ああ　心燃やされ
叫ばずにいられない

あなたにお目にかかりたくて
私は死にたくてたまらない

主よ　お願いですから
この長い苦悶を消してください
あなたのはしためをお救いください
あなたを恋こがれております
これらの鉄鎖をこわし
幸福に
あなたにお目にかかりたくて
私は死にたくてたまらない

(アビラの聖女テレサ「詩7」部分『アビラの聖女テレサの詩』高橋テレサ　聖母の騎士社　一九九二・六)

私には二種の追究対象があり、それは共に「あなたを求める」という形で表現できる。そして、どちらにおいても求めの声は大きく止みがたい。
・私は愛し崇め思考を止めて、愛でられるがまたゆたいたい、うとうとと。知るのではなく、信じたい。
・私は醒めたい、さらに遠くを見、さらに深く届くために。世界の根拠があるならばを知るために。なければないということを知るために。そして、それがあってもなくても、それなしで存在できるように。信じるのではなく、知りたい。

私は好んでキリスト教（とりわけカトリック）の書物を読み、その文章を引用するが、それは彼女らの呼び求めの声と仰ぎ見る視線に共通するものを感じるからである。私はキリスト者ではない。

そして、彼女たちの言葉にもこの二種の求めは混在している。人格神を愛し、彼の花嫁にしてはしためたらんとする意志（上記のテレジアのような）と、存在そのものへと近づかんとする意志と。

シモーヌ・ヴェイユは明らかに後者の意志をもっており、それに触発された私の思考もまた、そのようなものだった。後者を追究するためには、前者と混同してはならない。

しかし前者のような状態は心地よく、ついうっとりとそちらにこころをゆだねてしまうのだ。

その一の私は明らかに知的に不誠実な態度をとっている。幸福になるために、目を閉じたのだ。

二〇〇二年一二月一七日（火）その三

私は救われたい、そして救いたい。

私は解き放たれたい、そして解き放ちたい。
私は傷つけられたい、そして傷つけたい。
私は生まれたい、そして生みたい。
私は食べたい、そして食べられたい。
私は聴きたい、そして聴かれたい。
私は思惟されたい、私は全く思惟なのだから。
私は洗われたい、そして洗いたい。（中略）
私は逃げ去りたい、そして留まりたい。
私は飾りたい、そして飾られたい。
私はひとつに結ばれたい、そしてひとつに結びたい。

（「ヨハネ行伝　95」部分『新約聖書外典』大貫隆訳　荒井献編　講談社文芸文庫　一九九七・一二）

二年前、ある人が『新約聖書外典』を開き、この部分を私みたいだと言った。

二〇〇二年一二月一九日（木）
実家のある地方都市に出張なので実家に泊まっています。
さて、家にあるリルケ詩集は祖母が読み、母が読み、私が読み、妹が読んだものです。
四人の乙女心が込められたリルケ詩集に乙女のパワーをわけてもらおうと出してきまし

た。
小学生の頃の私は「好きな本を照らしている月の光のやうなほほゑみ」を浮かべる人が本当にいるのかしら、そして私はその人に出会えるのかしら、とためいきをついていました。小学校にはそんな男子はいなかった。

あのひとのほほゑみは　やはらかく気高くて
古い象牙の輝くやうで
故郷《くに》を慕ふ心のやうで、暗い村の
クリスマスに降る雪のやうで、
真珠ばかりに取り巻かれてゐるトルコ玉のやうで、
好きな本を照らしてゐる
月の光のやうだつた。
（ライナー・マリア・リルケ「少女の憂愁」『リルケ詩集』片山敏彦　新潮社　S17・12）

リルケは薔薇の棘を指に刺して破傷風で死んだのです。死に方まで乙女的。
二〇〇二年一二月二〇日（金）その一
実家の私の部屋の天井は板張りで、フローリングの床に見える。昔から、目が覚めると、天井が床だということにして目で歩き回った。フローリングの床に降り立つ。床には四角い照明器具がついていて、スイッチのチェーンが垂直に立っている。床から少し上のところに、逆さにデルヴォーの「こだま」が掛かっている。窓をあける。頭上にはひさし（屋根）、窓から一段上って出窓がある。カーテンをあける。窓をあける。頭上にはひさし（屋根）、窓から続くのは空、一歩踏み出そうか、迷う。

二〇〇二年一二月二〇日（金）その二

昨日雪雪さんと会った。

私には「ご主人様」が必要なんです。

「お前は私のために生き、私のために死ね」＝「お前の存在の根拠は私だ」＝「お前は存在していていい、むしろ、存在しなくてはならない。私がそれを望むがゆえに。そして、お前の死もまた、根拠がある」と言ってくれる人が。

そういう人のために、昔から宗教というシステムがあるんだよ。

そうですね、でも宗教はもっともらしすぎます。

そこに安住したら高橋たか子になってしまう。尋《と》めゆく者でいられなくなってしまう。

多くの人には「ご主人様」がいないみたいですけど、みんなどうしているんですか？

みんな、自分が「ご主人様」なんだよ。

そ、そんな便利な仕組みになっていたのか！

正確に言うと、自分が「奴隷」なんだ。「ご主人様」は超越論的に存在していて、本人も気づいていない。気づいていない「主人」の目で見て、この「奴隷」なら満足だと思っているんだ。みんな、最初から、気づかれないほど当然に、存在の許可を自分の中の気づかれない「神」によって自分＝「奴隷」に与えているんだよ。

私の「主人」になりたい人はたくさんいますけど、みんな私を失いたくないんです。私は、私がいなくちゃ駄目な人を「主人」、「神」とは思えません。

それ、背理だって気がついてるでしょ。

はい。

君が言う意味での「奴隷」がいなくても平気な人は、君が言う意味での「奴隷」は過剰で、不必要だ。なぜなら「主人―奴隷」システムはその人の中で十全に働いているからね。そして君のいう意味での「奴隷」を求めている人は、つまり、君と同じように「主人」を求めているんだ。

わかっているんです。構造は、わかっているんです。でも……。

君が俺に出会ったころ、将来の姿は見えたから、心の仕組みをちょっとずついじって、たくさん伏線を張っておいたんだけどね。

……うん。

二〇〇二年一二月二一日（土）
もう駄目なら、発狂するかショック死するはずだ。
しかし私は今日にこにこと医療レーザー脱毛一二回コースの二回目を受けている（すべすべ人間になるためだ。私は髪と眉と睫毛以外の毛は嫌いだ）。
ということは、私にはまだ余裕があるに違いない。

二〇〇二年一二月二二日（日）
ダンゴムシの写真集と、フォークマニス社のアルマジロのぬいぐるみをもらった。さすがフォークマニス社、アルマジロはちゃんと丸くなって甲羅に入る。ダンゴムシもアルマジロも丸くなればなにがきても平気。
アルマジロの名前はソードの4。

ソードの4・正位置のキーワード
休息、静止、戦いの後の休息、祈り、補充、流浪、追放、退却、心の傷。体力や気力の回復、安楽死。

内面の補充、疲れた心身を休めること。事業の刷新あるいは開始。

くつろぎ、休息を得る。

心配、苦痛、不安、神経が休まらない状況、激務から解放される。

（東條真人『タロット大事典』国書刊行会　一九九四・八）

二〇〇二年一二月二三日（月）その一

ふと目が覚める。まだ夜だ。暗い中ぼんやりと壁に掛かった絵が見える。デルヴォーの「こだま」だ。だとしたら、ここは実家だということになる。

いつから夢だったのだろう。今はいつなのだろう。夢が最短の場合、私はまだ出張中だ。夢が最長の場合、デルヴォーの絵を壁に掛けた高校一年の冬の日の次の朝だ。確認しなくてはいけない。私は身体を起こす。ベッドの隣にぼんやり見えるのは、山吉由利子の少女人形。壁に掛かっているのはよく目を凝らすとマリオ・AのMa poupee japonaiseのポスターだ。

ということは、ここは東京の私の部屋。多分、現実ないし夢は眠る前から連続したまま。

二〇〇二年一二月二三日（月）その二

「驚くことないでしょ　私だって「マテリアル」の商品だもの（中略）私の商品名は…「拷問台」　見ての通り　私の体はね　あなたの逆…　中身がなにもないのよ　自分だけが不幸って顔しないことね」

「私たちは「物」なのよ　「気持ち」なんて不必要なの（中略）」

「いずみちゃん　痛いわね　苦しいわね…………楽になりたかったら　あきらめるの

よ」

（氏賀Y太「マテリアル第2部　デスフェイス」『デスフェイス』ティーアイネット　二〇〇二・一〇）

苦痛は眠りに似ている。自我を手放して休むことができるから。あきらめてしまえばずっと眠っていられるのだろうけれど、私はやっぱりあきらめることができず、目を覚ましてしまう。

二〇〇二年一二月二三日（月）その三

「お約束しましたとおり、その本は周囲の状況すべてを見、聴くことができます。現時点で本は、幼い、女性を捜しています。女の子の手に取られ、表紙をめくられて初めて、本はその子の顔、そして声を、みずからの記憶に取り込むわけであって――」

「なるほど、その子ときずなをもつわけですね」

「そして、その子を取り巻く環境、その子と関わりのある人物などを、逐一観察します。子供をデータとしてとらえ、それを基に、言うなれば子供の心の測量図を作成するわけです。この測量図のメンテナンスを、本は第一義的なプロセスとして実行します。つまり、子供が本を見るたびに、データベースから測量図へと、一種のダイナミック・マッピングを行なうわけでして」

（ニール・スティーヴンスン『ダイヤモンド・エイジ』日暮雅通　早川書房　二〇〇一・一二）

現実の状況によって物語がインタラクティブに造られる本『若き淑女のための絵入り初等読本《プライマー》』と、ネルという女の子の成長と冒険の物語。現実が本を変え、本がネルを変え、ネルが現実を変えるナノテクSF。

バスチアン・バルタザール・ブックス（Bが三つ）にとっての『はてしない物語』、ネルにとっての『若き淑女のための絵入り初等読本《プライマー》』。私にとっての、沢山の、本（私は就職してから年に多分三六五冊を超すぐらいの本を読んでいる。学生の時はその倍、小学生の時はその三倍は読んだ）。一冊の本ではない。沢山の本は有機的に絡みあい、本の集合体として私を変えた。変えられた私はあらたな選択眼であらたな本を読む。かつて読んだ本はあらたな文脈に基づき読み返される。そうして作られた私と本との結びつき。本によって作られた世界観で私の世界は変わり、私の世界観によって本は違うものとして読みとられる。

世界のどこかに、すべてが書かれた一冊の本があるという夢を持つ本好きは多いはずだ。ある意味我々はその本を既に手にしている。今手に取った一冊がその一頁、その一つの脚注であるような、膨大な集合体としての本を。

二〇〇二年一二月二四日（火）

享楽というものは、それがそれとして直接われわれの前に姿を見せるというようなものではない。われわれの身体が緊張感を増した極限の状態において、それはいきすぎたものとして現れ出てくる。(中略) 享楽の獲得はみずからの存在の喪失に直結してゆくものだからである。(中略)
ここに、享楽は悦びであると同時に悦びを離れた凶暴なものという両面を持つものとしてその姿を現す。これを手にしようとするなら、人は(中略) みずからが無と化してその存在を消し去られていく場へと、快楽を越えて一人旅していくことになる。
(福原泰平『ラカン　鏡像段階』講談社　現代思想の冒険者たち13　一九九八・二)

そこには一人でしか行けない。でも誰かに指し示してもらわなければならない。
誰かの手をかりて二階堂奥歯を抜け出した私はその場を越えて旅立つ。一人きりで。
行ったきりになってしまいたいけれど、それは、相手に迷惑がかかる。だから、いつも
帰ってくる。
帰ってくる、いつも。
帰ってきたくない。

二〇〇二年一二月三〇日(月) その一
『L文学完全読本』を読みかけで実家の近所の本屋に行ったら吉屋信子『暁の聖歌』があったので購入。

少女小説とは、けっしてお涙頂戴の美少女物語ではない。近代の「少女」のジェンダーロールを逸脱した自由で快活な女の子。ジェンダーロールから逸脱しているがために、しかし彼女は、容姿と性格にかんするコンプレックスも抱えている。ひと言でいえば、それは「少年のような性格を付与されたコンプレックスだらけの少女が、逆境にめげず成長する物語」なのだ。

（斎藤美奈子「L文学解体新書　どこから来て、どこへ行くのか」『L文学完全読本』マガジンハウス　二〇〇二・一二）

今まで若い女性が好んで読む小説＝女子どもの読むものなんて「文学」とは認められなかったんだ。だけどここのところの社会の変化で、それがメインカルチャーとしても認められ始めたってわけね。そこが、男性文学者のお眼鏡に適って初めて認められた「女流文学」とは違うところなんだ。つまり「L文学」って、「女のコが女のコの価値観のままでも通用する『文学』」のこと。

（藤本由香里「まかせておいて。少女マンガはLならいちばん進んでる」同上）

二〇〇二年一二月三〇日（月）その二

少女小説には二種類ある。あるいは、二種類の少女がいる。

ｍａｎ＝人間＝男性のサブジャンルであるｗｏｍａｎ＝女性のさらにサブジャンルに属する「少女」が、自分に要求されている属性を超えて存在しようとする小説。あるいはそのような少女。

地に足をつけ、現実の社会生活を存続させることを要求されている（と信じている）男性が、見る夢。少女という名の妖精が不思議の国に連れて行って、彼を救ってくれる小説。あるいはそのような少女。

私は少女小説が好きで、少女が好きだ。前者のあり方をよりまっとうなものと信じ、そのような少女小説を擁護したいと思うが、後者の作品の中にも素晴らしいとこころゆだねてしまうものがある。

こちらがだめ、あちらが正しいとは言えない。どちらも素晴らしいものと、くだらないものを含んでいる。しかしこの二つははっきりと違う。この違いを言い表せないことにいつも歯がゆさを覚えていた。

だから、「Ｌ文学」というくくりは待ち望んでいたものだ。この名称自体の是非は別として。

私は前者の「少女」であるが、後者の「少女」として見られることが度々ある。そのような視線はおおむね不愉快なものであるが、そんな私でも、特定の誰かのためには妖精でありたいと思うことがある。

でも、その気持ちと場合ははっきりと区別して理解しておきたいのだ。

二〇〇二年一二月三一日（火）

今日はメアリー・H・ブラッドリー『ジャングルの国のアリス』と、バーバラ・ウォーカー『タロットの秘密　その神秘な歴史と大秘儀・小秘儀』、河合隼雄・南伸坊『心理療法個人授業』、白倉由美『おおきくなりません』、牧野修『だからドロシー帰っておいで』を読み、イアン・ワトソン『スロー・バード』を読みながら年越ししました。

年越しの本の歴史（今思い出せるもの）

高1　松浦理英子『親指Pの修業時代』

高2　イタロ・カルヴィーノ『宿命の交わる城』

大1　『ヴィリエ・ド・リラダン全集』第三巻

去年　ジョン・K・ノイズ『マゾヒズムの発明』

二〇〇三年一月一日（水）その一

すずめが　とぶ
いちじるしい　あやうさ

はれわたりたる
この　あさの　あやうさ

（八木重吉「朝のあやうさ」『八木重吉詩集』白鳳社　一九六七・一二）

一年後も、三年後も、そして十年後もこの道は存在し私はそこを歩くのかもしれないと思うほど今日の空は晴れている。

二十年前にこの道を歩いたとき、いつかそう思ったことを思い出すだろうと思ったように、二十年後、私は今日そう思ったことを思い出すかもしれない。

いつかこの瞬間を思い出すと思った沢山の瞬間があったことを私は覚えている。何年か前の自分からの置手紙のように景色を読むことを私は知っている。

きっと覚えていない同様の瞬間はもっとずっと多かったはずだ。だからこの水色のフェンスや、川の水面にあらわれた小さな渦も、意味を取り損ねているだけで目印かもしれない。

そうして読み取りながら歩く景色に、今日また私は目印をつける。それを私は何年後まで読むことができるだろうかと思いながら。

二〇〇三年一月一日（水）その二

『僕は、ゆっこちゃんを守る、ぬいぐるみだ。くますけは、成美ちゃんを守るぬいぐるみなんだろう。……で？　それにどんな不都合があるっていうの？』

「……それに……それにね、なんなんは、私が小さかった頃から、自然になんなんを手放せるようになるまで、私の、この世の中でいっちばん大切な、何より大切なお友達だったのよ。……えーと、それにね……これは晃一おじさんには絶対内緒《ないしょ》ね、実は私、今でも晃一おじさんより、なんなんの方が大切なのよ。最後の最後、ほんっとに私に何かあった時、私を守ってくれるのはなんなんだって、今でも信じてる」

（新井素子『くますけと一緒に』新潮文庫　Ｈ３・５）

ピエロちゃんを普段小学校に連れて行くことはなかったし、連れて行こうと思ったこともない。私が出かける間、ピエロちゃんはお気に入りのハート型のクッションに座って、本を読んでいた。旅行のような特別の時は勿論一緒だった。お気に入りの布袋（ピエロちゃんの寝袋）に入れて、連れて行った。

だけど、ピエロちゃんがいなくなってしまった小学校四年生くらいの頃には、私はもうピエロちゃんを忘れていたのだと思う。そうでなければ、いなくなったことに気がつかないはずがない（家族がいなくなったことに気がつかないはずがないように）。それから私は四年くらいぬいぐるみを買わなかった。かわいいなと思っても自責の念に耐えかねて手を伸ばすことができなかった。

二〇〇三年一月一日（水）その三

ロンドンに行ったときにホームズ（くまのぬいぐるみ）と出会い、一緒に暮らし始めたのは中学二年生のときで、私もホームズも結構な大人だったのでそんなにべったりな関係ではなかった。寝るときは一緒だったけど、昼間はそれぞれ別々に行動していた。どうしてもどうしても不安だった時に二回だけ高校にホームズを連れて行ったことがあるけど。あと、たまにバッグに入れて図書館とか科学館に行ったかな。受験の時は東京までついてきてくれた。

そしてクトゥルーちゃんは、就職した後ひどく具合が悪くして実家で寝込んでいた私を元気づけるためにやってきたかわいい邪神。結構大きくて枕を一つ占領しているので、私のベッドには私の分とクトゥルーちゃんの分と二つ枕が並んでいる。会社には勿論、実家に帰るときもつれて来ない。きっと今頃私のベッドで寝ています。クトゥルーなだけあって眠ってばかりなので。

ちなみに私はぬいぐるみと会話はしません。一緒にいるだけ。

二〇〇三年一月二日（木）
実家にある詩集を色々読んでいて、北川冬彦は超短編としても読めるなと思いました。

＊

　　秋

壁に沿うて黄葉が一つひらひらと落ちたが——見ると白い螺線《らせん》がずうとついてゐる。

（北川冬彦「検温器と花」『日本の詩歌25　北川冬彦・安西冬衛・北園克衛・春山行夫・竹中郁』中公文庫　S50・6）

＊

私は超短編なら飯田茂実『世界は蜜でみたされる　一行物語集』（水声社）が一番好きです。

二〇〇三年一月六日（月）

何年も探していた『サー・ローレンス・アルマ＝タデマ』をやっと古書で購入。

高校二年生の時、学校帰りに雪雪さんが働く書店に行ったら、雪雪さんは「こっちこっち」と私をおすすめコーナーに呼んだ（雪雪さんは自分の担当の棚以外にレジ脇におすすめコーナーを作っていた）。

「見てごらん」

雪雪さんは大判の画集を開いた。

「これ……こんな風に風景を見たことない。ピントが合いすぎてます」

「ここでだけ可能な視野の様相だろ」

それはトレヴィルから出ていた画集『サー・ローレンス・アルマ＝タデマ』だった。

人間は景色を眺めるとき、全方向的にピントを合わせることはしていないし、そもそもそれは機能的に不可能である。特に注意を惹かれた点にピントが合い、その周囲の風景は徐々にぼやけていく。しかし、アルマ＝タデマの絵は、すべての部分にピントが合っているのだ。それも尋常ではない精度で。

床のモザイクを形作るタイルは確かに高さを持っている。それは一つの小さな石片として体積をもち、見えている面と見えている辺と見えていない面と見えていない辺とで構成され、数ミリの奥行きのある目地に埋めこまれている。そのようなタイルの集積として描かれた床。その床はそして絵のごく一部分でしかないのだ。

床から目をあげ遠景を見よう。はるか遠く、アーチの上に篝火が燃えている。篝火を戴く金属の台に施された螺旋の装飾。写真のように精細に。

アルマ＝タデマの絵を見る時、人は自分が目を向けた部分が突然クローズアップされるような眩暈を覚えるだろう。そこにあるのは初めて見る光景。すべての部分にピントが合い、すべての部分がクローズアップされた世界である。

二〇〇三年一月八日（水）その一

ぬいぐるみ。世界認識。人形愛。主体と世界の存続を担うぬいぐるみ。世界への違和感。

最近そんなことを考えている。

ぬいぐるみ小説。それはかわいらしいもの、愛らしいもの、優しいもの、害のないもの、安全なものと考えられがちだ。愛と成長の物語だと考えられがちだ。

実際にクーンツ『ぬいぐるみ団オドキンズ』もリチャード・ケネディ『ふしぎをのせた

アリエル号』などそのような作品をいくつもあげることが出来る。ぬいぐるみ自身は優しい愛らしいものだ、しかし、ぬいぐるみの意味づけはそのような一面的なものではない。

（とくに大人になっても）ぬいぐるみを愛し、ぬいぐるみに人格を感じ、ぬいぐるみを心の支えにする人間がいる。そのような人間にとってぬいぐるみは救いであり砦であり安らぎである。

それは世界に対する絶望を少しでもくい止めてくれるなにかである。

ぬいぐるみへの愛。ぎりぎりの、祈りのような、閉ざされた、理解されがたい、愛。

人形愛といえば理解されるであろうそのような愛は、しかし対象がぬいぐるみであるときはなかなか理解されることがない。

そのようなことが書かれたぬいぐるみ小説、ぬいぐるみ愛小説はないものだろうか。

新井素子『くますけと一緒に』は優れたぬいぐるみ小説である。破綻した親子関係による社会不適応の少女成美とそのぬいぐるみを描いたこの小説はぬいぐるみホラー、サイコホラーと呼ばれ、確かにぬいぐるみの持つこのような面をあらわしている。

しかし、彼女の違和は社会に向けられたものであり、その違和は状況の変化によって解消しうるものである。また、仮に成美の精神が崩壊しても、成美のいる世界は崩壊しないだろう。彼女は家庭や学校に居場所がないだけで、世界に居場所がないわけではない。

このような状態は確かに深刻なものである。しかし、深遠なものではない。

二〇〇三年一月八日（水）その二

前衛芸術みたいに改造された、ジャンクゴマがそこにいた。とれた左の目玉のかわりにビールの王冠がはめこまれ、欠けた鼻先は雨どい用の防水シリコンで埋められている。左のひれがあるべき場所にはブリキの板がつきささり、破けた背中はところどころホッチキスでとめてあった。下から見あげた口もとあたりにミルクのしみがついていて、甘いようなすえたような匂いをふりそそいでいた。古い電池の液もれはおじいさんの白装束にもうつり、腰から下は斬りつけられたみたいに赤くなっている。

（引間徹『ペン』集英社　一九九七・九）

毒性を持つ繊維製品によってヒレのような脚を持って生まれた息子を捨てた過去をもつ老人はゴマちゃんのぬいぐるみを息子だと思っている。ペンギンのぬいぐるみのペンを伴侶とする主人公は恋人も職も失う。どちらも、自分にとってはつらすぎる現実を受け止めるために、ぬいぐるみを支えにしている。

『ペン』で描かれる範囲は『くますけと一緒に』のそれよりも広い。主人公は大人であり、仕事を持ち、失踪し放浪する。主人公と離れたペンは一時南の島の老夫婦と共に暮らす。

しかしそれでもなお、ここで描かれるのは社会への違和感である。半ば正気を失っているように見える老人もまた、一人の市民としてその身に降りかかった不幸に向かっている。

探しているのは社会に対する違和感ではなくて、世界に存在することへの違和感を持つ者とぬいぐるみの物語。

世界に対する違和感を感じる主人公はより抽象的な存在だ。それは社会の中の一個人ではなく、世界があらわれでる場としての主体という性格を強く帯びている。

従って主人公が変容するとき世界は変容し、私が崩壊するとき世界は崩壊するのだ。

そのような人物にとってぬいぐるみは極論すれば自我の崩壊と世界の崩壊をくいとめる者、世界守護者とさえ言えるのではないか。

世界と自我の要石としてのぬいぐるみ。

そして、生きている何かの代替物では決してなく、ぬいぐるみがぬいぐるみであるがゆえの愛。

そのようなことが書かれた物語がどこかにないものか。

二〇〇三年一月一〇日(金)
ナイアルラトホテップちゃんとちびクトゥルーちゃんがうちに来ました。ナイアルラトホテップちゃんはちょっと泣き虫みたいです。ちびクトゥルーちゃんは手乗りサイズでとっても元気がよさそうです。

今夜は四人で一緒に寝ます。
三人の身長を書きます。
・ナイアルラトホテップちゃん
身長一二センチ　両触手（？）の端から端二六センチ
・クトゥルーちゃん
身長四一センチ　両翼の端から端四二センチ
（座ると二七センチくらいです）。
・ちびクトゥルーちゃん
身長一七センチ　両翼の端から端一八センチ
いい夢が見られるようにベッドの中で「セレファイス」を読もうっと。

しかしそれでも、魅惑の丘陵や庭園、陽光をあびて歌う噴水、どよもす海を遙かに見はるかす金色の断崖、青銅や石で造られたまどろむ都へとうち広がる平原、そして深い森のはずれを飾りたてた白馬に乗って進む幻めいた英雄たちといった、不思議な幻影を見て夜に目覚める者もいるのだし、われわれはこのようなときに、象牙造りの門をふりかえり、まだ賢《さか》しらでも不幸でもなかった頃におのれのものであった、驚異の都をのぞきこんでいたことを知るのである。
（H・P・ラヴクラフト「セレファイス」『ラヴクラフト全集6』大瀧啓裕　創元推理文庫　一九八九・一一）

それにしてもこの六巻は「白い帆船」、「蕃神」、「セレファイス」、「銀の鍵」、「銀の鍵の門を越えて」、「未知なるカダスを夢に求めて」と傑作揃いですね。

二〇〇三年一月一一日（土）その一

カッターやはさみが危険だと知らないでおもちゃにしている子供を、安全性において信頼することはできない。

それと同じで、鞭は皮膚と肉を引き裂くことも眼球にあてて失明させることもできる武器であるということを意識せずにおもちゃにしている人間は信頼できない。

今日は一歩も外に出ず、誰にも会わず、身体を部品の集合として描くような本ばかり読んでいた。マイケル・ブラムライン『器官切除』に入っている「ベストセラー」が良い。難病の男に移植するために身体をパーツ売りする男の話。最初は頭皮と内股の皮膚の一部、次に腎臓、そして右耳の中の小骨片、右目、右腕……。相手に自分が奪われていくという感覚と、自分が相手を作りだしているという感覚。

私は視覚がとても好きだ。それがなければ本が読めない、世界を見ることができない。だから私はアイバンクに登録しています。誰か私が死んだところに居合わせたら、病院にアイバンク登録者と伝えてください。私の眼球は刳り抜かれて角膜を剥離され誰かに視野を与えるはずです。ちなみに空になった私の眼窩には義眼を入れてもらえるそうです。するとお通夜は一日遅れるのかな？
人体模型こそ身体を部品の集合として捉えるものです。とてもいいサイトがあります。
Anatomical Media Lab. ここを見ているとみんな欲しくなってしまう。

二〇〇三年一月一一日（土）その二
ああ、あなた。どうか私の内臓を触り引き裂いて下さい。あなたの指が私の体腔を探り押し広げる痛みこそが恩寵です。思うさま私を壊してください。内臓と同じように私の脳髄を抉りなで回すあなたの指。私の身体中に刃物を突き立ててどくどくと体液が溢れるその穴に拳をねじ入れて私の中を掻き回してください。そうしたら、私は身体の中でも外でも頭の中でも外でもあなただけを感じることができるでしょう。そして私はしゃくり上げながら血の泡を吹き、よろこびに打ち震えながら死ぬのです。
うとうとと夢見たこと。

二〇〇三年一月一二日（日）その一
代官山を歩く。テディベアの店、ミニカーの店、ミニチュアの店、天使の店、アンティークの洋服やアクセサリーの店、雑貨屋。
ミニチュアの理念は大好きだけど、実際のミニチュアはそれほどは好きではない。あればとても喜んで見るし、展示があると聞けば出かけていくけれど、イデアの中のミニチュアに対する偏愛に比べれば大したことがない。なぜなら、ミニチュアはどんなに精巧に作られていても普通は実物よりは甘いところがあるからだ。その意味では科学標本の中にはかなり理想的なミニチュアがある。しかし、それとても文章に書かれたミニアチュールにはおよぶべくもない。

細密細工に対するわれわれの情熱は、決して瞼絵に限られるものではない。細密彫刻はわが国のさまざまな芸術の中でもっとも古く、もっとも貴ばれた芸術のひとつである。なかでもよく知られているのが、帝の所有する細密宮殿である。十二羽の鳥が棲む木のかたわらに置かれた翡翠の飾り棚に載っているその細密宮殿は、広大な宮殿の何千という寝室や廊下はもとより、無数の中庭や庭園や花園にいたるまで完璧な忠実さでもって再現しているという。小ぶりの食卓ほどの大きさの細密宮殿を拡大鏡で覗くと、人はそこに、正確に縮小された無数の家具はむろん、いく揃いもの茶器や椀や皿、さらには鋏まで見ることができる。鋏の小ささたるや、刃を一杯に開いても、蠅の脚の蔭にすっぽり隠れてしまうほどだという。細密の玉座の間の中には、また一つ細密宮殿を載せた極小の翡翠の飾り棚が見える。われらの細密匠はこの第二の細密宮殿の中にも、肉眼ではほとんど見えないが、いま一度宮殿全体を再現しているのだという。

（スティーヴン・ミルハウザー「東方の国」より「細密細工」『イン・ザ・ペニー・アーケード』
柴田元幸　白水社　一九九〇・五）

なんとかそれらしく造られた実在の細密宮殿よりも、この文章をこそ私は求める。細密細工・壺中の天・入れ子の世界アンソロジーがあればいいのに。そうしたら私は、その中に世界がすべて収められているかのようにその本を抱きしめるでしょう。

二〇〇三年一月一二日（日）その二

代官山のSound of The SUNでおうちを買いました。家というより繭？　卵？　巣？　商品名はChilloutroomといいます。

子供は大体そうだと思いますが私も小さな箱や狭い隙間に入るのが好きでした。今でも好きです。眠るときの一番好きな想像は、このふわふわしてあたたかい羽毛布団は実は私の身体をすっぽり包む洞窟で、私はここから出られないんだというものです。するとすぐにうとうとできます。

店にディスプレイされていたのは、五〇センチ程の正六角形によって構成されている大きな泡のかたまりのようなものでした。六角形四つ分があいていて、そこが出入り口です。内部の広さは人が寝そべられるくらい、高さは頭をかがめれば立てるくらいです。それを見た瞬間私は叫びました「私これ買う！　今買う！」。店員さんに確認して中に入ってみると、まるで巣ごもりした気分です。私のおうちです。もうずっとここに籠もっていたいと思います。私は子供のころからこのおうちを求めていたのです！　ああ！

「……でも、これ私の部屋に入らないねえ」

「そうだね、こたつもベッドも捨ててこの中で暮らすとか？」

考え込んでいると、店員さんが「小さいのも上の階にありますよ」と教えてくれました。階段を駆け上がる私。そこには、確かに小さなおうちがありました。潜ってみるとっても狭い、横になれないし立ち上がれない、でも寄っかかって座るような姿勢で本を読むとぴったり私が入る感じです。

私はまん丸いボールの狭い穴から顔を出して店員さんに言いました「これ、頂きます！」。と、いうわけで私の部屋には私専用のおうち（繭・卵・巣）があります。

これを見た瞬間に購入を決め、家に持ち帰ったとき、私は自分は大人になったのだと実感しました。これを大人買いと言うのですね。自分の趣味・性向にとってのみ快である、何の役にも立たない、高価なものを、自分の収入に基づく判断で購入すること。ああ、私は大人で良かった。子供だったら、たとえお年玉などで買えるだけのお金があっても、やはり買えなかったと思います。

二〇〇三年一月一三日（月）
東京大学総合研究博物館小石川分館で開催中の「マーク・ダイオンの『驚異の部屋』」へ行った。

ダイオンが学生を中心とするプロジェクトチームを率いて東京大学の膨大な標本を「発掘・発見」し、水圏、地上圏、地下圏、気圏、人間圏、理性と規矩《きく》、大きいもの、小さいものに分類して「展示」したもの。

一六世紀から一七世紀にかけて西欧の王侯貴族が拵《こしら》えた「驚異の部屋」が、珍奇な物をひたすらに収集し、科学的分類法は一つの軸に沿ってすべての物を並べた。そしてそのどちらにも世界を一部屋に収めたいという願望（妄念）は共通している。それがどんなにかたよったささやかなものであっても、その妄念が感じられる限り標本箱の中にミクロコスモスは浮かび上がる。

そのような夢の残滓を「発見」し「展示」するというダイオンの試みは面白く、また展示それ自体も楽しむことができた。しかし、展示数が少なくものたりない感が残った。ダイオンにはミクロコスモス作成の意志が感じられない。無論それ自体は彼のスタンスの問題であり欠点でもなんでもない。

しかし、展示室に世界を召喚しようという意志も感じられず、多数が無限に思えるほど膨大な数の標本が展示されているわけでもないこの展覧会は、「驚異の部屋」になりそこねているように感じられた。

そこに世界を整理し提示する意志があれば元素周期表一枚にでも世界は感じられただろう。これが八部屋ではなく八十部屋だったら「驚異の部屋」になり得ただろう。

「驚異の部屋」という幻想をこそ展示することがダイオンの意図であったならば、この展示自体が「驚異の部屋」である必要はないかもしれない、しかしいずれにせよ、この展示は「驚異の部屋」という幻想に迫り切れず、その形をなぞるだけで終わってしまっているように思われるのだ。

二〇〇三年一月一四日（火）

黒く甘美な血　口に溢れる
影たち。
何かしら他のものが
私を宙に抛る――
腿　髪。
私の踵から飛ぶ片々。
白いゴダイヴァ
私は剝がれ落ちる――
無感覚な手　生気を失った緊迫。
と　今や　私は泡立って

小麦になる　ぎらっと光る海に。
子供の叫び声が
壁の中で溶ける。
そして　私は
矢
自殺的に飛ぶ
露　それは疾駆と一つになる――
赤い目
朝の大釜の中へと。

（「エアリアル」部分『シルヴィア・プラス詩集』徳永暢三　小沢書店　一九九三・三）


彼女が剝ぎ取られてゆくあるいは脱ぎすててゆくその軌跡が見える。

身に纏うものを脱ぎすて跳躍する彼女は空中で自らの身体をも剝ぎ取る、もっと遠くへ。

身体を捨てた彼女は彼女自身をすら脱ぎすてる、もっと高く。

ただ意志が飛び去ろうとする、その軌跡が見える。

二〇歳の時、彼女は睡眠薬自殺を図り、三日目に救出された。
三〇歳の誕生日の朝、彼女はこの詩を書いた。
そしてその四ヶ月後、彼女はガス・オーヴンに頭を入れて自殺した。
彼女の名前はシルヴィア・プラス。

注　ゴダイヴァとは、一一世紀イングランドに実在した貴婦人。領民に課している重税を廃止してほしいと領主である夫に懇願した。彼女が街中を裸で馬に乗るならばとの夫の条件を飲み実行。彼女の気持ちを知る領民達は皆窓を閉めてその姿を見ようとはしなかった。一人トムという男だけが彼女の裸をのぞき見、天罰で盲目になった（ピーピング・トムの語源）。チョコレートのゴディヴァは彼女のこと。

二〇〇三年一月一五日（水）
上の方、宝石をちりばめたかのように輝く碧空《へきくう》は
〈ヌイト〉のあらわな光輝である。
〈ハディート〉の秘められた熱情に
口づけようとして彼女は恍惚としながら身をかがめる。
翼ある地球と星明かりの青い夜空は
わがものなり、おおアンクー＝アフ＝ナ＝コンスよ！

（アレイスター・クロウリー『法の書』島弘之　国書刊行会　S58・10）


閉館時間になり地下書庫から外に出ると夜だ。

夜の図書館の正面階段を下りながら空を見あげ、冬の大三角形を目でなぞる。

頂点から時計回りにベテルギウス、シリウス、プロキオン。

かろうじて読むことを許された貴重な書物をめくるように、千年の間誰の姿も映すことがなかった泉をのぞき込むように、静かに、おずおずと。

横たわったまま待っているあなたとの距離が縮まってゆく一瞬一瞬。

（それは永遠と同義だ）。

今も私はあなたに口づけするために身をかがめ続けている。

二〇〇三年一月二〇日（月）
家に帰るのが遅い私は、宅急便は会社で受け取るようにしています。
するとどういうことになるかというと、本はいいとしてもちびクトゥルーちゃん（大きいクトゥルーちゃんは元からいます）やナイアルラトホテップちゃんなどが届くのです。そして私はうれしくなってその場でばりばりと包装をといて帰りまで机の上に飾るのです。
今日はアノマロカリスの模型（全長四七センチ）が届きました。もう五年くらい前からほしかったのです。やったー！　山ほどの書類とファイルとアノマロカリスが入った袋を抱えて帰りました。ソフビだから一緒にお風呂に入っても大丈夫かな。塗装が剝げるかな。

二〇〇三年一月二一日（火）

古い大きなオフィスビルにその人はいた。

机、ライトテーブル、ネガの束、三脚、ライト、カメラ、オブジェ、作りかけのオブジェ、ファイルと写真集が整理されたキャビネット。

オブジェになる前のがらくたが置かれたベランダ。

茶色い水が流れるトイレと割れた洗面台と錆びたシャワー。

その部屋は仕事場だった。住居ではなかった。

シーツも布団も枕もないベッドに腰掛け、真っ白な上等の毛布にくるまって私はペットボトルからマグカップについでもらったお茶を飲む。その人はゴブレットにワインをついで飲む。

このベッドの上でこの人は眠るのだ。この部屋でこの人は眠り、身体を洗い、排泄する。

しかし、これは住居ではない。そしてこの人は他に住居があるわけではない。

この人は住む家を持たない。この人は、この地上のどこにも住んではいない。

目が覚めたら世界中から生物がいなくなっていた。誰もいない街を歩き、歩き、私はこのビル街にたどり着いた。ここは人が住むための街ではない。仕事をし酒を飲む街、日曜日には誰もいなくなる街だ。そんな街にあるビルに入り込んだ私は、黒いニットキャップをかぶり、黒いセーターに仕立てのいい黒いジャケットを羽織り、黒いパンツに黒い靴を履いた痩せた背の高い男性を見つけた。私よりきっかり四〇歳上のその人は、このビルの一室で眠り、そのあたりの店で食べるものや飲むものを得ているのだ。

「このビル中誰もいませんね」

「いないね。この街には誰もいない」

「この街だけじゃありません。どこにも、だれもいません。からっぽの建物とからっぽの都市があるだけ」

そうだねと言ってその人はカメラを手にする。

「ここを撮っておこう」

「この部屋を？　この街を？」

「この部屋にあるものを。この街にあるものを。ここにあるものを。ただ、ここにあるものを」

その人は慎重にオブジェを配置し、そしてそこに私を縦向きや横向きにして置く。その部屋や、誰もいない廊下や階段に色々なものを置き、その人は撮った。色々な形にされながら私は置かれ、その一部となった。

その人は夜の写真を撮っていた。誰もいない何の意味も物語性も持たない街を撮っていた。

そして「なにもないね。なにもない」と言いながら、その写真をめくるのだった。

「ね、なにもないよ」

「ええ、そうですね」

一四日、脳出血で死去、六五歳。

二〇〇三年一月二二日（水）その一
多くの場合、小さな子どもには、親が大きな、偉大な、ほとんど神様のようなものに思えるということだ。大変な時にはいつでもそこに身を寄せることができるよりどころのように思えるということだ。

私は昔小さな子どもだったが、親をも、誰をも、そんな風に感じたことはなかった。

私の親は、子どもの私より大きな身体を持ち、愛情深く、熱心で、ユーモアと知恵と機転とまめさがあり、私が責任と自由を重んじる誠実な人間になることを願いながら育ててくれた。元文学少女の母と画家の父のおかげで、書物や美術は身近な親しいものだった。

しかし、私は、親を大きなものだとは思わなかった。

私の親は、子どもの私が見るよりも遠くを見、多くを知っていた。しかし、それは年齢的・状況的な違いによるものであり、母と父が偉大な人間だからではないと私は考えていた。

私の親族はみなそれぞれ代々事業をしており、地方都市では裕福な方だったと言えるかもしれない。父や（父方母方双方の）祖父は沢山の人を使っていたが、それでも彼らを偉大な人間だとは思わなかった。

おうちに帰れば大丈夫、お母さんやお父さんのところに行けば大丈夫だなんて、ちっとも思ったことがない。森茉莉や矢川澄子に見られる「父」への思慕を私は持たずにいる。私の知ることができない遠くを見すえている誰か、私を私自身よりも深く知っている誰かに会うことはないだろうと思っていた。家庭の中でとか、会社の中でとか、周りの状況の中で色々なことをする人はいるが、世界の中で進み、探し求め、知り、得て、何かを造る偉大な人に会うことはないのだろうと思っていた。

一六歳の時出会った雪雪さんは、私の知ることが出来ない遠くを見ていた。彼は世界の成り立ちを知りたがり、ここではないどこかを見ようとしていた。私はそのような人がいることを驚き、喜んだ。けれども、雪雪さんは間世界の探索者・夢見る人・尋《と》めゆく者であり、この世界を統べる大きな人ではない。

時々、私は一人で虚空に声をかける、すると、まるでこだまのようにかすかに遠くから雪雪さんの声がする。

二〇〇三年一月二二日（水）その二

ひとが信仰に走るというのは、おなじような心の空隙を感じたときなのだろう。わたしの場合、もとめていたものはただただ大きさであり、安らぎだった。デュモンさんの大きさたるや、傍らに寄り添って立つと小柄なわたしはちょうど彼のわきの下におさまってしまう寸法なのだ。「神のみつばさの下に」。どこかで習いおぼえたことばがふっと甦った。デュモンさんはそんなひとだった。少くとも私にとっては。

だれでもいい、自分よりたしかに大きなものの胸にかかえこまれること。つまり力づよくHUGされること。

死すべき人の身にとって、かりそめにも安らぎというものがありうるとすれば、こうした抱擁《ハグ》をおいて他にないのではなかろうか。相手は何であれ、ともかく頼り甲斐のある大きな存在であってくれればよい。人間が神様などという超越者をつくりあげたのも、つまりはそのためではなかったか。

（矢川澄子「湧きいづるモノたち」『受胎告知』新潮社　二〇〇二・一一）

そしてその人。

存在自体に肯定の印を帯びているような人だった。その人がかくかくの性質を持ち、これこれの状況にあるから肯定されているのではなくて、その人が存在するだけで、その存在は肯定されていた。その人が失敗しないわけでも完全な人間であるわけでもない、しかし、どのような時であろうとも失われることがない全能感がその人にはあった。その人は遠くを見ていた。古今東西を知り、そこに文脈を読みとった。そして、遠くに行くために、今現在の行動を決め、一歩を踏み出した。その人はこの世界を舞台にした探索譚の主人公で、英雄だった。たとえいかなる状況にあろうとも。常に動き変化するけれど、コンパスを持ち、地図を作る方法を知っていたから、不動だった。座標軸はその人だからだ。

はじめて太陽に照らされたみたいだった。いつまでも燃え続ける、明るい、熱い、大きな何か。とても大きな人のそばで、小さな私は安らぎ、微笑みながらまどろんだ。遠くからその光に照らされているだけでも幸せだと思う。太陽を独り占めになどできるものか、誰がそれを望むだろう。身内に残る熱と、暗くても感じられる光を携えて、私は一人で行かなくてはいけない。私には、この世界で私が解くべき謎があり、私が語るべき物語がある。

二〇〇三年一月二六日（日）その一

「もちろん、わたしだって人は想像のゲームを卒業していくものだということは知っていたわ。友達の中にも、もうそうなってしまった子もいたし。でもわたしは、自分はそうじゃないんだ、わたしにはそんなことはぜったいに起こらないんだって確信していたの。でも、その夜初めて、わたしだってちがわないのかもしれないと思いはじめたのよ。

そこから逃れることなどできないのかもしれないって。ベッドに横たわったまま、大人たちは心を満たすためにいったい何をみつけたのだろうって考えていたことを覚えているわ。わたしにとっては大人が気にかけることなんてすべて退屈なことに思えたの。大人は自分を幸せにするためにいったい何を考えるのかしら、って。

そのとき、わたしはものすごく恐ろしい、痛いほどの寂しさに襲われたの。もしこれが大人になるということなのだったら、大人になんてなりたくない、そう思ったわ。」

（トリイ・ヘイデン『機械じかけの猫』入江真佐子　早川書房　二〇〇〇・七）

素晴らしい想像力をもったローラ。親戚に引き取られ、性的虐待を受け、友達がいない孤独な少女時代を過ごした彼女は、トーゴンという少女と彼女が暮らす森の世界を頭の中に創造した。

ローラはその世界をありありと見ることができたし、音を聞き、香りを嗅ぎ、寒さ暑さを感じることができた。トーゴンと共にローラは成長し、森の世界で病や怪我で死んでいく人々を助ける方法を知ろうと、医学部に進む。そして、大学でトーゴンとその世界とを「理解」してくれる人たちに出会う。それまでは「頭がおかしい」と言われていたことを、「素晴らしい」と言ってくれる人たち。もう一つの現実であるその世界を受け入れ、共に語ることができる人たち。

ニューエイジ系のグループに招待されたローラは、少しずつ、少しずつ、頭の中の想像・創造を「チャネリング」と呼びはじめ、トーゴンが自分の「スピリット・ガイド」であるかのように考え、振る舞いはじめる。そしてそれが間違いであることに、ある日気づくのだ。

二〇〇三年一月二六日（日）その二

この皮肉にわたしは気づいた。つまり、わたしはここにいて、日に百万回もトーゴンの名前を口にしているのに、それなのに本物のトーゴンはもはやそこにいないのだということをわかってすらいなかったのだ。そのとき最初に頭に浮かんだ考えはこういうものだった。そうか、わたしにもそういう時期がきたのだ。わたしは成長したのだ。いずれそうなると父がいっていたようなことが、わたしにも起こったのだ。次にやってきたのは、ものすごい悲しみだった。

ソファのクッションにもたれかかり、目を閉じて森を蘇らせようとしてみた。わたしが最後に書いたのはアンセルの死の物語だった。わたしはその記憶をたどっていったが、それらはただの記憶でしかなかった。わたしはその場にいなかった。

（トリイ・ヘイデン『機械じかけの猫』入江真佐子　早川書房　二〇〇〇・七）

想像力を、物語の力を、もう一つの世界を感じることを、子どもの時に知ったそのままに守っていくことはとても難しい。

そのことは気を付けていなければすぐに、本当にすぐに忘れてしまうような微妙なことだ。そのことには名前がないから。

たくさんの書物の中から、それについて書いてあるものを私は探す。その片鱗が感じられるものの見方、方向的に似通っているような体系について知り、刻々と薄れていくそれを明確にしようとする。だから知っている。あまりによく整理されていたり、魅力的だったり、慰めてくれそうだったりするものには惹かれ、そっちに引きずられそうになるものだ。段々それが単に言葉の言い換えに過ぎないような気がしてくる。段々、それが自分の知りたいことをよりはっきりあらわしたものに見えてくる。

でも、それは違う。どんなにそれが楽でも、素敵でも、どこかで違うとわかっているのなら、絶対にそっちに引きずられてはいけない。

ペイガニズムも、魔術も、神秘主義も、宗教も、ニューエイジも、心理学も、駄目。想像力・創造力をただそのままに保っておかなくては。

その力を、何かの体系に合うように矯めてはいけない。多分それは取り返しがつかないことだから。

二〇〇三年一月二六日（日）その三

もうすでに、どんなに頑張っても、ますます絶望的になる数々の誓いを加え続けることはできないと私は気がついていた。そう、私は人生を誓いで牛耳っていこうとしていたのだ。ウォルター・ミリガンを永遠に愛すると誓った。いまでは彼の顔も自分の感情も思い出すことができない。ただあの差し迫った誓いしか思い出せないのだ。(中略)端的に言えば、私はいろんなやり方で、変らないことを誓ったのだ。私は決して変らないと。私には誓いの猛々しさが必要だったのだ。なぜなら、ひなに孵るコマドリを毎日校庭に見に行きながら、変らないことはどうしたって不可能だと気づかざるを得なかったからだ。

(アニー・ディラード『アメリカン・チャイルドフッド』柳沢由実子　パピルス　一九九二・四)


「スピリチュアル」な力で「癒され」たくなんかない。

そうではなくて覚えておきたい、知りたい。

目印は言葉と意志しかない道を歩き続けたい。

容易に変質し消えてゆこうとする言葉と意志を日々新たによみがえらせ生み出しながら。

(どうしても疲れたならば、苦痛を求めなさい。

苦痛があなたを支配している間だけは、目を閉じて意識を飛ばしてもいい)。

「俺がしていることは哲学じゃないから、哲学という言葉にはこだわらないな」

私が東京の大学に行って哲学を学ぶと言ったら、雪雪さんは言った。

うん、そうだ。それはわかっている。それは哲学じゃない。

でも、私がやりたいことに一番近くて役に立つのは哲学だと思う。

(同じ理由で雪雪さんは心理学を学んだ)。

哲学は問い続ける。答えが得られたら、それを手がかりにさらに問う。考えていたことが論駁されることはよろこびだ。なぜならそれは、行き止まりに見えていた道にまだ先があると気づかせてもらえることだからだ。

二〇〇三年一月二六日(日)その四
不在の神を追究しつづけたい。真理はさらに先にあると、あなたは神ではないと言いつづけたい。

祭壇の前で絶対神に仕える幸福を多分私はとてもよく知っているし、それを求めてもいる。

でも、それでも、そこに跪いていてはいけない。

それはつねに変化しつづけ先へと進むから、私も変化しつづけ日々新たにならなくてはいけない。

いつまでも同じ言葉を使うことでは、いつまでもそれを見続けることにはならない。

それには名前がない、名前を知りたい。名前をつけたい。

そうすれば、その名前を捨てることでもっと先にゆける。

私は自分が何をしようとしているか知っている。

私は自分が何をしようとしているか知らない。

楽園を抜け、約束の地を遥かに越えて、夢の世界よりもっと高く、深く。
夢見ることと目醒めることが同じであるようなところまで。
生きていられる間に少しでも遠くへ。

二〇〇三年一月二七日（月）その一

精神分析では、ファルスは「支配」の記号表現であり、ファルスへの執着は支配の欠乏を、つまり、支配を失って悲しんでいる状態を示すものである。その時、ファルスは器官としてのペニスとしては別物で、権力・力・能力・生命力を表わす記号なのである。

（マルク・ボナール／ミシェル・シューマン『ペニスの文化史』藤田真利子　作品社　一九九一・八　以下「」内引用も同書）

Inner Space社によるファルスのオブジェMarsを買う。ディスプレイされていた大きな一点物を特にお願いして格安で売っていただいた。

私の肘から下くらいの長さがある、透明で冷たくてなめらかでまっすぐで力強いファルスをテーブルに置いておくと、その存在感がとてもうれしい。（ちなみに同じテーブルには以前買ったBirth of Marsと、シャム双生児の骨格標本と硝子のペーパーウェイトと水晶球、万華鏡と革の仮面と鉱石標本、そしてアクセサリーケースがある）。

二〇〇三年一月二七日（月）その二

ファルス。「眠っていた自然に新たな命を吹き込む、太陽の働きを象徴している」もの、「聖なるもの、永遠につづく創造の原理を表わ」すもの。

でも、ヴァギナもまたそのような生命力や豊饒を示す真正なシンボルである。それにもかかわらず私がファルスに崇拝にあたいするような神聖さ、心のよりどころとなるなにかを感じるのは、私が異性愛が推奨される家父長性的価値観を内にとどめているからなのだろうか。

女性である私に性的快楽を与える器官＝ペニスへの崇拝が、私の内にはあるのだろうか。そうではないと思うのだ。性器周辺粘膜における快感はそれは素晴らしいものだが、もっと素晴らしいのは、その人の存在・気配によって私の存在・気配が変わるような場が形成され変化していく次元である。声音一つで、視線の動きで、脈拍が上がり、粘膜は充血し、意識は霞がかかり、目は潤み、身体は熱くなり力が抜ける。社会的自己は捨て去られ、パートナーと対応する際のよりプライベートな自己意識すら脱ぎ捨てて、感覚そのものになる。そのような思考・感情・身体すべてを同時に操られる状態において、性器の役割はそれほど重要ではないし、場合によってはまったく関係がない。性別もまた同様だ。

私はファロセントリック（男根中心主義的）な考え方を正当ではないと確信している。牡の泌尿器であるペニスと、生命力と力強さの象徴であるファルスが混同されることはナンセンスだ。

私が欲するものがあるとすれば、そのような大きな影響を及ぼすことができるエネルギー、命じられるからではなく、おのずから跪かずにはいられない権威だろう。それをペニスに似た形を持ったファルスに感じてしまう自分に対する違和感は残る。

これは、ファルスとペニスを混同することなく、さらに、ペニスを持っている性に対してファルスの性質を不当に重ね合わせることさえしなければ許容可能な問題なのだろうか。

納得ができないままも、硝子ないしアクリル製のディルドをコレクションするのはどうかと考えたりして。硝子のペーパーウェイトを集めているのですが、同ジャンルですよね。

二〇〇三年一月二八日（火）
二年前の冬、知人と上野の国立西洋美術館で「死の舞踏」展を見てから、美術館内のレストランに行った。
知人は、すらりとした美しい女性、魔術師、サディストで、なんと男性の身体を持って生まれてしまっていた。いわゆる性同一性障害である。彼女は外科的手段とホルモン剤投与によって身体を改変し、本当の姿を創りだし戻ろうとしていた。
私は、ジェンダーロールに意識的なフェミニストの女性、マゾヒストで、やはりホルモン剤投与によって、自分の望む身体を手にいれていた。排卵しない女性。子を産む機能を持たない人間。

身体改変者の私たちは向かい合って座り、紅茶を飲んでいた。

彼女は静かに言った。

「魔術儀式を司る魔術師と、ＳＭプレイをコントロールするサディストとに求められるのは同じよ。どちらも、現実とは異なる場を創りだし、それを操る能力が必要なの。そこで何をするかは問題じゃないわ。そのような場の形成こそが術なのよ」

「呪文を唱えることが魔法なわけじゃないし、痛みを与えることがＳＭなわけじゃないですよね。でも、大体誤解されるけど」

「性転換のためのホルモン剤投与は身体に負担が大きいの。私はそんなに長生きはできないと思う」

「私だって」と私は言った。「もう何年もホルモン剤を飲み続けてきました。それが身体にいいとは言えないでしょう。でも、いつでも妊娠させられ得る身体で生きていくなんてこと望みません」

彼女は笑った。

「そうよね。自分を自分で作れないで生きていて、どうするっていうのよね」

も。

二〇〇三年一月二九日（水）その一

現実によって損なわれてしまうほどの脆弱ならばそれは妄想に過ぎない。幻想は現実を支え説得し改変することができる。それがどれほどあえかで隠されたかたちであろうとも。

「性の転換」、「男装・女装の麗人」、「アンドロギュノス」は幻想文学において重要なキーワードであるだろう。私はこれらの事項に特別な思い入れを持ってはいないが、イメージの世界において欠くことができないものだと思う。

そして、現実にはインターセクシュアル（半陰陽）、トランスセクシュアル（性自認と肉体的性別とが一致しない人）、トランスジェンダー（自己のジェンダー認識と肉体的性別とが一致しない人）、トランスヴェスタイト（異性装）の人がいる。それを心理的な段階で処理している人もいるだろうし、プライベートな場で「本来の姿」に戻る人もいるだろうし、社会的にそのように生きようとする人もいる。

自分の性別と異なる肉体を持って社会生活を生きることを想像してほしい。家族の、仕事関係者の、友人の反応。事細かな日常生活。トイレはどちらに入るのか？　性別記入欄はどうするのか？　服を買うときは？　化粧品を買うときは？　体毛の処理は？　様々な生理現象は？　町内会などでは婦人会に入るのか父兄会に入るのか？　更衣室はどちらを使うのか？　履歴書にはなんと書くのか？　プールや温泉は？

このような日常を生きる彼／彼女にとって、「アンドロギュノス」幻想は実践的にはなんの役にも立たないし、むしろ誤解と偏見を生み出す障害にすらなりうる。毎日の細々な実践において必要なのは客観的な判断と素早い決断と社会性と機転と工夫なのである。しかし、そのような実践を可能にする強い信念・自己規定を支えるものは「幻想」ではないだろうか。性幻想。イメージの世界であるべき自分の像。

二〇〇三年一月二九日（水）その二

幻想を現実にするための道具を一つみつけた。立ちションヘルパーだ。トランスセクシュアルではない私には不要だし、最初はなんだかおかしなものにも思えた。しかし、女性の肉体を持っている男性にとってこの小さなポリエチレン製品がどのようなものであるかに思い至った時、私は感動せずにはいられなかったのだ。

注

・ジェンダー　ある社会における「女らしさ」「男らしさ」

・性自認　自分が女／男であるという認識

・性同一性障害　性自認と肉体的性別の不一致（トランスセクシュアル）に顕著な苦痛を感じる状態。「障害」という言葉の使用にはさらなる議論が必要

・ポリセクシュアル　セクシャリティは十人十色という考え方。私はこの立場

二〇〇三年一月三一日（金）
この世界の苦難を避けることができないというのに、そもそもいかにして人間は幸福でありうるのか。
まさに認識に生きることによって。（中略）
認識の生とは、世界の苦難をものともせぬ幸福な生である。（中略）
この生にとっては、世界の楽しみはたかだか運命の恩寵にすぎない。
（「草稿　１９１４—１９１６」『ウィトゲンシュタイン全集１』奥雅博　大修館書店　一九七五・四）

したがってまた、このようにも言えるだろう。
運命の恩恵に与り、世界の享楽を味わい、「幸福」でありながらも、認識の生において不幸であることもまた可能である。
今日は、ルイ＝トマ・ペルティエ『お人形と結婚した男』と、野矢茂樹『同一性・変化・時間』と、おもちゃの指輪（五〇〇円）を買いました。うれしい。

二〇〇三年二月三日（月）
私は大変なこわがりなので、ホラー映画は四本しか見たことがありません。見た順に挙げると以下の通り。
・「バスケットケース」（勘違いフリークス？　映画）

・「魔人ドラキュラ」（ゴシック映画）
・「ステーシー」（純愛ゾンビ映画）
・「エクソシスト」（キリスト教関係映画）

「バスケットケース」と「魔人ドラキュラ」と「ステーシー」はまったくこわくなかったのでひょっとしてホラー映画ではなかったのかもしれません。

「バスケットケース」は目が光ったりテレパシーが使えたりする人が出てくるのですが、シャム双生児にはそのような能力があるとでもいうのでしょうか、それとも彼は単に超能力者なのでしょうか。全然納得がいきません。大学一年の時ブラウニングの「フリークス」が好きだと言った私にある先輩が貸してくれたのですが、「こんなのフリークス映画じゃありません！」と怒った私が「フリークス」を見せたら反省していました。

しかし「エクソシスト」はとてもこわかったのでホラー映画です。

どれくらいこわかったかというと、あまりのこわさにカトリック正式の祓魔式次第を調べ、祈禱書並びに聖書の当該所を朗読し、ロザリオ（信者でもないのにラテン語でロザリオの祈りを唱えることができる私）を握って眠るくらいこわかったのです。

ある方が「処女の生き血」を貸してくださるそうですが、これはこわくなさそうなので安心です。

二〇〇三年二月一一日（火）

私が初めてタンポンを使ったのは小学校六年生の夏だった。

私は女性で、膣があり、排卵していた。私は犯されうる肉体を持ち、妊娠させられうる状態でいた。

私は、男性から性的な目で見られることが多かった。性的な目的で利用したいと思われることが多かった。

バスに乗れば触られ、図書館に行けば書架の間で性器を見せられ、部屋では押し倒され、街を歩けば後をつけられる。

家に私しかいない夜にお風呂に入っていると、風呂場の窓の外でぴたりと止まる足音。

朝玄関から出ると落ちている、精液の入ったコンドーム。

雑居ビルの階段で突然後ろから駆けあがってきた男に羽交い締めされ胸を摑まれたこともある。

夜、たまたま人通りが絶えた近所の道で、四人の若い男が乗った車に突然横付けされ、無理矢理乗せられそうになったこともある。

私は常に抵抗し、警察を呼び、大声を出して相手を追いかけた、公の処分を求めた。私は今も常に催涙スプレーを携帯している。私の意志に反して私の身体を性的に利用しようとする者を私は決して許さない。

自分が性的身体を持っていることを自覚しないでいることは不可能だ。

自分が性的身体を持っていないふりをして、何も知らないで生きていくことは愚かだ。

それでは、毎日を切り抜けていけない。

私は貞操帯が好きだ。金属製の、オーダーメイドの、装着しての日常生活が可能な貞操帯を持っている。持っているだけでつけてはいないけれど、それがあるというのはうれしいことだ。

（多分それは、銃を隠し持つ人の気持ちに似ている）。

貞操帯の話をすると、好色な笑いを浮かべる男性がいる。

貞操帯は、「あなたは私に入れない」、「私を犯すことはできない」という意味なのに。

拒まれていることに気がつかないほど、女性の身体は使用されうるものだと信じているのだ。鍵が与えられることを疑わないくらいに。

タンポンは便利な生理用品だ、けれども、初めてタンポンを使った私が覚えた達成感は、単にそれが便利だという理由によるものではない。

その時、膣は私がコントロールしうるものになったのだ。

無自覚なままでは無垢ではいられない。小学生の私は、「無垢」でいるために、自分の性的肉体をコントロールすることを決意していた。

二〇〇三年二月一三日（木）
遥か未来、人類社会にはヒトを遺伝子改良して創られた「有機人形（オルガドール）」

と呼ばれる生物がいた。有機人形たちは持ち主の好みに合わせて様々に肉体改造を受けることが多かった。

第四次世界恐慌がある一人の若き大富豪を破産させた。妻子は彼の元を去り、有機人形は全てどこかへ売り飛ばされた。

だが彼の一番のお気に入りだった改造有機人形は…そう…、彼女は歩いたのだ！　切断された四肢で!!


「よかった…。気がついたみたいね」

「……。いやーっ!!　なんで目が開いているの!?」

「ごめんごめん。自力でやってくには目が見えてた方がいいと思って…」

「この姿でいることが、わたしの、ご主人さまへの愛の証だから。手足を切断されたときも、歯を全部抜かれたときも、うれしかったけど…。瞼を縫い閉じられたときも、すごくうれしかった。ご主人さまの望む姿になることが。ご主人さまに快楽を与える以外何もできない無力な道具になることが」

（中略）

「わたしもあなたと同じ、ご主人さま特定型有機人形なの。もしあなたが万難を排してご主人さまと再会して…、それでもご主人さまがあなたを「いらない」と言ったら…？」

「ご主人さまがわたしを必要としないのならわたしは去る！　そしてご主人さまに愛さ

れたことを誇りに、寿命が尽きるまで生き続ける！」

（蜈蚣 Melibe「故郷へ歩いた乙女」『人形八夜』海牛連合　二〇〇二・一二　適宜句読点を追加）

私には四肢があり、歯があり、目が見える。自在にキーを打つことも、本を読むことも、どこへでも打ち合わせに行くこともできる。身の回りのことは皆自分でできて、やりがいのある仕事ができる。

私は快楽を与えることはできないかもしれないけれど、他のことで、役に立てるかもしれないと思う。必要・不必要とはまた違ったところで。

家で資料を整理して書類を纏めていたら、蜈蚣 Melibe の本が届いた。私にとってとても大切な物語である「バージェスの乙女たち」の新刊だ。

私も故郷へ歩く。たとえ辿り着けなくても、そちらを向いて立つ。故郷を指し示す道しるべになる。

二〇〇三年二月一五日（土）

私が敬愛する聖女にアレクサンドリアの聖カタリナがいる。哲学者と乙女の守護聖人だ。彼女を守護聖人とした教会が日本に一つだけある。その教会を訪ねて、ミサに与った。

私は神学書はよく読むが、信者ではない。イタリア、トルコ、イギリス、フランスで教会を訪ねたことはあるが、ミサに出席したのは初めてだ。

そして、私が初めて出席したミサの第一朗読はなんと、創世記三・一六　一九だった。

16　神は女に向かって言われた。
「お前のはらみの苦しみを大きなものにする。
お前は、苦しんで子を産む。
お前は男を求め
彼はお前を支配する。」

一応注がある。

「彼はお前を支配する」男が女を支配するということは、神の本来の意思によるのではなく、人間の罪の結果である。

よりによって、私が、初めてミサに与った時の聖句がこれなのか！

カトリック（クリスチャン）になるなというお告げなのだろうか……。

それとも。

男が女を支配するのではなくて、「誰か」が私を支配するの？

私はあなたを求め
あなたは私を支配する。

二〇〇三年二月一六日（日）その一

ピエール・モリニエ。

画家。人形作家。写真家。

ナルシスト。フェティシスト。女装狂。近親相姦と死姦の愛好者。

拳銃マニア。自殺者。

みずからの精液で絵を描いた男。

みずからの絵のなかで女となり、みずからと交合しようとした男。

みずからのつくった人形に、みずから化身しようとした男。そのさまを写真に記録しつづけた男。

密室のなかで自己完結しようとした男。

不可解な男。明るい男。

単独者。両性具有者。天使。瀆神者。

今世紀のもっとも猥雑な、しかも純粋なスキャンダリスト。

（巖谷國士「ピエール・モリニエの画集のために」『ピエール・モリニエ』トレヴィル　一九九四・八）


昨日の創世記に当て付けるわけではないが、モリニエのオリジナルプリントを買ってしまった。

私はモリニエの作品の全てが好きなわけではない。その精神が好きなのだ。彼が幻想を現実化したその力を、自らを素材にして理想の異性をこの世に造り出したその意志を、私は尊ぶ。一七歳のとき、私は前掲書を読み、この文章を読み、そのような者が世界にいたことを感謝した。
私の部屋にあるのは、この写真だ。

二〇〇三年二月一六日（日）その二
憧れのアスタルテ書房へ行く。二時間半くらいいた。あそこが自分の家ならいいのに。ちょっと信じられないような普通のマンションの一室が古本屋で、板張りの床に靴を脱いであがるのです。アンティークの書架には美術・幻想文学・シュルレアリスム・エロティシズムに関する本がずらり。本だけではなくて、絵画や写真、人形（四谷シモン）などもあります。今はなきデルタ・ミラージュにちょっと似ていて、もっとくつろげる感じ。本がとても好きな知人の書庫にお邪魔して、構われずに好きにさせてもらっているみたいな。
絞りに絞って本を六冊買いました。
・ホリー・ワーバートン画集『キマイラ』（黒百合姉妹のCDジャケットでも有名）
・荒木博志自動人形写真集『ECSTATIC MECHANISM』（四谷シモンの自動人形機構を作成している荒木博志の眠り続けるアトムをテーマにした作品集）
・Julian Murphy 画集“The Singular Art of Julian Murphy”

・Pierre Louys "MANUEL DE CIVILITE"（大好きな「少女むけ礼儀作法の手引」の原作！　フランス語読めないけど）
・Philippe Cavell "L'ermite de l'Apennin JULIETTE de SADE 2"（サドより誇大妄想的な漫画。アン・ライスの「眠り姫」のハード版というか）
・レミ・マグロン画集『サド、マゾ、シック』（家具化・器具化好き）
幸せな時間でした。

二〇〇三年二月二一日（金）その一
移行対象は、毛布やタオルケット、ぬいぐるみなどに幼児がむける激しい愛着行動の現れです。それは単に、母そのものが得られないための代償的な執着ではありません。それは現実の母親からもはや得られなくなった幻想的な一体感を、イメージの次元で得ようとする幼児の必死の試みです。
［移行対象は］初期のよき対人関係が内化され、不安を静める機能をもつ
（井原成男『ぬいぐるみの心理学』日本小児医事出版社　一九九六・一二）
その対象を「母」（親の内性別が女の方）と呼ぶことに対して、私は拘らずにはいられません。家族（子を育む環境）は、性別や立場ではなくて、意味や現れや行動や関係で

捉えられるべきでしょう。卵子・母胎提供者である戸籍上の母と、精子提供者である戸籍上の父双方と同居する子というケースは単純で多くの場合当てはまるとはいえ。大事なことは、移行対象であるぬいぐるみなどは「柔らかく、肌ざわりがよく、暖かい」、「一体感を与える」、「いつも身近にあったもの、なつかしいものであり、いつも優しく身を包んで守ってくれた」ものの象徴だということです。たまたまそのような性質を持っているのが多くの場合母だというのに過ぎません。

二〇〇三年二月二一日（金）その二

さて、うちにはクトゥルーちゃんと、ちびクトゥルーちゃんと、ナイアルラトホテップちゃんがいます。クトゥルーちゃんはちょっとえらそうな様子をしていて、寝るのが好きです。起きている時はわんぱくで、結構むこうみずなところもあります。愛嬌があって、甘えるのが上手です。頼りがいがあって、私がこわがっていると「だいじょぶだよー」と言ってくれます。クトゥルーちゃんがいると安心です。

ちびちゃんは、元気いっぱいでちょこちょこと飛び回っています。出かけたがるし、家の中でも探検しています。

ナイアルラトホテップちゃんはさみしがりで、私が本を読んでいると後ろから這い寄ってきてぺとーんとくっつきます。

私が、クトゥルーちゃんたちといて安心するのは、すでに知っている原初的なまもられている感覚、いごこちのよさを体現している存在だからでしょう。（私が蛋白質と水分の塊であるように）彼らはポリエステルでできた大量生産の商品です。そして（私の夢と記憶が鮮明であるように）鮮明な存在感を持っています。彼らはしゃべらず、私も彼らに話しかけませんが、私が帰ってくると、いつも彼らはそこに「いる」のです。

二〇〇三年二月二二日（土）

レカンのデザートを食べるたび、私は神話の中を生きていると思う。フルコースを食べたあと、もうなにも食べられないというときに、その見事なデザートの時間はやってくる。まず、季節のデザート。次にケーキの盛り合わせとフルーツカクテル、この時紅茶もやってくる。そして最後に、紅茶を飲みながらつまむプティフール。多分デザートの時間は三十分くらいだろう。でも、その三十分はまるで紀元前から続いているかのように感じられる。モンブランを口に運ぶ、クリームが舌の上で溶ける。そのとき、私は、全ての美食家が生きた時代を同時に生きる。蠟燭の光に透ける紅茶。紅茶の水色に見とれた全ての時間がいま同時にここにある。幼稚園の夏休みはほとんど半世紀程にも感じられたものだが、ここではココナツムースを味わう間に一冬が過ぎていく。

深紅の絨毯と壁紙、黒檀と鏡でできたアール・ヌーヴォーの地下の部屋。間接照明と、各テーブルに置かれた蠟燭が光源だ。合わせ鏡に映る饗宴は、空間だけでなく時間をとおして広がる。

ビルボの詩の朗読は終わらない。甘い物だけが引き起こす酩酊感に酔いながら、私は大広間の隅でちらちらする火を見つめる。

隅の深紅の寝椅子に深々と腰掛け、私はビーズの縫い取りのある室内履きを爪先でぶらぶらしながら頁を捲っている。革装のこの本は、字も深紅で印刷されている。室内履きには、薔薇の花弁がついてなかなか取れない。ヘリオガバルスの命で敷き詰められた薔薇の花弁だ。

そこに、豪奢な道化服を纏った侏儒《しゆじゆ》が、とんぼ返りをうちながらやってくる。

「金色の蜂蜜酒入りボンボンはいかが？」

侏儒が差しだした金釦《ボタン》を見つめて私は言う「だって、これ釦じゃない」

「これが釦ですと？」侏儒は慌てて懐中時計を取り出す。

「ああ、今を間違っていました。それでは、七百年とんで五十一日後にまた」

侏儒は釦を飲み込み、姿を消す。

「紅茶のお代わりはいかがですか？」

ウェイターの声で、私は引き戻される。ええいただきます。ストレートで。

この地下の部屋から出れば、そこは夜の銀座だ。

この地下の部屋にいるかぎり、ここは、すべての饗宴の時間だ。

遠くでクレオパトラが真珠をワインに溶かして飲んでいるのを見ながら、私は生チョコレートを摘む。

二〇〇三年二月二六日（水）

物欲乙女の二階堂奥歯です。『ジャンヌ・ダルク処刑裁判』を読んだりカトリックサイトを見たりしています。ジャンヌ・ダルクのところには毎日アレクサンドリアの聖カタリナが現れたんだよ。カタリナも「女だてらに」武装して皇帝の元に哲学論争をしに行ったので、先輩みたいなものです。

さて、私がとても注目している聖具のオンラインショップがあります。ここは非常に独自性のある品揃えをしています。

例えば、スポーツをしている子どもにプレゼントするための、Jesus Inspirational Sport Statues。イエスが様々なスポーツを子ども達と楽しんでいます。バレエや柔道もあるよ。サンダル履きでサッカーをしたら爪が割れそうとか、その格好でスキーは寒そうとかありますが、楽しそうでいい。ここには看護婦、警官、消防士を励ますイエスもいます。

同時多発テロ以降できた God Bless America products というコーナーもある。なんだか神の名のもとにアメリカ帝国が世界を征服しそうでこわい。one nation under god って言われても。Military Medals のコーナーもあるし。聖ジョルジオ、聖クリストフォロ、大天使ミカエルが戦いの守護聖人です。

Rosary Guild は、貴石や宝石、貴金属を使った美しいロザリオを扱っているところですが、ここには Military Collection というコーナーがあります。米陸海空軍のイメージカラーのロザリオ。

こういうのを見ると、本気でイラク攻撃する気なんだなあと肌で感じますね。しかも、日本にいると忘れがちだけど、それは宗教戦争なんだと。

二〇〇三年三月一日（土）

踏石の上に例の下駄あるべしと思ひ、何心なく踏石へをり立しに、その冷氣事《ツメタキ》氷をふむやうにて、しかもやはらか成ければ、不思議に思ひ椽へ上らんとすれども、ねばりねばりとして足揚りがたく、鳥もちをふみ付たるが如し。下を見ればおぼろ〳〵と白《シラ》けて見ゆるを、よく〳〵見れば人の腹の上へあがりたると見えて、やはらかにてつめたし。死人をふみ付たると覺ゆれば、踏ながらとくと見るに、手足は至て短く、貌と覺しき方何かぱち〳〵とちひさき音の聞えけるゆゑ、のぞきて見れば、目を動し瞬《マバタキ》をする音なり。かつぽ蟲などの飛やうなる音、絶間なくぱち〳〵と聞えける。

（「稲生物怪録」『新修　平田篤胤全集　第九巻』名著出版　一九七六）

稲生物怪録にはへんてこでかわいいもののけばかりが出てくる。そのあらわれ方は人間界の条理に照らせば奇妙で不思議なのだけれども、どうもわれわれの馴染みの法則とは違ったやり方が後ろにあるように感じられる。めちゃくちゃだけれども本当らしく、印象的だ。

私が特にすきなのは、平太郎少年が夜に外の厠へ行こうと縁側の踏石の上に立ったら、そこには踏石の代わりにつめたくてやわらかでねばねばしたものが寝ていて、しかもぱちぱちとまばたきをし続けているというところ。

こんなものがいたら怖くはない。ただとても変だ。平太郎は剛胆だからもとより怖がりはしないけど、これに関しては困って言う「是迄色々珍らしき事、不氣味なる事数々有しが、足のうらにちゃ〳〵と付たるには大きに困りしなり、又目のぱち〳〵が耳に付て、寝られざりし」。

「稲生物怪録」はちっとも怖くない。その代わりとてもへんてこだ。もののけに対して、ねばねばで困るとか、まばたきがうるさいとか、現実的な対応の仕方をする平太郎の意識も含めてへんてこだ。

これは異界の物語ではなくて、ある夏の平太郎の日常生活の話なのだ。そこに出てくるもののけは、不思議だが不自然ではなく、意味はわからないが不条理ではない。

雨の音を聞きながら昼寝をする。クトゥルーちゃんのおなかはちょっと出ていてやわらかくてひやっとしている。ぱちぱちまばたきはしないけど、もぞもぞ触手を動かしている。おなかに触られてくすぐったいのだ。

二〇〇三年三月二日（日）

小宇宙を造ろうとする物語が好きだ。そもそも物語というもの自体が世界の雛形であり、書物もまたそうである。

「形見函」とは、ある人の思い出のこもった物を詰めておく函のことだそうだ。そこにつまった物はばらばらで、その人を知らない者には意味がわからない。函を繙きオブジェを解読したとき物語はそこに見いだされるだろう。

そうして語られた物語が、アレン・カーズワイル『驚異の発明家の形見函』だ。時計、自動人形、函、詰め込まれた歯車が小さな世界を自転させる。表紙になっている形見函のオブジェ、函を思わせる角背の造形を含めて素晴らしい本だ（オブジェ制作・装幀は柳川貴代）。スティーヴン・ミルハウザーが書いた『ジョン・ランプリエールの辞書』のような物語。

時計もまた正しく世界の似姿であり、その中で天地は経巡る。内部機構が見える懐中時計が好きだ。両面スケルトンでムーンフェイズの懐中時計があったらほしいのに、見つかりません。

EPOSの全面・両面スケルトン懐中時計、BOEGLIのオルゴール付きスケルトン懐中時計、どれも美しい。けれども、私は時刻が知りたくて懐中時計を求めるのではないのだ。知りたいだけなら、パソコンにも携帯電話にも時刻は表示されている。だから、探しているのは例えば太陽の衛星と月の公転・自転周期時計、星座時計。月はムーンストーン、水星はアクアマリン、木星はルビーと言うように、該当する石を散りばめて裏からは歯車が見える。宇宙が掌に載り、そこからは天球の音楽が聞こえる、そんな時計。

星座盤が付いた腕時計はありました。シチズンのコスモサインです。でもデザインがだめです。もっと工作舎っぽいデザインにしてください。それに腕時計にしては大きすぎるけれども星座盤としては小さすぎて見にくい。懐中時計を作ればいいのに……。

二〇〇三年三月六日（木）

ところで、神について考えるということは、人間にとり、神との最高の接し方ではない。というのは、神について考える人間は、無限の神を自分の有限な概念やことばのレベルに格下げしてしまうからである。これとは異なり、神に向かって祈るときには、人間は、有りのままの神に対して心を開くのである。その人はもはや、神を人間のことばで説明しようとはせず、有りのままの神、名状しがたい神に呼びかけるのである。

（ペトロ・ネメシェギ「序言」オリゲネス『祈りについて・殉教のすすめ』小高毅　創文社　一九八五・一〇）

毎日生きてはいるが、大抵存在していることに気がつかない。この事実は、夢は毎日見るが、夢の中で夢を見ていることに気づくのはまれであることと対比できる。時々ふと存在していることに気がつく。

存在している。その主語は、あえて言えば「世界」であり「私」になるのだろうけれども、それは大した問題ではない。ここで直面しているのは、ひらけ、存在している、という状態なのだ。

そのような状態に対し、覚えてしまうよろこびがある。

本来、肯定も否定もできず、良いものでも悪いものでもありえない「あること」にたいしてとってしまうあり方がある。

そのようなあり方を、祈りと呼ぶことはあたっているだろうか。

二〇〇三年三月九日（日）

小石川後楽園を散歩しました。箱庭。東京ドームや高層ビルやジェットコースターに囲まれて、小さな湖と小さな川、小さな山と小さな谷、小さな島があります。半円の橋が水面に映って満月となる円月橋は見事。

湖の底には龍王が住まい、千年の夢を見続けている。龍の夢は男となって娘のもとを訪れるが、夢とはたよりなきもので、いつしか彼は消えてしまう。娘は男を捜し、龍の棲む湖にたどり着く、しかし人の身を持つものがどうやって深い淵へとゆけるだろう。

湖にそそぐ川には弧を描いた石橋がかかっていて、その姿が水に映れば円かな月が浮かび上がる。満月の晩、月影のもと、橋が描く月の中をゆくならば、魚に変わることができるという。娘は夜に帯を解き、水鏡にて紅をさし、そして二度とはもどらなかった。娘は紅い金魚に変わり、人の記憶をなくしてしまった。金魚であれば深く潜ることもできない。ただ、龍の夢が溶けた湖水の面で、うとうとと、小さな夢を見つづけている。

君とまたみるめおひせば四方《よも》の海の
水の底をもかつき見てまし
和泉式部

二〇〇三年三月一一日（火）
私の神よ、あなたをお愛しします
私の唯一の望み、それはあなたを愛すること
息を引き取る最期の最期まで
限りなく愛すべき神よ、あなたをお愛しします
あなたを愛さずに一瞬たりとも生きるよりは
あなたを愛しながら死ぬほうを選びます
主よ、私がお愛ししながら願う唯一の恵みは
永遠にあなたを愛し続けることです

私の神よ、あなたを愛し、天国を望む理由は
あなたを完全に愛せる幸せを
　得ること以外にありません
私の神よ、たとえ私のこの舌が
「お愛しします」と言い続けえないとしても
私が呼吸をするたびごとに
心臓がその言葉を繰り返すよう望みます
私の神なる救い主よ、あなたをお愛しします
あなたが私のために十字架にかかってくださり
この世で私を、共に十字架につけられた者と
してくださったからです
私の神よ、あなたをお愛ししながら
また、あなたを愛していることを自覚しながら
世を去る恵みを
どうか私にお与えください

（アルスの主任司祭ビアンネ「私の神よ、あなたをお愛しします」『聖人たちの祈り』
石川康輔　ドン・ボスコ社　一九九三・一一）

どうか私の想いがゆるされてありますように。

私の想いがあなたを苦しめず、ただ笑いながら受け流していただけますように。

天国など望みません。ただ、あなたを想いながら今を生きられますように。

あなたが十字架にかかるようなとき、私がそれを代わることができますように。

わたしは愛されることを求めません。ただ、私が愛することがゆるされてありますように。

二〇〇三年三月一四日（金）

築山を造ることにより、ある一定の面積の地面に変化がつき、かえって庭が広く感じられる。あるいは庭に視界を遮る部分ができることにより、そこがどうなっているのかと想像させることにもなる。池の水が築山の裏まで回っていると、この池はどこまで広がっているのか、と連想させる。こうすることにより、庭そのものに奥ゆかしさが出て、見る者の想像を誘う。日本庭園は囲われた空間を作ることにより、独立空間を確保しようとする。

（枡野俊明『日本庭園の心得　基礎知識から計画・管理・改修まで』毎日新聞社　二〇〇三・三）

グリーン・ノウ、アルンハイム、パノラマ島。驚異と謎と懐かしさと神話に充ちた小世界。

庭には起伏が必要なのだ。平坦な庭に驚きはない。まだ見ぬ何かを呼び入れるために、山を、陰を。

祖父は庭造りが好きで、よく気に入った木を買っては植木屋を入れていた。茅葺き門をくぐるとひんやりとした石畳の道。芝の中の飛び石をつたって池。石橋を渡って池の向こう、紅葉の木の裏の小さな小さな道をゆく。ここは秋。

半ば池に突き出した大岩の上に横になって本を読む。あるいは、木漏れ日の中石畳にうずくまり、燐光を放つ苔にそっと触れる。鹿おどし。玉砂利。水はきらきらと。ここは夏。

いくつもある大きな岩に登るのが好きだった。そこから見えるのは石畳の道に続く竹の戸。その先は玄関、そして裏庭。裏庭の中には椿の木立があり、そこはいつでも薄暗かった。寂しい冬の庭だ。そして、垣根の向こうは花が咲く春の庭だった。

庭には、いつも見えないところがあった。「向こう」が、子どもの頃の家の庭にはあった。小道があり、岩と木に隠れた小さな場所があった。

(その後、家も庭も改築したので、今は一面見えてしまう。明るい庭だ)。

見えないところがある方が広い。知らないところがある方が広い。

小さな箱に、山と谷と池と川を、森と岩地と砂浜と、そして「向こう」を詰め込んである庭。

明日晴れたら六義園へ行きます。

二〇〇三年三月一六日（日）

510　マリアは「御子を懐妊したときも産んだときも処女であり、妊娠中もその乳房をもって育てたときも、終生処女のままでした」183）。マリアの全存在が「主のはしため」（ルカ1・38）なのです。

183）聖アウグスチヌス『説教』（S. Augustinus, *Sermo* 186,1：PL38, 999）。

（『カトリック教会のカテキズム』日本カトリック司教協議会教理委員会
カトリック中央協議会　二〇〇二・七）

氏賀Y太の「肉色の水」を思い出してしまったよ。「肉色の水」は身体がよくのびるように改造されてしまった少女の話で、彼女は、膣に肘まで腕を入れられても、プロパンガスのボンベ（人くらいの大きさ！）を入れられても処女膜に傷一つ付かないのです。おとめマリアの処女性に関しては宗教的な神秘なので物理的なレベルで語ることではないでしょう。

ただ、現実問題として精神の処女性と肉体の処女性を混同することにはかねがね違和感を持っています。便宜的に使っていますが「処女性」という言葉にも。そして、処女膜と呼ばれる襞が裂傷を受けたかどうかに拘ることは、時に非常に滑稽だと思います。

「肉色の水」の主人公貝島絵理子さんは、最期に自分を改造した科学者を膣に飲み込んでしまうのです。勿論それでも彼女は「処女」。

「安心なさいお嬢さん!!　私はあなたの父上にこう伝えました。「お嬢さんには傷ひとつつけない」とね！　処女膜すら破りませんから」

（氏賀Y太「肉色の水」『毒どく猟奇図鑑』桜桃書房　二〇〇〇・七）

犯されることとは関わりなくある「処女性」とか、不条理な暴力や無惨さを超えうる無垢とか、そのようなものを見たい方は氏賀Y太の作品をどうぞ。

二〇〇三年三月一八日（火）その一

水を飲もうと起きたら午前三時すぎ。真夜中に私は無駄に三十九度の熱をだしている。ちょっとお酒を飲んだり、寝不足をしたり、戸外を歩き回るとすぐ熱がでる私の身体は、具合が悪いのがいつものことだ。だからといって苦しいことに慣れるわけではない。会社を休んできちんと熱を下げた方がいいのかもしれないけど、それは、年に三回くらいしか熱を出さない人の場合ではないでしょうか。月に三回も熱を出す私は、もう休みすぎです。

ネガポジ反転した会社でふわふわと。みんなちかちか輪郭線を瞬かせています。貧血でブラックアウトした視界の中歩く「あれはあしたはいるよていです」目は開いているの

になにも見えません脳に血がいってないからもうあとなんびょうかでわたしたおれる
「かくにんしてまたのちほど」そのまえにいすにすわれれば……。

……間に合った。「はい、改めてこちらからご連絡させていただきます。宜しくお伝え下さいませ」

(貧血になる度に思うけれど、見ているのは目ではなくて脳だ。何百回目かの実感)。

風邪ではない。熱。頭痛。貧血。眩暈。悪寒。のぼせ。あたまがはたらかなくなる。

(もうこの身体を持って歩きたくないわ)。

口に入る空気が冷たすぎて凍りそうで眠れません。

横になって目を閉じると、水に石油を流したようなきらめく虹色のマーブルがみえる。

マーブルの体温。熱い。寒い。

(光も脳で見るのね)。

本当に、明日ちゃんと仕事ができますように。

もっとちゃんとできますように。

クトゥルーちゃんありがとう。隣にいてくれて。

二〇〇三年三月一八日(火)その二
お酒も飲んでないのにくらりくらりと街は揺れるのでなんだか楽しいな。
しなくてはいけない電話、ファックス、調べもの、各部署への確認と連絡。そのあいだにも何もないところで五回ほど転ぶ。転ぶというか、身体のちからがかくんと抜けて、床に落ちてしまうのだ。すぐにぴょこんと立ち上がって走り出す私を部長がとっつかまえた。

「あー、二階堂は走るな。もう今日は帰って釘でも舐めてろ」（貧血予防？）と、いうことで、私は家でお仕事中でございます。途中で点滴してもらったから元気です。ご心配かけた皆様すみません。

二〇〇三年三月一九日（水）

熱が下がったので会社に行きました。

ところが今度はこまったことに、まっすぐ歩けなくなってしまったのです。仕方がないのでくねくねあるいています。マザーグースのくねくね男みたい。たまにうずまきまで書いてます。

さらにこまったことに、二十五分に三回くらい、突然、操り人形の糸が切れたように床に落ちてしまうのです。

頭はすっきりしていますが、想像した記憶と、現実の記憶の質に違いが見いだせません。実に困ったことです。メモを書くしかありません（百年の孤独じゃないんだから）。受け取るものを受け取り渡すものを渡し伝えることを伝えてから帰ってきて家で仕事をしてます。

床に座って仕事をしていると、倒れても大したダメージがないのです。ありがたいことです。

二〇〇三年三月二〇日（木）

午後に早退してから、金曜日の午後四時までの間ほとんど記憶がない。苦しかった。

二〇〇三年三月二一日（金）その一

タロットあれこれ

●おかしなタロット

（きりがないのでタロットの意匠に多少なりとも則っているものだけ選びました）

・Saint Seiya Tarot（聖闘士星矢。絵が下手）
・Sailor Tarot（セーラームーン）
・Hello Tarot（サンリオ）
・Star Trek Tarot（スタトレ。絵が下手）
・Alcohol Tarot（酒飲み用）
・H P Lovecraft Tarot（絵が変）
・Silicon Valley Tarot（ハッカー用）
・Ukiyoe Tarot（良く出来てはいる）

二〇〇三年三月二一日（金）その二

●気になるタロット

・Carvin Rinehart Tarot（Carvin Rinehart の写真。ベッティナ・ランスに似ている。この人素晴らしいと思うのですが、アマゾンで調べたら画集もタロットも発売されていません）
・Tarot of the Saints（聖人画）
・Golden Tarot（美しい聖画風）
・Kei Tarot（懐かしくて現実感のある夢）
・Ursidae Tarot（テディベアの写真）
・Victoria Regina Tarot（スティームパンク？）
・Golden Tarot of the Tsar（イコン）
・Philosopher's Stone Self-Awareness Deck（石？　まばたき石？　タロットじゃないけど）
・Universe Cards（タロットじゃないけど）
・Secret Dakini Oracle（タロットじゃないけど）

二〇〇三年三月二一日（金）その三

●持っている中でお気に入りのタロット
・Zerner-Farber Tarot（タペストリとビーズ、紙のコラージュ。実占はこればかり）
・Goddes Tarot（各札に世界中の女神の絵が描いてある）
・Aquarian Tarot（人物カードが全てコートカード風に処理されているという難点あり。でも使いやすい）
・Black Tarot（ややエログロダークファンタジー）
・H.R.Giger Tarot（Baphomet Tarot）（22枚。実占には不向き？）

二〇〇三年三月二三日（日）
綺麗なものたくさん見られた。しあわせ。
そろそろこの世界をはなれよう。

二〇〇三年三月二七日（木）
私はこわがりで、こわがりで、こわがりだ。
にこにこしながら怖がり続ける私がぎゅっと裾をつかむことを許してくれるあなたはとてもやさしく、とても大きくて、私は、そんなあなたの爪先に触れることができるだけで幸せだった。
あなたは決して私を見ないから、私はあなたを見上げていられる。

あなたは決して私を愛さないから、私は決してあなたに捨てられることがない。

あなたのおかげで、ここでこうしていられます。

でも、でも、もうこわくてしかたがありません。

(それはあなたのせいではないのです)。

もうここにはいられません。

(あなたはいていいよって言ってくれますけれど)。

ただ、明日が来るのがこわくて仕方ないだけです。

今日が世界の終わりなら、私は幸せに生きるでしょう。

私はもう私ではなくなり、あなたはいつもあなたのままで、そして、もうわたしではないものが、あなたをあわくつつみこむ。そのようになりたいとおもいます。

「いつか」は明日でも、来月でも、きっと来年でもない。

だから、先に行って待っていようと思った。

この身体を離れて、私は葉山の大気に溶ける。

あなたを想いあなたを護る精になる。

あなたを包む風になる。

あなたを暖める火になる。

あなたを潤す水になる。

あなたを支える大地になる。

あなたはそれに気がつくことがないまま、ここは居心地がいいと思ってくれたらいいな。
日曜日に眠りにつき、そして、目が覚めた。
私は、やっぱりまだ、ここから逃げられない。

二〇〇三年三月二八日（金）
今日は、自分の言葉ではなく、雪雪さんの言葉を書く。
あなたという図書館を焚かれると、利用者としては困る。再建できないし。
あなたのからだ、あなたのそばに置いておきたくないな。無駄遣いするから。
ところで自殺する奴隷って、最低の越権行為だと思わないか？
（雪雪さんのメール「お報せありがとう。これは届くかな？」二〇〇三年三月二六日）

165
あまりにも激しく祈る者は、自分に向けられた祈りには応えないもの
（雪雪「叙景集」『醒めてみれば空耳』二〇〇三年三月二八日）

二〇〇三年三月二九日（土）
マリヤ言ふ『視よ、われは主の婢女《はしため》なり。汝の言《ことば》のごとく、我に成れかし』

主よ、どちらにおられますか？
主よ、あなたはどなたですか？
「お言葉どおり、この身に成りますように。」
ああ、我が主。あなたはどなたですか？
どうか、お言葉どおり、この身に成りますように。
あなたの。
お言葉どおり。
この身に成りますように。
あなたの、
言葉。
そして、
この身。
あなた。
ああ、あなたはどなた？
あなた。
そう、あなたは。

（ルカ伝福音書一‐三八）

どなたなのですか?

二〇〇三年三月三〇日(日)その一

否定的な評価を断言する人がいる。何人か、知っている。彼ら(そう、それはたまたま皆男性なのだが)は、平気で断罪する。まるで、彼にその権利があるかのように。否定することはとても簡単なことのように。多分、彼らは気がついていないのだ。自分たちが振り回しているのが真剣だということに。多分、彼らは気がついていないのだ。にこにこと微笑む「女の子」が傷つきうるということに。

攻撃されそうになると、私はかすかに微笑む。(私に攻撃の意思はありません)。誠意を持って、それでもどうにかほほえみを保って謝罪する。(大丈夫です、あなたのしたことを、攻撃だとは、私はみなしていません)。だってそれはおもちゃの剣のはずなのだから。だから私は傷ついていないはずだから。傷ついてはいけないはずだから。

当たり前の叱責。普通の謝罪。

「泣けよ」「あーっ、ほんとに何も出来ない奴だな、二階堂は。そうやって笑ってれば済むと思ってるんだろ。おまえね、いつか必ず失敗するよ。取り戻せないような失敗」

「死ね。死んでしまえ」

「……そんなこと、言わないでくださいよー」

そして私は帰り道に、トラベルミンシニアを買う。一箱。

「あんたには現場なんかなんにもわかっちゃいないんだ」「いいか、俺の言うことを聞け」「あんたの考えなんか誰もきいちゃいない」

そして私はドラッグストアに立ち寄る。

「アタラックスP下さい、一箱。あ、やっぱり二箱」

「私、あなたが気持ち悪いの。大きなおっぱいって気持ち悪くてしかたがないの。だから、近寄らないで頂戴」「あなた、見苦しいわ」

「……はい、すみません」

二〇〇三年三月三〇日（日）その二
トラベルミンシニアなら体重六〇キロで三八〜六〇錠。失敗なんてしないように大事をとって多めに買った。一二箱。一二〇錠。街角で、一箱六五〇円で買える私のお守り。アタラックスP。ビリジアンとモスグリーンの小さなかわいいカプセル。体重六〇キロで六〇〜六〇〇錠。一箱二〇〇〇円くらいする、自分を殺して赦してもらうための私の免罪符。二〇錠入りのその箱を、四〇箱買った。八〇〇錠のおもちゃみたいなカプセルを、さくらんぼ柄のカフェオレボウルに盛る。

アルコールと飲むと効果は倍増。吐き出してしまってはおしまいだ。飲み終わる前に意識を失ってもいけない。だから、吐き止めと胃薬とグレープフルーツのお酒と烏龍茶で、私はゆっくりと八〇〇錠を飲みほした。一錠一錠飲むのではなくて、一摑みごとに何十錠も。

特定の人のせいなどではない。そんな単純な話ではない。もし、私が書いた言葉を自分の言葉だと思い、気分を害した方がいたら、どうか赦してください。

ただ、私にとって、私の存在価値はゼロなのです。だれかに認めてもらって、はじめてプラス。貶《おと》されれば、マイナス。ゼロからはじまって、完璧にすればゼロをキープできる。失敗すれば、マイナス。

にこにこと綱渡りする。見て、こんなに高く私飛べるよ。一生懸命がんばります。どうか、私を赦してください。私の存在を赦してください。

今日で最期です。絶対失敗しません。準備も万端です。見て、ちゃんと死んでみせます。

死ねなかった。死ぬことも、ちゃんとできない。

ちゃんとできない。わたし、ちゃんとできない。

ちゃんとしなくちゃいけない今日、明日、来月、一年後、十年後、三十年後。どうかマイナスにならず、せめてゼロのままで。赦してもらえるように。

今日はやってみせる。明日も、多分。でも、でも何年も続ける自信はありません。こわい。綱渡りのロープは奈落にかかり、そして向こう岸は見えず、ぼろぼろの内臓、壊れた自律神経、綺麗に着飾った私はにこにこと、さあ、見事綱渡り。もうすぐ朝がはじまる。化粧を直して。さあ、微笑んで。一歩を。

二〇〇三年三月三一日（月）

口琴を買った。唇にはさんでバネを震わせるとぼよよんというかびゅゆんというような倍音がでる。唇の形や口の脹らませ方で色々変化が付けられる。くちびるでふるえる音。微かな震え。天上から届くような。違う、空気そのものが振動しているかのような。耳をすまさないと聞こえないような。二人でいないと聞こえないような。心臓の音が聞こえるくらいの距離でないと聞こえないような。震えているの。聞こえます。聞こえますか？　ここはあたたかくて、しずかで、そしてふしぎな音が聞こえるの。うれしい。うれしい。うれしい。

二〇〇三年四月一日（火）その一

「この国を愛しているためだ」

「おお、なんと！」と魔王は嘲笑した。「おまえがそんなにもうろくしているとは信じられん。この国はおまえの世界ではない――この国はおまえのけちな忠節を要求していない。そもそも、はじめから、おまえにはふさわしくないし、尊敬もできない。役に立てそうもない人間どもの要求に苦しんできた。下郎！　まだ信じられん。もう一度、たずねる。なぜだ？」魔王はコブナントの信念をつきくずすように、なぜだを強調した。

　この国は美しいとコブナントはため息をついて思った。そして、魔王よ、あんたはみにくい。しばらく、かれは返事をする元気がなかった。やっと答えがみえた。

「わたしがこの国を信じないためだ」

「信じない？」魔王の声は喜悦にあふれている。「まだ、信じていないのか？」そして魔王は声高く笑った。「下郎よ、おまえは情けないほどみじめなやつだ。おまえを側近にしてやってもいいぞ。わたしが負っている荷を軽くする道化師にしてやろうか」魔王はまだコブナントと問答をつづけるつもりだ。「信じないものを愛したり、憎んだり、どうしてできるのだ？」

「どうしてもだ」

「愛したり、憎んだりするものを、どうして信じられる？」

「信じられる、信じられない」

　魔王はまた笑い声をあげた。「わたしの耳がおかしいのか？　わが敵はおまえの心を得るために、あらゆる手を使った。それでも、おまえはこれを夢だと信じるのか？」

「現実ではない。しかし、それは問題ではない。重要なことじゃない」

「では、下郎、重要なこととはなんだ？」

「この国とあんただ」


（ステファン・ドナルドソン『信ぜざる者コブナント　第3部　たもたれた力　下』）

小野章　評論社　S60・5）

二〇〇三年四月一日（火）その二

ソーマは……ソーマであるはずの山桃の木は、嵐の中、ぽつねんと立っていた。なにかもどかしい、足が竦み上がるような不安がわたしを襲った。

わたしの中で、『ソーマ』という言葉が、それ自体の意味を失いつつあった。そしてそれと同時に、つられるように、ほかのさまざまな言葉も、その音声に含まれる意味をほろほろとこぼし始めた。

『わたし』『露種村』『洞窟』『陶器の壺』『外国』『雨』『風』『雷』『イギリスの本』『ばあちゃん』『バス』『卵』『露根山』『天地』『世界』『宇宙』……。

いろんな『言葉』が頭をかすめた。そしてかすめた瞬間、それは砂のようになって落下していった。思い浮かべてはいけない、思い浮かべたとたんにそれらが死んでいく、と、思っても、その思い自体も死んでいった。

止められない。

わたしはどんどんからっぽになっていった。からっぽになりながら、こころのそこからしぼるようにして、くやしい、と思った。

そしてとうとう、わたしの言葉の最後のひとつが思い浮かんだ時、わたしはそれがかすめた瞬間を逃さず捕らえ、それの持つ最後の意味を、せめて口の端にのぼらせた。

「かみさま。」

その次の瞬間には、もう、それも死んでしまった。

（木地雅映子「天上の大陸」『氷の海のガレオン』講談社　一九九四・九）

二〇〇三年四月一日（火）その三

「救済は一つしかない。告白する、逮捕される、裁判にかけられる、罰をうける。どんな犯罪者にとってもそれが理想なんだ。もっとも、ことはそれほど単純じゃない。自我の半分は、罪悪感の苛責から解放されようとして、罪の償いをしようとする。あとの半分は、どこまでも自由でありたいと思う。そうなると、一人の人間の半分だけは降伏して『あたしを逮捕してくれ』と声をあげるわけだが、あとの半分は、逃げみちをさがすために、いろいろな障害物や、身勝手な口実をでっちあげるわけだ。正義の裁きに対する火遊びだね。もし裁くものが賢ければ、犯罪者の協力を得て、手がかりを追うことになる。反対に、裁くものが賢くないと、犯罪者が自分で罪の償いをしようとすることになる」

（アナイス・ニン『愛の家のスパイ』河出書房新社　人間の文学18　中田耕治　一九六六・七）

二〇〇三年四月一日（火）その四

真空を充たしたり、苦悩をやわらげたりするような信仰は、しりぞけるべきこと。（中略）要するに、ふつう宗教の中に求められるいっさいの〈慰め〉をしりぞけるべきこと。

清められるための一つの方法。神に祈ること。それも人に知られぬようにひそかに祈るというだけでなく、神は存在しないのだと考えて祈ること。

完全なよろこびは、よろこびの感じそのものすらも必要としない。なぜなら、対象によってすっかり満たされたたましいの中には、〈わたし〉とことさらにいう余地はどこにもないからである。

偶像礼拝が生じるのは、絶対的な善を渇望しながらも、超自然的な注意力をもたず、それが育ってくるのをじっと忍耐づよく待てないというところからである。

偶像がないときにはまず、毎日、あるいはほとんど毎日、真空状態のままで苦しみぬかねばならない。超自然的な糧《かて》もなしに、そんなことができるはずがない。だから、偶像礼拝は、洞窟内では、生きて行く上にぜひ必要なものである。偶像礼拝においると、最良の人たちの場合でも、知的理解力や善意がせまく限られてくるが、それはやむをえない。

（シモーヌ・ヴェイユ『重力と恩寵』ちくま学芸文庫　一九九五・一二）

二〇〇三年四月一日（火）その五

「俺がバルザックの文章を一語一語読んで聞かせた後、あの子はお前の上着を手にして、もう一度、今度は一人で黙って読んだ。聞こえてくるのは、頭の上でさらさら鳴る葉の音と、どこかの急流の、遠いせせらぎだけだった。天気がよくて空が青くてね、紺碧の空ってやつで楽園にいるみたいだった。読みおえると、あの子は口をぽかんと開けたまま、信者が神聖なものを手にするように、両の手のひらにお前の上着をのせて、じっとしてた」

羅《ルオ》は続けた。「このバルザックってやつは本物の魔法使いだよ。あの子の頭に、目に見えない手を置いたんだ。彼女はすっかり様子が変わっちまって、ぼんやりと夢でも見ているようで、しばらくしてやっと我に返って地に足がついた。最後にそのボロい上着を着て、それもなかなか似合ってたんだが、俺に言ったんだ。バルザックの言葉が肌に触れると、幸せと知恵をもらえそうって……」

（ダイ・シージエ『バルザックと小さな中国のお針子』新島進　早川書房　二〇〇二・一）

二〇〇三年四月一日（火）その六

「金魚が化けられるものかい。」

「あたいね、ときどきね、死んだら、も一度化けてもいいからお逢いしたいわ、どんなお顔をしていらっしゃるか見たいんですもの。あたい達の命ってみじかいでしょう、だから化けられたら、何時か化けて出てみたいと思うわよ。」

「まだまだ死なないよ。夏は永いし秋もゆっくりだもの、冬は怖いけれど。」

「冬は怖いわね、からだの色がうすくなっちまうし、おじさまはお庭に出なくなるし、ねえ、冬んなったらお部屋にいれてね。」

「入れて大事にしてやるよ、暖かい日向にね。そしてわかさぎの乾干をやるよ。」

「あたいね、おじさまのお腹のうえをちょろちょろ泳いでいってあげるし、あんよのふとももの上にも乗ってあげてもいいわ、お背中からのぼって髪の中にもぐりこんで、顔にも泳いでいって、おくちのところにしばらくとまっていてもいいのよ、そしたらおじさま、キスが出来るじゃないの、あたい、大きい眼を一杯にひらいて唇をうんとひらくわ、あたいの唇は大きいし、ののめのめがあるし、ちからもあるわよ。」

「おじさま、して。」

「キスかい。」

「あたいのは冷たいけれど、のめっとしていていいでしょう、何の匂いがするか知っていらっしゃる。空と水の匂いよ、おじさま、もう一遍して。」

「君の口も人間の口も、その大きさからは大したちがいはないね、こりこりしていて妙なキスだね。」

「だからおじさまも口を小さくすぼめてするのよ、そう、じっとしていてね、それでいいわ。ではお寝みなさいまし。」


「きみはいま、おじさんのふとももの上に乗っているでしょう、そして時々そっと横になって光ったお腹をみせびらかしているだろう、それでいて自分で羞かしいと思ったことがないの。」

「ちっとも羞かしいことなんか、ないわよ、あたい、おじさまが親切にしてくださるから、甘えられるだけ甘えてみたいのよ、元日の朝の牛乳のように、甘いのをあじわっていたいの。」

「それ見たまえ、ちんぴらのきみだって、自分のつくったところに、とろけようとしているんじゃないか。何も解りもしないきみがこすり附けたり噛みついたりしていても、それで些《ち》っとも羞かしい気がしないのは、きみが楽《らく》なことをらくに愉しんでいるからなんだ。」


（室生犀星「蜜のあわれ」『蜜のあわれ・われはうたえどもやぶれかぶれ』講談社文芸文庫　一九九三・五）

二〇〇三年四月一日（火）その七

玻璃《ガラス》の尖った指先はみな下方を差している。光はその玻璃《ガラス》を辷《すべ》りおり、滴って緑色の水溜まりを作る。一日中、玻璃《ガラス》の枝つき燭台の十本の指は大理石のうえに緑を滴らせる。鸚哥《いんこ》らの羽――その耳障りな声――鋭利な棕櫚《シュロ》の葉――それらも緑。その緑の針が陽光のなかで燦々《きらきら》と耀《かがや》く。けれども堅い玻璃《ガラス》は大理石のうえに滴る。水溜まりは沙漠のあちらこちらに汎《うか》んでいる。駱駝《らくだ》どもが水溜まりを蹌踉《よろ》めきながら通りぬけていく。水溜まりは大理石のうえに降りる。藺草《いぐさ》がそれを縁取る。水草が繁茂する。そこここに皓《しろ》い花が咲いて出る。蛙がのそのそと這いでる。夜になれば空にある姿と少しも変わらぬ星々がそこに映る。黄昏がやってくる。闇がマントルピースのうえの緑を消しさる。波立つ海面。船は現れない。伽藍《がらん》とした空の下《もと》、目的《あて》のない波が騒ぐ。夜だ。尖った玻璃《ガラス》が青の滴りを落とす。緑の退場。

（「青と緑」より緑『ヴァージニア・ウルフ短篇集』西崎憲　ちくま文庫　一九九九・一〇）

二〇〇三年四月一日（火）その八

昔住んでいたところに「農場」と呼ばれる場所があった。わたしがとても孤独だった時代だ。さいわい、当時のわたしは自分の孤独に気づいていなかった。どこか深いところで感じていただけで、仔犬が痛みをぼんやり感じるように途方に暮れていた。

わたしはかつてそこに住み、沈黙が積み重なった、道路沿いの細長い牧草地があるのを、納屋のうしろから見たことがあった。突然、雄鶏の背後の草原に、静けさが盆のように積み重なっているのを見たのだ。その日の緑なす牧草の原は、あたりに均等に蒔かれた沈黙を支えていた。草原は沈黙の均等な圧力にほんの少し押され、それを担い、たなごころに軽く受けていた。そこは、沈黙に踏みつけられても屈せず、割れて粉々にもならず、むしろひそやかに横たわり、なんでもない、ふつうのことのように時間と物質に姿を変え、沈黙がただ広がって大きく覆ったからこそそれに耐える草原になった開墾地であり、そういう土地もしくは惑星の一部だった。

あのような光景をわたしはたぶん二度と見たくないと思う。この地に孤独が存在するのは、それが抽象として存在するのは、承知していた。だが、神のいます光のもとに、神に許されて、しかも神の署名入りで存在していようとは、思ってもみなかったのだ。

（アニー・ディラード「沈黙の草原」『石に話すことを教える』内田美恵　めるくまーる　一九九三・一一）

二〇〇三年四月一日（火）その九

十歳の子どもたちは、ここで目を覚まし、ここにいることを知る。いままでもずっとここにいたということを発見する。それは悲しいことだろうか。彼らはまるで大股で歩く夢遊病者のように目を覚ます。心臓が止まったあととか、溺れたあと蘇生した人のように目を覚ます。イン・メディアス・レス［事のまっただなかで］、親しい人やものに囲まれ、いろいろな技術を身につけて。子どもは近所も知っているし、読み書きもできる。月並な神秘については熟知している。それでも彼らは、もうすでに始まっている不思議な慣れ親しんだ生活の中に身をおくためにたったいま船から飛び下りたような、たったいま身体と一体になったような、また、たったいま、夢うつつから覚めたような感じがするのだ。

私は、他の子と同じように、何年もかかって少しずつ目覚めた。私は自分を発見し、それを忘れ、また発見した。私はときどきあい間に目を覚ました。父が川下りをしたあの九月ごろには、目を覚ましているときのほうに傾いていた。目を覚ましているときのほうがそうでないときよりも多くなっていたのである。私はこの目覚めの経過に気がついた。そしてあまり遠くないある日、きっと私はずっと目が覚めたままでいるようになり、決して後戻りできなくなる、そして二度と再び自分自身から自由にはなれなくなるという恐ろしい予感を持った。

私はいまや十歳だ。二桁の年。おそらく死ぬまで私は二桁の数字にとどまるだろう。私はいまや、一生、目が覚めているのだ、と私はふと気がついた。意識と私が現在の中で溶け合っている。

正気を失わずに、どこまで目覚めたままでいることができただろう。あまりにも目覚めていたために、私は単純に生きることができなくなっていた。私は自分の仕掛けたわなに引っ掛かった。（中略）しかし、反対に、目覚め方が足りなければ、もっとも私に限ってそんなことはありえなかったが、おもしろいこと全部を見逃してしまう。死の床に瀕して、いったい生きるとはなんだったのか、と聞くはめになる。

（アニー・ディラード『アメリカン・チャイルドフッド』柳沢由実子　パピルス　一九九二・四）

二〇〇三年四月一日（火）その一〇

他の〈私〉は、あるいは他の〈魂〉は、それを主題化し、ポジティヴに語ろうとすると、そのとたんに他の〈人〉に、あるいは他の〈心〉に、すなわち隣人を持つものの隣人に変質してしまうのだ。（中略）

それゆえ、他者に対する態度が、すなわち他の〈魂〉に対する態度がもし可能だとすれば、それはいわば独我論的な態度でなければならないことになる。それは、けっして出会うことができないものに対する、〈私〉の世界の中にはけっして登場してこないものに対する、つまりはそれに向かって態度をとることができないものに対する、愛や同情や理解を越えた態度でなければならないのだ。

この議論は、それを受け入れるという形で同調されることを求めるものではなく、それを初めて自分が創り出したかのように「反復」（キルケゴール的意味で）されることだけを求めるものなのである。だからその意味では、これは存在しうるかも知れない呼びかけることもできない者へ向けての、呼びかけることもできないというそのことの、呼びかけなのである。

（永井均『〈私〉の存在の比類なさ』勁草書房　一九九八・二）

私の存在は単なる奇跡であるから、それはいつでも消滅しうる。だが、消滅しても、それは誰にも知られない。だから、ある意味で、それは決して消滅しない、またある意味で、消滅したときすべてが終わる。

つまり、たとえこれが夢だとしても、この夢は必ず私に覚める夢なんだよ。つまり、また「これ」に覚めるんであって、決して「あれ」に覚めることはない。これには外がないんだ。

語ったあとからは次々と一般論に吸収されてしまうとはいえ、それを拒否する形で、つねにいま新たに、そしてつねにぼく自身が、問いを更新していかないと、初めから一般論として立てられたなら、そもそも問いの本質そのものが消えてしまうからね。一般論への吸収を拒むものが現に存在することが、この問題をはじめるためには必要なんだ。

（永井均『転校生とブラック・ジャック　独在性をめぐるセミナー』岩波書店　二〇〇一・六）

二〇〇三年四月一日（火）その一一一

私は以前、何の情動も欠く平板で奥行きのない状態におちいったことがあるので、情動については過度の思い入れがあるのかもしれません。（中略）とにかくなにもかも面白くない。面白さ、という審級じたいがなくて、つまりつまらなくさえないのです。そしてあらゆるいきいきした感じ――リアリティーを欠いているにもかかわらず、苦痛だけは実感としてある。この状態は苦しい。しかし苦しさから抜け出すエネルギーはない。（中略）苦痛だけはあいかわらず烈しいので、それから逃れるためにも、死ぬ意味だけはあったかもしれません。

そんな状況のなかで、雪雪という人格への執着も弱まり、まるで知人のひとりのように自分を眺めながら、私は思わずにこにこしてしまったのです。

雪雪さんは、この奥行のないほとほと参りました状況のなかで、こんなことを考えていたのです。「ぼくの現状は、のぞんで陥ることができる状況ではないが、体験に応じて自動的にわきおこり、体験を否応なく価値付けしてしまう情動がないことで、そういう状態でしか得られない手がかりがたくさん得られる。もしこの状態が終わることがあれば、そのたくさんの手がかりで面白いことがたくさんできるにちがいない。終わらないかもしれないけれど、それでも子どもの頃、大人たちは完全に忘れ去っているように見え、他の子どもたちも忘れつつあるように見える数々の疑問を、解ける保証などなくても、なんのごほうびもなくても、忘れまいとしたように、この場所からしか見ることができないことを、忘れないようにしよう」

（雪雪さんからの手紙　一九九六年五月二五日）

二〇〇三年四月一日（火）その一一―二

PS. 私が平板時代に雪雪さんを好きだと思った件ですが、恥ずかしくて省略してしまったのですけれど、その時私はほんとうは「こいつはやるかもしれない」と思ったのです。ゲドが魔法使いとして、あるいはモルゴンがリドルマスターとしてみいだされた時のように、私は雪雪に出会ったように感じたのです。私の抱いている謎をもしかすると解くかもしれない人として。

前にも話したことを、こうしてまた繰り返してしまうのは、私が雪雪に出会った時に感じたことに似たものを、雪雪が二階堂奥歯に感じているからだと思います。

（ちょっと物語性を導入してみました）。

蛇足1　上述のことは、私が二階堂さんに、どうなってほしいとかこれこれしてほしいと期待しているということではぜんぜんありません。

蛇足2　上述のことは、私が二階堂さんに全然期待していないということではありません。

（雪雪さんからの手紙　一九九六年五月二五日）

二〇〇三年四月一日（火）その一二―一

●われわれはいまだ語り得ぬことがあるということには強い関心を抱くが、すでに語り得なくなってしまったことがあるということには不当に無関心である。このゆえにわれわれは大人になることができる。

●ほとんどの人が理解しないからこそ的を射ている。射程の長い問いほど、そういう仕儀に到る。

●私がよろこびを感じるのは、あなたのきょとんとした顔を見るときです。そのときはじめて語るべきことが生まれる。

あなたのきょとんとした顔を見逃さざるを得ない場所で語るのはむずかしい。

●たとえば、このように言うことは許されるだろうか

世界は〈私〉以外のすべてであり
〈私〉は世界以外のすべてである。
語り得ぬものはすべて以外のものである。

●人はどこまでも遠くへ行こうとしても、その人の思いの行きつく限りのところより遠くへは行けはしない。そして思いの行きつく限りのところは、その人が出発したときに、すでに否も応もなくほの見えている。

●哲学者にとって問いの尽きるところは解決ではない。
なぜならそこは、かれの素質の尽きるところであり
お楽しみの終わりだから。

（雪雪さんからの手紙　一九九六夏）

二〇〇三年四月一日（火）その一二―一

●「私」は目を閉じることによって、世界を遮断したかのように思い込むことができる。
しかし、「私」は〈私〉を閉じることはできない。
●われわれが「している」と思っていることは、じっさいにしていることのかすかな表層にすぎない。
われわれが「考えている」と思っていることは、じっさいに考えていることのささやかな要約にすぎない。
●われわれがそれから逃れることはかなわず
それにしたがい、その掌の中でのみ生きうるもの。
そのようなものに、われわれはもはやしたがうことができない。
たとえ操られていようとも
すでに
もはや

そこから逃れおおせているのではないか。
すくなくともわれわれは
根拠というものを
〝人生〟の中からつかみ出すことはできない。
どこか、長い長いたちの悪い冗談が終わったのだ、と
そういう気分が
する
（三年もしたら恥ずかしくて死にたくなるようなことを書いてしまっているがしかたあるまいて）。
●ものごとは「現在」においてのみ途上であることができる。
「現在」とは世界にとっての変更の方法である。
●記憶はいちどたりとも過去であったことはない。
●しなければならないことは可能なことでなければならない
私が語り得ることはすなわち、あなたに伝わり得るかもしれないことのみである。
読む者としてのあなたの限界が、書物としての私の限界である。

（雪雪さんからの手紙　一九九六夏）

二〇〇三年四月一日（火）その一二―三

私は、ほんとうに嬉しそうな、きらきらした表情で、私の許《もと》を足繁く訪れてくれるあなたを見ながら、内心、これは危機の大きさの反動だという印象をぬぐえませんでした。あなた自身が、自分の状況をどのように捉えていたかはわかりません。

でも、私以外にも、強い危機感を持っていた人がいたようです。

先日、奥歯さんのお父さんとお会いした時、食事が終わり場所を替えるために、明るいエレベーターホールからほの暗いエレベーターに乗り込んで、ゆっくりと降りはじめた時、ふいに、ふつりあいなほど坦々と、このように言いました。

「私は奥歯は自殺するかもしれないと思っていました。そして、私には止められないだろうと、思っていたんですよ」

声音にあきらめの色は微塵もなく、ただ強烈な苦渋、抑制されつづけていた苦渋の残香がありました。

これはあなたのような人を子に持った親の、最高の愛情表現ではなかったでしょうか。

（雪雪さんからの手紙　一九九六夏）

二〇〇三年四月二日（水）その一

認識の地平を超えて来られる筈のない気配。

視野の限界でだけとらえられるようなちらちらした何か。

本当に巧みなたとえ話だけが語り残すことができるそれ。

ああだめ、私が今正面から見つめているものは、それではない。

気がついて、気がついて！　そんな風には決してあらわれるはずないものに、すがらないで。立って。一人で立って。

跪かないで、眠り込まないで。起きて。起きて！

そう、それは決して見ることができないもの。

決して私を「救う」ことはないもの。

わかってる。「幸福」とは違うなにか。

それを。


二〇〇三年四月二日（水）その二——

画面の上から文字が現れ始める。まばたきもせずにまことはそれを読み始めた。

「ムロイ　カツヤ　10サイ　オトコ　シンチョウ130センチ　タイジュウ42キロ……」

カッちんの賢者の石だった。

家の中に閉じこもり、聖書と化したライフキングを読み続けたカッちんも同じことをしていただけだった。画面をスクロールしながらカッちんが唇を動かした。

「これ、僕じゃないでしょ」

まことが答えた。

「わかんない」

カッちゃんはもう一度同じことを聞いた。

「僕じゃないでしょ？」

まことはじゅうたんをむしった。

「わかんない」

するとカッちゃんは途中でスクロールをやめ、モニターを抱え込むようにして優しくなで回した。そして明るくも暗くもない透明な声でこう言った。

「石ができないうちに、僕たちは死んじゃう」

まことの目からポロポロと涙がこぼれ出した。カッちゃんはただモニターをなで回し続けるだけだった。

まことは水田の右上がりの文字を思い出した。

「なりたいもの――コンピュータ」（中略）

一体自分は、誰に開いてもらうために、賢者の石を作っているのだろう。

誰に残すために――。

それが母親ではないことをまことは知っていた。まみ子もいずれは死んでしまうのだから。

自分を残したいというこの感情は一体何なのだろう。

（いとうせいこう『ノーライフキング』新潮社　S63・8）

二〇〇三年四月二日（水）その二一二

あきらは隣の生徒にメモを回していた。

「石できた？」

度の強い眼鏡をかけ直してメモを読んだその子供は、あきらの方を見ようともせずに静かに首を振り、細い声で、

「君は？」

と聞き返した。

あきらは残念そうに下を向いた。

「じゃあ僕たち」

その子は続けた。

「戦う資格ないね」

すると、あきらの後ろにいた大柄な子供がつぶやいた。

「ただ死んじゃうんだなあ」

まことはT—8を、S—8を、そしてまたその間にあるすべてを信じた。今、この指でつながっている何かは僕を忘れない。きっと忘れない。忘れないで、ハーフライフ。

そう祈ると、まことはゆっくりと目を開け、まことの賢者の石をしっかりと刻み込んだ。

「オオサワ　マコト　10サイ」（中略）

この指がつないだラインすべてに、ありったけの僕の情報が残りますように。もう一度、まことは祈った。いつかこの石を開く者がいれば、僕の力をすべて与えます。だから、忘れないで、まことを。

祈りを永遠のものにするやり方は、指が知っていた。

もう一度ゆっくりと目を閉じると、まことは右手をキーボードからコード、そしてコンピュータのボディへとはわせた。まことの指がスイッチに触れた。

カチリ。


（いとうせいこう『ノーライフキング』新潮社　S63・8）

二〇〇三年四月二日（水）その三
先へ進みながらそう考えているうちに、不意によい考えが浮かんだ。全ファンタージエンはあのさすらい山の古老が書き記している本の中に入っているではないか。そしてその本というのは、かれ自身が物置で読んでいたはてしない物語なのだ。多分、今もかれの体験していることがみなその本の中に書かれていることだろう。だれかがあの本を、いつか——というより今この瞬間に読んでいるということが、当然ありうる。とすれば、そのだれかに合図をすることも可能なわけだ。
そのときバスチアンの立っていた砂丘は、群青だった。小さな谷一つへだてて、炎のような赤の砂丘があった。バスチアンはその丘へゆき両手で赤い砂をすくうと、青い丘に持ってきた。そしてその砂を丘の斜面に一本の線になるようにまいた。ふたたび赤い丘にゆき砂をとってもどり、またいってはもどり、何度かそれをくりかえした。しばらくすると青い砂地に三つの大きな赤い文字ができあがった。

B
B
B

バスチアンは自分の書いた砂の字を、満足して眺めた。はてしない物語を読む人がこの合図を見落とすはずはない。このあと自分がどうなろうとも、ここにいたことはこれでわかってもらえるだろう。

（ミヒャエル・エンデ『はてしない物語』上田真而子　佐藤真理子　岩波書店　一九八二・六）

二〇〇三年四月二日（水）その四――
そのとき、啓示があった。楽園のアダムも見たはずだが、マリーノは薔薇に眼をとめ、それは己れの永遠のなかに生きており、彼のことばのなかには存在しないこと、薔薇を記述したり暗示したりすることは可能でも、それを表現することはできないこと、広間の隅に黄金の影を落としている誇らかな書物のやまは、彼自身が夢みたような、世界の鏡ではなく、その世界に添えられた、さらに一つの物でしかないことを悟ったのだ。この啓示をマリーノが受けたのは死の直前である。おそらく、ホメーロスやダンテもそれを授かったにちがいない。

（ホルヘ・ルイス・ボルヘス「黄色い薔薇」『創造者』鼓直　国書刊行会　S50・4）

最後から数えて二番めの塔の下に立ったときである。すべての者が嘆声を上げる光景にも無関心のように見えた詩人が、短い詩をくちずさんだ。今日のわれわれにとって、それは詩人の名と分ちがたく結びついているが、嗜みある史家のくり返し述べるところに従っても、その詩こそは彼に不滅の命と、同時に死を授けたものだという。詩は散佚してしまった。一行の作品であったと考える者がおり、わずかに一語からなっていたと主張する者たちもいる。信じがたいが、事実はその詩のなかに、名のある磁器のひと品ひと品、それぞれの磁器に描かれた絵の一つ一つ、たそがれどきの闇とともしび、無涯の過去からそこに住んだ人間や神や竜の栄えある王朝を襲った、不幸な、或いは幸福な時のすべてを含めて、宏壮な王宮の全体が細部まで歌い込まれていたのである。一同は口を閉して聴いたが、黄帝は叫んだ。「よくも余の王宮を奪いおったな！」ただちに、刑吏の鉄の刀が詩人の命を絶った。

これとは異なった話をする者たちもいる。この世に同一の物がふたつ存在することはできない。彼らの言によると、詩人が例の詩を口にしたとたん、あたかも最後の音によって吹き飛ばされたかのように、王宮はかき消えたという。このような物語は、もちろん、すべて作り事にすぎない。詩人は黄帝の奴隷であり、奴隷として死んだのだ。彼の詩が忘れられたとすれば、それは、忘れられるのが当然だったからである。子孫の者は、今なお、宇宙を包含することばを探し求めている。見込みはないと思われるのだが。

（ホルヘ・ルイス・ボルヘス「王宮の寓話」『創造者』鼓直　国書刊行会　S50・4）

二〇〇三年四月二日（水）その四—二

その死の前であったか後であったか、彼は神の前に立っていることを知り、こう訴えた。「わたくしは、これまで空しく多くの人間を演じてきましたが、今や、ただ一人の人間、わたくし自身でありたいと思っております」すると、つむじ巻く風のなかから神の御声があったという。「わたしもまた、わたしではない。シェイクスピアよ、お前がその作品を夢みたように、わたしも世界を夢みた。わたしの夢に現われるさまざまな形象のなかに、確かにお前もいる。お前は、わたしと同様、多くの人間でありながら何者でもないのだ」

（ホルヘ・ルイス・ボルヘス「Everything and Nothing　全と無」『創造者』鼓直　国書刊行会　S50・4）

学問の厳密さについて

……あの王国では、地図学は完璧の極限に達していて、一つの州の地図はある都市の、また王国の地図はある州の広さを占めていた。時代をへるにつれて、それらの大地図も人びとを満足させることができなくなり、地理院は一枚の王国の地図を作製したが、それは結局、王国に等しい広さを持ち、寸分違わぬものだった。地図学に熱心な者は別であるが後代の人びとは、この広大な地図を無用の長物と判断して、無慈悲にも、火輪と厳寒の手にゆだねてしまった。西方の砂漠には、ずたずたに裂けた地図の残骸が今も残っているが、そこに住むものは獣と乞食、国じゅうを探っても在るのは地図学の遺物だけだという。

——スアレス・ミランダ『賢人の旅』（レリダ、一六五八年刊）の第四部、四十五章より。

（ホルヘ・ルイス・ボルヘス「博物館」『創造者』鼓直　国書刊行会　S50・4）

二〇〇三年四月二日（水）その五

六・四三一　同様に、死にさいしても、世界は変化せず、終熄する。

六・四三一一　死は人生の出来ごとにあらず。ひとは死を体験せぬ。

永遠が時間の無限の持続のことではなく、無時間性のことと解されるなら、現在のうちに生きる者は、永遠に生きる。

われわれの生には終りがない。われわれの視野に限りがないように。

六・四三一二　人間の魂の時間的な不死、いいかえれば、魂が死後も永遠に存続するということ、これにはどんな保証もないし、それどころかこれを仮定したところで、ひとがそこに託した希望はけっして満たされない。そもそも、わたくしが永遠に生き続けることによって、謎が解けるというのか。そのとき、この永遠の生命もまた、現在の生命とひとしく、謎と化さぬか、時間・空間のうちに生きる生の謎の解決は、時間・空間のかなたに求められるのだ。
（げに、解かれねばならぬ問いは、自然科学のそれではない。）

（L・ヴィトゲンシュタイン『論理哲学論考』坂井秀寿　法政大学出版局　一九六八・七）

二〇〇三年四月二日（水）その六

「なぜ、わたしが？」
「それはきわめて地球人的な質問だね、ピルグリムくん。なぜ、きみが？　それをいうなら、なぜわれわれが？　なぜあらゆるものが？　そのわけは、この瞬間がたんにあるからだ。」

　あるときローズウォーターがビリーにおもしろいことをいった。ＳＦではないが、これも本の話である。人生について知るべきことは、すべてフョードル・ドストエフスキーの『カラマーゾフの兄弟』の中にある、と彼はいうのだった。そしてこうつけ加えた、

「だけどもう、それだけじゃ足りないんだ」

（カート・ヴォネガット・ジュニア『スローターハウス5』伊藤典夫　ハヤカワ文庫　一九七八・一二）

親愛なるアンク――と手紙は始まっていた。

――おれがたしかに知っていることを、そんなにたくさんじゃないが、ここに書いておく。この手紙のおしまいには、おまえがなんとしてでもその答を見つけなきゃならない質問を、ずらっと並べてある。この質問はたいせつだ。（中略）

（七二）なつかしいアンクよ――おれがたしかに知っていることは、たいてい、おれがアンテナからの痛みと戦って見つけたものだ、（中略）おれが質問をしたときに痛みがやってきたら、それはおれがほんとうによい質問をしたからだ、ということもわかった。そこで、おれはその質問を小さないくつかのかけらに分け、そのかけらをひとつずつ質問した。（中略）

からっぽの兵舎のボイラー室の中で、アンクは手紙をしばらく下に置いた。彼は泣きたかった。この英雄的な筆者が、アンクにまちがった信頼を寄せていたからだ。アンクは、彼がこの筆者の耐えた十分の一の苦痛にも耐えられないことを知っていた――それほどまでに知識を愛することは、とてもできない。（中略）

あと、その手紙でアンクがまだ読んでいないのは、筆者の署名だけだった。（中略）

これがその署名である――

UNK

その署名はアンクのものなのだ。

この手紙を書いた英雄はアンクなのだ。

アンクが、記憶をこそげとられる前に、自分に宛てて書いた手紙なのだ。

それは最高の意味での文学だった。なぜなら、それはアンクを勇気づけ、注意深くさせ、ひそかに彼を自由にしたからだ。それは苦難の時期に、アンクを自己の意志による英雄にしたのである。

（カート・ヴォネガット・ジュニア『タイタンの妖女』浅倉久志　ハヤカワ文庫　一九七七・一〇）

二〇〇三年四月二日（水）その七

あらゆる罪を犯した。父親となる罪だけは除いて。

何ものもまだ、出現するところまで身を落そうとせず、人びとが意識を、ことさら望むでもなく予感し、滞在的なものに惑溺して、自我に先立つわたくしの無価値な充溢感をたのしんでいた、そういう世界を絶えず脳裡に描くことだ。……

生れないこと、それを考えただけで、なんという幸福、なんという自由、なんという広やかな空間に恵まれることか！

死について考えていない、と気づくたびに、私はおのれの内の何者かを虚仮《こけ》にし、裏切ったような気持になる。

まだ私にも何ごとかが可能だと映る、そのたびに、私は魔法にかけられたような気持になる。

信仰を持つにせよ持たぬにせよ、神と差し向いで、孤独のうちに育まれたものしか、永続することはない。

生れ出ることによって、私たちは死ぬことで失うのと同じだけのものを失った。すなわち、一切を。

みずから欲するときに自殺できると確信できなくなったとき、はじめて人は未来を恐怖するにいたる。

どんな専制君主でも、自殺を思い定めた名もない男が享有するほどの権力を、かつて手中にしたことはあるまい。

祈りたいという心は、信仰とはなんの関係もない。それはある特殊な心的衰弱の底から生れ、その衰弱のつづく限り持続する。神々も、その追憶も永遠に消え果てたあとにまで。

いまこそ永遠にわが身を抹殺すべき瞬間なのではないか、と考えずには、ただの一度も、私は真の充溢感を、真の幸福感を味わったことがない。

人は動機なしに生きることができない。ところで私は動機を持っていない。そして生きている。

私たちがどれほど遠く信仰から離れ去っていようとも、話相手として神しか想定できぬ瞬間というのはあるものだ。そのとき、神以外の誰かに向って話しかけるのは、不可能とも狂気の沙汰とも思われる。孤独は、その極限にまで達すると、ある種の会話形式を、それ自体極限的な対話の形式を求めるのである。

（E・M・シオラン『生誕の災厄』出口裕弘　紀伊國屋書店　一九七六・二）

二〇〇三年四月三日（木）その一

私の「信仰」は「神」よりも強い。

「神」を「信じて」いる？

まさか。「信じて」はいない。

「信仰」ではなく「意志」。

でもそれがどこへ向けられているか、私は知らない。

忘れないために、思い出すために、蘇らせるために、必要な四冊の本。
・金子千佳『遅刻者』思潮社　一九八七・一一
・アニー・ディラード『アメリカン・チャイルドフッド』柳沢由実子　パピルス　一九九二・四
・木地雅映子『氷の海のガレオン』講談社　一九九四・九
・古川日出男『アビシニアン』幻冬舎　二〇〇〇・七

私はいつもあなたに遅刻している。

雪雪さん、今どこまで行きついていますか?

私まだ眼は見えています。

まだ、まだもう少し先が見えるはず。

あとちょっと、醒めていられる間。


二〇〇三年四月三日（木）その二──

十五年間など、人生とはだれも呼ばない。短すぎるし、若すぎる。あるいは幼すぎさえするのだろう。でも、生きるのは事実むずかしかった。生き延びるのは。

足りないのはことばだった。わたしが暗黙の諒解をよしとせずに、たずねなおしているのだということを、誤解されずに他人《ひと》につたえることばがなかった。その技術がわたしにはなかった。

生き延びるために——わたしは厳密に、精確に自分の意思をつたえようとする。懸命に努力する。そのためにことばを欲する。それから、わたしは書物に手をのばした。戦闘的に、実戦的に読書をはじめた。

いつのまにか睡っていた。まどろみの状態にあって十億年まえの自分のことを想っていた。夢。かつてのわたしの弱さ。(中略)だから泣いて、泣いて、泣いた。ただの悲歎だけに溺れていた。でも——でも、わたしは学んだのだ。あの女性《ひと》から、姿勢を、そしていまなら。

そうだ、環境がわたしを縛りつけていた。経済的な事柄も含めて。だが、わたしはその環境を棄てた。すべて。まるっきり。喪失など懼《おそ》れていない。ゼロ、そしてマイナス・ゼロ。あらゆる真摯さがそこからはじまる。

十億年を経て、わたしは強靭な精神を獲《え》る。

時間《とき》の歩みとともに寒さはつのる。猫は抱きついてきた。わたしにしがみついた。わたしも猫にしがみついた。そうして、おたがいに暖をとった。寒いのだ。世界は寒い。そしてまだまだ寒くなる。だから、わたしたちは抱きあい、暖をとりあった。ほんとうに、ほんとうにたがいが……ひとりと一匹がもとめあって。

真冬の明けがたにわたしは目覚める。アビシニアンの寝息を聞いた。その瞬間にわたしは理会《りかい》している。わたしは文盲になったのだと。

そう、文字は喪われる。ことばは残り、文字が喪われる。夢は、根源的なメッセージであり、わたしの記憶の宣告だった。忘却のなすがままに、わたしはことばを固定し、縛りつけて飼い馴らす文字を葬り去る。わたしの内部《なか》であらゆる書物が燃えあがり、焼き払われた。わたしはもう読み書きはできない。筆記の、拒絶。

（古川日出男『アビシニアン』幻冬舎　二〇〇〇・七）

二〇〇三年四月三日（木）その二―二

（そして、あなたへ。あなたへ。）

「だから、いま、世界を亡《ほろ》ぼすことばをいうわ。あなたに口づけしながら。シバ、あなたをもとめながら。

もとめながら。

愛してる。愛してる。愛してる」

（古川日出男『アビシニアン』幻冬舎　二〇〇〇・七）

二〇〇三年四月四日（金）その一

未明の経過報告。

一時間ばかり四苦八苦しながら様々に工夫して首を吊っていましたがまったく意識はなくなりませんでした。

ただ、一時間ばかりしてさすがにおかしくなってきました。ただひたすら喉に食い込むロープが痛く、頭が痛くて。

ねえ、痛いからって首つり止めるような人がいるでしょうか。私ですけど。

次に、おふろに入りました。おふろだいすきなので。おふろの中で包丁で頸動脈を切断しようとしたけど、痛くてできませんでした。

痛いからって、頸動脈切断を止めるような人がいるでしょうか。私ですけど。

本当に、今夜死ぬつもりだったのに、痛いからって、痛いからって私止めるんです。

痛くないのは薬だけだと思います。薬は三回三種試しました。三回とも失敗しました。

なんで、死ねないんでしょう。

何かの罰なのでしょうか。

痛いからだって、痛いからだって。

痛いからだって、痛いからだって。

痛いから、自殺ができないんだって。

私は醜い。醜い。醜い。死ぬことさえできないくらい。

首つりを最後の手段と夢みてたのに。

世界には、逃げ道はないの？

首つりのとき落ち着けるように多めに飲んでおいた安定剤が効いてきたのでとても眠い。

このまま眠って、そして私は、朝を迎える。

もういや。朝。こないで。

許して。許して。許して。

朝が怖い朝が怖い朝が怖い朝が怖い朝が怖い朝が怖い。

どうか眠っているあいだに私が死にますように。

でももう私知っているの。つよい愛や恐怖に耐えられずに人間の胸が破れたりはしないって。

どうか眠っているあいだに私が死にますように。

赦してください。

だれか。

二〇〇三年四月四日（金）その二

朝が来てしまいました。また目が覚めてしまいました。

雪雪さんからメールが来ていました。

＊

現在はとってもちいさい。

ぼくたちの現在はとてもちいさいから、ひとつの想いやひとつの怖れですぐにいっぱいになってしまう。

そして未来と過去は、現在よりももっとちいさい。


あなたの恨みを晴らそうとする人は（もちろんその恨みは、あなたにまつわるその人の恨みなのだが）、恋愛という制度に復讐しなければならない。

ぼくたちの力は、現在でしかはたらかないから、現在が別のものでいっぱいになっていると、無力だ。

希望の入り込む余地のない場所に、介入できるのは暴力だけだ。ぼくたちの力ではない力だけだ。

正面から雄雄しく戦ってはならない。負けろ。

あなたはどうしてそんなに、嘘をつくのが下手なんだろう。

じぶんの魂に誠実であってはならない。

魂を売り渡して生きろ。
醜くだ。
逃げ道はある。
逃げなければならないものから逃げ出すんだ。
立ち直るな。
退却しろ。

あなたは敗北したのだから。
退路を探すんだ。

（雪雪さんのメール「雪」二〇〇三年四月四日（金）四時三七分）

ほんとうに君は、ここまでよくやった。
祝福する。
少なくともそのことは、俺は喜んでいる。
ほんとうによくやった。
苦しいだろうなあ。
その苦しみは当然ではない。
神様の仕事は雑だ。

（雪雪さんのメール「雪雪雪」二〇〇三年四月四日（金）四時五二分）

二〇〇三年四月四日（金）その三―一
《ごしゅじんさまだいぼしゅう！》
私は人間でいるのをやめて、ペットとして生きようと思います。我こそは飼い主にと思われる方はご連絡を下さい。

相手の条件
・本が好きな人。おうちに本が沢山ある人。
・年上の男性。三十代後半から四十代半ばくらい。
・東京在住の人。
・精神的に余裕があり、安定している人。
・優しい人。安全な程度のいじわるを時々してくれる人。

二〇〇三年四月四日（金）その三―二
《ごしゅじんさまだいぼしゅう！》
二階堂奥歯の条件
・お金はいりません。衣食住と、愛情表現と、肯定をください。

・お風呂には一日二回入ります。
・活動的な種ではないので、部屋飼いで充分です。
・室内ではパジャマなどを着せてください。とても寒がりなのではだかは無理です。お洋服が好きなので、お外に出るときはおしゃれをさせていただけるとうれしいです。すきなブランドはVIVIENNE TAMとMORGANです。
・化粧品はAYURAで一揃いそろえていただければ大丈夫です。
・病弱ですが持病はありません。よく高熱を出して寝込みます。精神的に非常に脆弱です。
・偏食で、少しの食べ物を少しずつ食べます。すぐおなかがすきますが、すぐいっぱいになります。果物とヨーグルト、スープがすきです。紅茶が必要です。
・クトゥルーちゃんがいっしょにいきます。
・ことばはしゃべれますが、わすれたいとおもっています。ご希望によってねこ語、赤ちゃん語などでしゃべります。無言もいいかもしれません。
・性行為はおまかせしますが、スキンシップはほしいのです。頭をなでて「よしよし」「いいこだね」などと言うととても喜びます。
・一人になる場所・時間が必要なので、巣箱をつくってください。
・選択を迫られるとこわがります。「何がしたいの?」とは聞かないでください。「AとBどっちがいい?」とか、「これこれは好き?」と聞かれるのは大丈夫です。

・独占欲や嫉妬心をしらないので、ご夫婦や、恋人がいらっしゃる方でも大丈夫です（ただ、先方が嫌がるかもしれません）。私は彼女じゃありません。ペットです。

・あなたがお出かけしている間、私は紅茶を飲みながら本を読んでいます。帰ってきたらうれしくてまとわりつきます。

・かわいがってください。

■■最重要条件■■

・いらなくなったら、必ずだれかに譲るか、殺してください。痛がりなので、なるべく痛くない方法で殺してください。私は全面的に協力し、決して抵抗はしませんので、スムーズに殺してください。殺し方は一緒に考えましょう！

二〇〇三年四月五日（土）

冬眠することにしました。眠り薬（医師の処方した適量）を飲んで眠り、起きたらちょっとだけおなかにものを入れて薬を飲み、また眠ります。

眠りのうちに百年が過ぎ、そして王子は迎えに来なければいい。

私を目覚めさせる者、その者を私は呪う。

智慧の実をちらつかせて見せた神、あなたを私は呪う。

私は眠る。一人で、眠る。力が戻るまで、眠り続ける。

眠りにつく前にそっと祈る。

「どうか眠っているあいだに私が死にますように」

二〇〇三年四月六日（日）その一

「なぜ見つかってはならないの？」

「怒られるじゃないか。ぼくは、ほんとうに、ほんとうに怒られるのを懼れたんだよ。ぼくはね、もうとり返しがつかないことを知っていたんだ。いつのまにか家出をしたようなものだった。そんなつもりじゃないのに……ぜんぜん、違うのに。見てのとおり、ぼくは幼い。十歳をすぎたばかりでしかない。ぼくは世界の輪廓を探ろうとしたんだけど、それを誰かにきちんと、ことばで説き明かせると思う？　この幼さで？」

（古川日出男『沈黙』幻冬舎　一九九九・八）

二〇〇三年四月六日（日）その二――

泊まり込み三日目だか四日目だかに会社で一人、こうやって仕事をしていると、ふと奥歯ちゃんのことを考えたりします。

愛しい奥歯のことを。

僕に完璧を求める奥歯のことを。

僕を許してくれない奥歯のことを。

奥歯といると、たまにどうしようもない息苦しさに襲われます。

そんなに僕はだめですか？

そんなに僕は不完全ですか。

僕を責める奥歯と一緒にいるとき、僕は人間の屑に成り下がります。

奥歯が僕を責める。

奥歯は僕を責める。

そして奥歯は、世界に対して、いつもそのように責められ続けているのですね。

なんという苦しい、なんというかわいそうな、そしてなんという悲しい、僕の愛しい奥歯。

しかしそんな奥歯にとって、僕の存在はいったいなんなのでしょう。

美しさをかわれているわけではなく、能力をかわれているわけではなく、金の力をかわれてるわけでもなく。

僕だけは奥歯を見捨てないから？

多分そうなのでしょう？

そうだよ。

僕は奥歯を見捨てない。

僕だけは奥歯を許してあげるの。

だってこんな僕を愛してくれる唯一の人だもの。

だから僕だけは奥歯を許してあげるの。

（哲くんのメール「奥歯へ」二〇〇二年九月一〇日（火）二時七分）

二〇〇三年四月六日（日）その二―二

許して「あげる」だって。

思い上がりかな？

傲慢かな？

でもね、奥歯の死を思うとき、僕はどうしようもなく悲しくなって、涙が出てくるんだよ。

その涙は絶対に嘘じゃないよ。

奥歯ちゃんが死に瀕してね、死への期待と不安とで張り裂けそうな時、僕は奥歯ちゃんのそばにいてあげるの。

そしたら少しは怖くないでしょう？

死への期待の方が、ほんの少しだけ奥歯ちゃんの中で勝るかもしれないでしょう？

よくがんばりましたって言ってあげるの。

こんなにも残酷な、こんなにもあなたを責めたて続ける世界に、よくもあなたは耐えましたって。

もうがんばらなくてもいいよって。

もう死んでもいいよって。

ねえ、いいでしょう？
最期の時くらいそばにいさせて？
そのくらいの役には立たせて？
愛しい奥歯ちゃんのために。
こんなにも、こんなにも愛しい、あなたのために。
でもね。
これだけは知ってて。
本当はね。
本当の本当はね。
世界はあなたのことを愛しているよ。
あなたの周りの人々も。
あなたの周りのお人形たちも。
あなたは知らないだろうけど。
あなたは決して信じないだろうけど。
だから愛しい人、
あなたが幸せでいられますように。
あなたが世界に許されますように。
あなたが、あなたを、あなた自身を許せますように。

あなたの幸せだけが、あなたの安寧だけが、私ののぞみです。
愛しい奥歯へ
哲より
（哲くんのメール「奥歯へ」二〇〇二年九月一〇日（火）二時七分）

二〇〇三年四月七日（月）
GW明けまで休職することにしました。
突然、清澄な気分です。
こわくありません。
だれも、私をおこっていないみたいなんです。
（おかしい、そんなはずはないのに）。
私、誰にも会わなくていいんです。
私、外に出なくていいんです。
私、ただいているだけでいいんです。
私、いていいみたいな気がなんだかするんです。
取りあえず、一ヶ月、私は生きてみます。
今夜眠ったら、朝が来るだろう。
朝が来たら、私はカーテンを開け、明るいベッドに潜り込むだろう。

私は化粧をしないだろう。

私はきれいに自分を作り出さないだろう。

私は微笑まないだろう。

私は誰にも会わないだろう。そして、明るく挨拶もしないだろう。

「二階堂さんはいつも元気でいいね。悩みなんてないでしょう」と言われて微笑み返さないだろう。

ちょっと天然ボケ入った明朗快活で元気でやる気のある真面目な女の子にならないだろう。

私は微笑まないだろう。

私は誰にも会わず、何も語らず、飽きるまでベッドの中で口琴を吹くだろう。

そしてまた眠り込むだろう。好きなだけ。

また眠ることができるなら、目覚めは恐ろしくはないかもしれない。ひょっとして。

この部屋には誰も入ってこないだろう。

私は一人で、一人で、一人で、眠ることができるだろう。

恐ろしい朝をやり過ごして、眠ることができるだろう。

一ヶ月。それは今はまるで永遠のように思える。

私は一ヶ月、一人になる。

二〇〇三年四月九日（水）

もしひとが従順からして己れ自身の外に出るならば、その時にはこんどは否応なく神が彼の中に入って来られるにちがいない。なぜなら、ひとが己れのために何物をも欲望しないときは、神が彼のために欲望し給う――まさに御自身のために欲望し給うかのごとく――に相違ないからである。

（マイスター・エックハルト『神の慰めの書』相原信作　講談社学術文庫　一九八五・六）

「居ろ」

って言ってもらった。

私が、この世界に、生きて、いろ、って言ってもらった。

「生きていていいんだよ」にはすりぬける隙間があって、生きていてもいいがそれは特別生きていたほうがよいというわけではなく、死んでも構わないという風にも受け取れる。少なくとも私はそう受け取ってしまう。

とにかく私にとって自分の存在価値はないのだ。

「居ろ」

って言ってもらった。

私が自分の存在価値をどう考えていようとも、私がどんな人間であっても、私が頭の中をよけいな不安や恐怖で一杯にして悪い方へ悪い方へと考えていようとも、そんなことは関係なく、私はこの世界にいなくてはいけない。

私は私の存在価値を考える必要はない。

私はただからっぽになればよかったの。

あなたの言葉で満たされるために。

私は存在しなくてはいけない。

だって、「居ろ」って、命じられたんだもの。

それをあなたが望むのだもの。

二〇〇三年四月一〇日（木）その一

怖い。

でも大丈夫だ。恐怖で人は死にはしない。だから私はいくらでも怖がればいい。恐怖で心と身体が一杯になって破裂しそうな気がしても、それはそんな気がするだけだ。絶対に、恐怖なんかで人は破裂したりしない。

怖い怖い怖い怖い怖い怖い怖い怖い怖い怖い怖い。

でも大丈夫だ。怖いだけなら死にはしない。

首を吊ったり飛び降りたり飛び込んだり薬を飲んだり大動脈を切ったりガソリンをかぶ

って火をつけたり冬山で雪に包まれて眠ったりしなければ、人は死なない。自殺しなければ、私は死なない。ただ怖いだけだ。

怖くて怖くて怖くて怖くて泣きわめいて言葉にもならない叫びを上げる。でもそれでいい。死にさえしなければいい。生きていればいい。どれだけ私の心身が恐怖に侵されようと、死にはしない。

私は生きている。

怖い怖い怖い怖い怖い怖い怖い怖い怖い怖い怖い怖い怖い怖い怖い怖い。

恐怖でなんで死ねないの？　そうしたら自殺じゃなくて自然死ですよね。

「居なさい。」

はい、居ます。生きています。怖いです。怖いです。怖いです。怖いです。怖いです。怖いです。怖いです！

だれか私に苦痛を与えてください。恐怖より強い苦痛を。苦痛だけが恐怖を消してくれる。苦痛だけが生を安楽にしてくれる。苦痛がなければ私は生きていけない。

怖い怖い怖い怖い怖い怖い怖い怖いでもね私はまだ発狂してないのだから本当は余裕があるの怖がってみせているだけなの怖いけど怖いけど怖いけど。

それ故に、神が充分なりとなし給うている限り、お前もまた心を安んじていいのである。しかしお前に関して神が他の運命を希望し給うときには、お前はまたそれに満足しなければならない。人間は内面的にその全意志をあげて神に従えば可なりであって、外面的な様式や業作の如何にははなはだ拘泥《こうでい》しないがよいからである。

（マイスター・エックハルト『神の慰めの書』相原信作　講談社学術文庫　一九八五・六）

「居なさい。」

はい、居ます。生きています。私は死ぬことなど考えません。生きることも考えません。ただ、怖いだけです。怖くてたまらないだけです。でも恐怖で人は死にませんから、大丈夫です。

大丈夫です。

二〇〇三年四月一〇日（木）その二

死ね。お前なんか死んでしまえ。

自殺は禁じられていますから、私は絶えず自分を呪っています。

死ね。お前なんか死んでしまえ。

私のように甘すぎる人間は苦しんで償えばいい。

もっと苦しめばいい。

もっともっともっともっと怖がればいい。

いい気味だわ。

死ね。苦しめ。二階堂奥歯。ただし自殺は許さない。

怖いだけです。涙ももうでません。

発狂って苦しいんでしょうか？

もし発狂して楽になれるなら、発狂したい。

だってそうすれば、自殺はしないで楽になれるでしょう？

二〇〇三年四月一二日（土）

バスチアンは広い部屋をぐるっと見まわした。

「こんな大きな部屋がこの家の中に入るはずはないんだけどな。外から見たら、この家、そんなに大きく見えなかったよ。」

「変わる家はね、外から見るより、中から見るほうが大きいの。」アイゥオーラおばさまは説明した。


（ミヒャエル・エンデ『はてしない物語』上田真而子　佐藤真理子　岩波書店　一九八二・六）


スターポケットを買いました。一五センチくらいの筒に、目盛りがついています。それで日付と時間を合わせて覗くと、その時の星空が見えるのです。

星座盤と機能は同じです。星座盤だってすぐ手元にあるんですけれども、スターポケットは星座盤とは全く違います。

外側より内側の方が広いのです。

外から見ればただの筒。覗いてみれば星空。そんなものをいつも鞄に入れておけるなんて、すごいことではありませんか？

実際には東京の夜空では一等星、せいぜい二等星くらいしか見えません。でも、わたしの鞄の中には、満天の星空がそのまま入っているのです。

石神茉莉さんからポッピンアイをおおくりいただきました。それも大きいのが二つです。黄色と緑です。

石神さんってなんて細やかで優しい方なんでしょう！　私ポッピンアイのように跳ねまわります。

二〇〇三年四月一三日（日）その一
若者たちの中にいるわたしの恋しい人は
森の中に立つりんごの木。
わたしはその木陰を慕って座り
甘い実を口にふくみました。
その人はわたしを宴の家に伴い
わたしの上に愛の旗を掲げてくれました。

ぶどうのお菓子でわたしを養い
りんごで力づけてください。
わたしは恋に病んでいますから。
あの人が左の腕をわたしの頭の下に伸べ
右の腕でわたしを抱いてくだされればよいのに。

（「雅歌2・3　6」『聖書　新共同訳』）


「きみはただ居ればいいのだから、居てください。居なさい。」

ええ、私は居ます。生きています。

この晴れた日、私は一人で、あなたは遠くにいる。

それでも私は知っています。あなたが居ることを。

あなたの姿が見えなくても、あなたの声が聞こえなくても、
それでも私は知っています。あなたが居ることを。

私に居てほしいと望むあなたが居ることを。

りんごの木は確かにその枝を伸ばし、葉を茂らせ、太い幹で私を支え、憩わせてくれることを。

たとえあなたの姿が見えなくても、あなたの声が聞こえなくても、
私にはあなたの言葉がある。

私はここに居ます。
あなたがそこに居るように。

二〇〇三年四月一三日（日）その二

怖い。

二〇〇三年四月一四日（月）その一

突然ですが恋愛ものベスト15を挙げさせていただきます。順不同です。

・ステーシー（大槻ケンヂ）
・バージェスの乙女たち（蜈蚣 Melibe）
・O嬢の物語（ポーリーヌ・レアージュ）
・外科室（泉鏡花）

・蜜のあわれ（室生犀星）
・最後のユニコーン（ピーター・S・ビーグル）
・聖人たちの祈り（石川康輔訳）
・サロメ（オスカー・ワイルド）
・九年目の魔法（ダイアナ・ウィン・ジョーンズ）
・すべてがFになる～有限と微小のパン（森博嗣）
・愛人《ラマン》（マルグリット・デュラス）
・アクセル（ヴィリエ・ド・リラダン）
・悲惨物語（マルキ・ド・サド）
・オートバイ（ピエール・ド・マンディアルグ）
・兎とよばれた女（矢川澄子）

好きな恋愛ものを知られると底が割れると申しますが、本当にそうですね。パターンが読めますね。

でも恋愛ものが読みたい気分なんです。仕方がないから公教会祈禱文を読んでいます。祈りの言葉は最高の愛の言葉です。これは本当です。なにしろ全身全霊を捧げてしまっているのです。もう祈禱文読んでしまうとなまじの恋愛ものではぬるくて我慢できません。

どうか皆様おすすめ恋愛ものを教えてください。

二〇〇三年四月一四日（月）その二

勿論私はがんばれる。

私は恵まれた環境にいるのにもかかわらず周囲の人を深く深く傷つけた。そして今も、傷つけ続けている。

死にたいなんて、甘えている。よくも言えたものだ。明日まで生き延びることに必死だなんて。

生きるという当たり前のことをこれほど恐ろしがるなんて。

大学を出たら普通は働いて生計を立て、自活する。あたりまえのことだ。生きるのは、明日を迎えるのは、あたりまえのことだ。

そんなあたりまえのことが、私には、ものすごくがんばらないとできないのだ。なんで、そんなことができないのだろう。

病気だから？　でも、それは病気を治す気がないからだ。

ちゃんとがんばっていないからだ。治す気があるなら治っているはずだ。努力が足りないのだ。

勿論、私は連休明けまで生きていける。

（普通の人がごく普通にするように）。

勿論、私は化粧をし、着替えることができる。

(それは、雪山に裸で入る覚悟があれば簡単だ)。

勿論、私はエントランスカードをスロットに通すことができる。

(それは、手首に刃を走らせる覚悟があれば簡単だ)。

勿論、私は職場で挨拶し、細々とした雑事をてきぱきと片づけることができる。

(それは、頸動脈を突き破る覚悟があれば簡単だ)。

勿論、私は様々な連絡を取り、打ち合わせをし、トラブルを解決することができる。

(それは、首を吊る覚悟があれば簡単だ)。

勿論、私は自分の意見を言い、人の意見を聞き、摺り合わせ、決断し実行することができる。

(それはガソリンをかぶって火をつける覚悟があれば簡単だ)。

勿論、私は接待をすることができる、にこやかに座持ちし、相手に気持ちよくなってもらうことができる。

(それは致死量の薬物を飲みほす覚悟があれば簡単だ)。

勿論、私は生きていける。

(それは一八階立てのビルから飛び降りる覚悟があれば簡単だ)。

私はがんばれる。

まだ発狂してないいし、ショック死もしていない。

それはまだ余力があるということだ。
私はがんばれる。明日も、明後日も生きる。そして、連休明けから出社する。
おろしたての春のスーツで、きちんとご挨拶して。
そして、普通に働く。普通の人が普通にするように。
それは、がんばってできないことじゃないはずだ。
勿論、私にはできるはずだ。
私はまだがんばれる。ちゃんと。普通に。あたりまえに。

二〇〇三年四月一五日（火）
ゆっくりと、永遠の振り子の前を横切れ
急いで、死の振り子に追い越されぬように往け
束の間のよろこびと絶望を繰り返し味わうために
私はここに来たと知るために
誰かのものでなければ私の
私のものでなければ誰かの
夢が、私自身にたどり着くだろう
あの場所へ

（来主順「フェスティーナ・レンテ」『フェスティーナ・レンテ』書肆山田　二〇〇三・三）

あの場所へ。

どこかへ。ねえ、雪雪さん、どこかへ行けるかもって思ってました。

私は行けなくても、雪雪さんはきっと行けると思ってます。今も。

でも私はそれを見届けることができなさそう。

どこか（あるいは「ここ」、まさに「ここ」）へはとても行けなさそう。

もうすぐ力尽きてしまう気がするの。まだ大丈夫だけど。今夜はまだ大丈夫だけど。

二〇〇三年四月一六日（水）

「生きなくていい。がんばって生きる必要なんかない。

ただ生きているふりをしていればいい。

君は人形で、生きているふりをするだけだ。

ただ息を吸って、吐いて、眠って、起きる。

君に対する価値判断なんて気にするな。君自身の判断も含めてだ。

だってそれは人間のふりに対して下されたものに過ぎないんだから。

笑うふりをして、しゃべるふりをして、仕事をするふりをしていればいい。まるで人間みたいに。君は人形だ。ふりだけでいい。生きているふりをするだけでいい。」

そうなのかな。

うまく、できるかな。

だってそれは結局、人間のふりをする人形のふりをすること。

人間のように笑うふりをする人形のふり。

でもそれは、私がこれまでしてきたことと、変わらないような気がする。

でも、それでも、ほっとした。

生きなくていいんだ。生きてるふりをすればいいんだ。

それなら、出来るような気がする。

二〇〇三年四月一七日（木）

そのことじしんが、思い出されようとする意思を持っているみたいに、何度も何度も思い出されてくることがらがある。

たとえば、私がまだなにも誘い水めいたものを示さないうちに、あなたが手紙に書いてきたこと、

「私は物語は書けないけれど、私はそれをまもる者でありたい」

それがたとえいかに大切なものであっても、まもろうとする意思を持つ者がいなければ、あまりにもたやすく潰えてしまうものがある。


（雪雪さんからの手紙　一九九六夏）

「さて、ここに一冊の本があるとします。
装幀も綺麗でうっとりするような本です。
その本には驚異と魅惑に満ちたお話が記されており、読めば読むほどひきずりこまれるのです。
ところが、不思議なことに、
いくら読んでもまだ先があります。
そしてほかの本とはちがい、
まったく先の展開の予想がつかないのです。
ここは広い広い図書館で、
こんな本に出会えた幸運を喜びつつ、
毎日かよって読みふけってしまうわけです。
しかし、この本は書店には売っていません。
この図書館だけにある限定1部の本だというのです。
もちろん所有したいですけれど、
読めるんだったら場所は問わない。
読めるだけで幸せです。
美しい革装にふれることができるだけで十分です。
ところがある日、この本がなくなってしまいます。

心ない人が持ち去ってしまったのか、
それとも図書館が収納オーバーで放出してしまったのか。
あるいは、本が自分の意思で消えたのか……。
これはもちろん妄想ですけれども、
もしもこんな本があったとしたら、
本がなくなってしまうことに恐怖しませんか？」
恐怖します。私はその本を必死で守るでしょう。
でも、その本が私自身だとしたら。
……私は、生きなくてはいけない？
「物語をまもる者でありたい」と誓った一六歳の私を裏切らないために。
……物語への愛と感謝とをこめて、せめて、私は生きなくてはいけない？
……私という一冊の本を、私が破棄してはいけない？
いけない。そんなことをしてはいけない。
私は、物語をまもる者だから。今も、そして死の最後の瞬間にも。

二〇〇三年四月一九日（土）
あなたは、わたしの内臓を造り
母の胎内にわたしを組み立ててくださった。

わたしはあなたに感謝をささげる。
わたしは恐ろしい力によって
　驚くべきものに造り上げられている。
御業《みわざ》がどんなに驚くべきものか
　わたしの魂はよく知っている。
秘められたところでわたしは造られ
深い地の底で織りなされた。
あなたには、わたしの骨も隠されてはいない。
胎児であったわたしをあなたの目は見ておられた。
わたしの日々はあなたの書にすべて記されている
まだその一日も造られないうちから。

（「詩編139・13　16」『聖書　新共同訳』）


あなたの書における私の頁は、あとどれくらいですか？　あなたはご存じなのでしょうね。

私には、自分のことなのに、わからないのです。

何頁も何頁も続くのか、それともあと何行かでおしまいなのか、見当もつかないのです。

あなたはご存じなのでしょう。その結末も。

私にはわかりません。

本当に。

二〇〇三年四月二〇日（日）

聖書の著者は、公式には神です。神が四〇人程の人間を用いて書かせたということになっています。

しかし、その四〇人の中には見事な編集者魂を持った人がいたのです。正直私は感動しました。神の言葉でも聖霊のお告げでも、編集するところは編集する。そうです、著者から受け取ったものをスルーするだけではだめなのです、たとえ相手が神でも！　名前も残ってないあなたを私は尊敬します！

この人は編集者かな、編者かな、とにかく相手は神ですよ、神。

以上の五巻の事柄を、我々は一巻に要約したい。それというのもヤソンの書は、物語の展開のみに興味を持つ人には、数字が多すぎ、資料が煩雑すぎると思われるからである。物語の筋を追ってみたい人を夢中にさせ、暗唱したい人にはそれを容易にさせ、ともかくこの本を手にするすべての人に役立つように努めたい。要約を自らに課してみたものの、これは心を削り、身をそぐ仕事であって、容易なことではない。（中略）細部に立ち至り、あれこれと論議、詮索するのは、物語の原著者の仕事で、他方、文章を簡潔にし、煩雑なことに立ち入らないのは、我々要約者の仕事として当然ではないか。前置きはこれぐらいにして話を始めることにしよう。いつまでも物語の入り口にとどまって、本題をおろそかにするのは愚かなことである。

（「旧約聖書続編　マカバイ記　二　2・23　32」『聖書　新共同訳』）

これ、語ってるのは神じゃないですね。編者ですね。明らかに。さて、この人は結びもちゃんと書きます。

そこで、わたしもこの辺で筆をおこう。もしこの物語の編集が巧みで要領を得ているなら、それはわたしの喜ぶところである。しかし、つたなく平凡であるとすれば、それはわたしの力が及ばなかったのである。（中略）それと同様、物語もよく編集されていると、それを聞く人の耳を楽しませる。これをもって本書の終わりとする。

（「旧約聖書続編　マカバイ記　二　15・37　39」『聖書　新共同訳』）

旧約聖書続編とは、いわゆる外典、アポクリファです。紀元前三世紀以後、ヘブライ語からギリシア語に訳され、「七十人訳」として知られています。だからまあ、神が書かせたものを翻訳者が編集したということでしょうけど。……編集して、いいの？　カトリックではこれを第二正典として認めていますが、プロテスタントの多くの宗派では認められていません（まあ、これじゃあね）。

二〇〇三年四月二十一日（月）その一

二階堂さんへ

（これは苦言ではないよ。やさしい口調で読んでください）。

なんのために言葉が（あるいは遺伝子が）、与えられていると思っているのか？　編集するためである。われわれは編集することを許されている。編集すべし、と暗に要請されている（それは明言されず、ただ言葉があることによって示される）。進化の過程とは編集者として熟練する過程に他ならない。真理を尋《と》めゆくことは、物語を周到に編むこととおなじである。真理はいつか見つかるときを期待して待つものではない。真理は「完成」したまま、どこかで待っているわけではない。

言葉はみずからの定義と使命さえ編集することができる。
だからこそ私達は、神に届かないと知っていてもなお真摯に祈ることができる。
はじめに言葉ありき。もちろんそのときには、神さえなかった。

雪雪

（雪雪さんのメール「生命の天職」二〇〇三年四月二一日（月）二時三八分）

二〇〇三年四月二一日（月）その二

今日は母と弟と近所に夕食を食べに行きました。

私は最近飛び降り自殺に適したビルを探してきょろきょろ上を見ながら歩く癖がありま
す。さっきもそうして歩いていました。

母「奥歯、ビルの階数数えるの止めなさい」

私「はーい。……あーっ！」

母・弟「どうしたの⁉」

私「私、あのビルから飛び降りようと目を付けてたの。この辺では珍しい二十階建てだし、非常階段の入り口は塞がれてるけど、その障害物は乗り越え可能だって確認しといたし、消防署が来る前に昇って飛び降りればいいと思ってたの」

弟「二十階分階段昇るのはきついよ」

私「うん、そうだね。でもそれどころじゃないよ、私侵入だけを考えてた。離れて見たら、あの非常階段全体が柵に囲まれてるじゃない！　あれじゃ無理だよ。飛び降りられないよ！」

母「やっぱり、マンションとしては飛び降りられたら迷惑だものね」
弟「植木ばさみみたいなの持って昇って切断したら？」
母「そんなの持って歩いてる人怖いわよ」
私「大体あれ相当頑丈だよ。私の力で切断できるような物じゃないよ。……あーあ。この方法も駄目かー」
母「奥歯は死ぬのに向いてないんだからもうあきらめなさいよ」
弟「もう渡米してエンパイヤステートビルディングから飛び降りるくらいしないとお姉ちゃんは死なないと思うね。十階、二十階じゃ無理無理。骨折して痛い思いするだけだよ。」
私「それは嫌だなあ」
というわけでごはんを食べて、三人でカラオケに行きましたとさ。

二〇〇三年四月二十二日（火）その一

「ほんとうにいつかその言葉がみつかると、信じてらっしゃるわけ？」

　老人はこたえず、歩みをはやめて、先に行った。アーモンド形の眼をした少女が、今度は貴婦人の馬車の窓の横を歩きながら、おずおずと説明した。

「わたしたちは、いま歩いている長い道によって、その言葉を書いているの。地球の表面にね。だからわたしたちは、どこにも立ちどまらないの」

（中略）

「いいえ」と貴婦人は、物思いにふけりながらこたえた。「わたしがいても、あの人たちの役には立たないでしょう。けれども、あなたとわたし、つまりわたしたちで、あの人たちが存在すること、あの人たちに会ったことを、証言することならできるわ」

（ミヒャエル・エンデ『鏡のなかの鏡　迷宮』丘沢静也　岩波書店　一九八五・四）


だが娘はふたたび首をふる。「かわいそうだが、おまえも英雄にはなれないでしょう。英雄は、人びとが物語るもの。だから英雄は、英雄のことを物語る者と同じ夢、同じ話のなかにとどまらねばならぬ。だがわれわれの記憶は、この敷居までしかとどかない。敷居をまたぐ者は、われわれの夢を見捨てたことになる」

（同上）

二〇〇三年四月二二日（火）その二一

主は言われた（中略）「あなたはわたしの顔を見ることはできない。人はわたしを見て、なお生きていることはできないからである。」

（「出エジプト記33・19　20」『聖書　新共同訳』）

なぜ、労苦する者に光を賜り

悩み嘆く者を生かしておかれるのか。
彼らは死を待っているが、死は来ない。
地に埋もれた宝にもまさって
　死を探し求めているのに。
墓を見いだすことさえできれば
喜び躍り、歓喜するだろうに。
行くべき道が隠されている者の前を
　神はなお柵でふさがれる。
日ごとのパンのように嘆きがわたしに巡ってくる。
湧き出る水のようにわたしの呻きはとどまらない。
恐れていたことが起こった。
危惧していたことが襲いかかった。
静けさも、やすらぎも失い
憩うこともできず、わたしはわななく。

（「ヨブ記3・20　26」『聖書　新共同訳』）

人は死んでしまえば
　もう生きなくてもよいのです。

苦役のようなわたしの人生ですから
交替の時が来るのをわたしは待ち望んでいます。
（「ヨブ記14・14」『聖書　新共同訳』）

わたしをさいなむその御手《みて》を放してください。
御手に撃たれてわたしは衰え果てました。
あなたに罪を責められ、懲らしめられて
人の欲望など虫けらのようについえます。
ああ、人は皆、空しい。

あなたの目をわたしからそらせ
立ち直らせてください
わたしが去り、失われる前に。
（「詩編39・11　14」『聖書　新共同訳』）

お前が生まれた日、お前は嫌われて野に捨てられた。しかし、わたしがお前の傍らを通って、お前が自分の血の中でもがいているのを見たとき、わたしは血まみれのお前に向かって、『生きよ』と言った。血まみれのお前に向かって、『生きよ』と言ったのだ。

わたしは、野の若草のようにお前を栄えさせた。それでお前は、健やかに育ち、成熟して美しくなり、胸の形も整い、髪も伸びた。だが、お前は裸のままであった。その後、わたしがお前の傍らを通ってお前を見たときには、お前は愛される年ごろになっていた。そこでわたしは、衣の裾を広げてお前に掛け、裸を覆った。わたしはお前に誓いを立てて、契約を結び、お前は、わたしのものになった、と主なる神は言われる。

（「エゼキエル書16・5―8」『聖書　新共同訳』）

二〇〇三年四月二二日（火）その二―二

それからイエスは、人の子は必ず多くの苦しみを受け、長老、祭司長、律法学者たちから排斥されて殺され、三日の後に復活することになっている、と弟子たちに教え始められた。しかも、そのことをはっきりとお話しになった。すると、ペトロはイエスをわきへお連れして、いさめ始めた。イエスは振り返って、弟子たちを見ながら、ペトロを叱って言われた。「サタン、引き下がれ。あなたは神のことを思わず、人間のことを思っている。」

（「マルコによる福音書8・31―33」『聖書　新共同訳』）

「神の国は、見える形では来ない。『ここにある』『あそこにある』と言えるものでもない。実に、神の国はあなたがたの間にあるのだ。」

（「ルカによる福音書17・20　21」『聖書　新共同訳』）

「父よ、御心なら、この杯をわたしから取りのけてください。しかし、わたしの願いではなく、御心のままに行ってください。」

（「ルカによる福音書22・42」『聖書　新共同訳』）

この人たちは皆、信仰を抱いて死にました。約束されたものを手に入れませんでしたが、はるかにそれを見て喜びの声をあげ、自分たちが地上ではよそ者であり、仮住まいの者であることを公に言い表したのです。このように言う人たちは、自分が故郷を探し求めていることを明らかに表しているのです。

（「ヘブライ人への手紙11・13　14」『聖書　新共同訳』）

これによって、わたしたちは自分が真理に属していることを知り、神の御前で安心できます。心に責められることがあろうとも。神は、わたしたちの心よりも大きく、すべてをご存じだからです。

（「ヨハネの手紙一3・19　20」『聖書　新共同訳』）

この人々は、その期間、死にたいと思っても死ぬことができず、切に死を望んでも、死の方が逃げて行く。

（「ヨハネの黙示録9・6」『聖書　新共同訳』）

二〇〇三年四月二二日（火）その三

「ぼくは、マナーに住んだ最初の男の子に会いたい、って願ってたんだ。いまから八百五十年ほど前の子だろうと思うんだけどね。」

「それがぼく、ロジャー・ドルノーなんだよ。そして、たまたま、ぼくの方も君をさがしていたところなんだよ。」

（中略）

いまは若くなっている、おばあさんのはずの人は、ロジャーの方をむいた。

「ロジャー、わたしはこの家を、あなたのために守ります。わたしの後には、トーリーが守るでしょう。もしこの家がなくなったら、わたしたちはどこにいればいいというの？　それからね、ロジャー、この指輪をわたしのためにとっておいてちょうだい。これは先祖伝来の家宝です。あなたの奥さんのためにとっておいて。そうすれば、わたしのところに戻ってくるわ。」

ロジャーは、指輪を受けとるために片ひざをつきながら、いった。

「うへっ！　なんだかこんがらがって、もう考えられないよ。頭がぐるぐるまわってしまう。でも、たしかにとっておきます。そして、指輪があなたのところに戻っていくようにします。」

（中略）

ロジャーは、ここに住む大勢のうちの一人にすぎないが、最初の人なのだ。あんなに喜んでじぶんを迎えてくれた子たちも、じぶんの子孫なのだ。おばあさんでさえもだ！ロジャーはおかしくなってわらい、家へむかった。

（L・M・ボストン『グリーン・ノウの石』亀井俊介　評論社　一九八一・一〇）

二〇〇三年四月二二日（火）その四――

恩寵は充たすものである。だが、恩寵をむかえ入れる真空のあるところにしか、はいって行けない。そして、その真空をつくるのも、恩寵である。

真理を愛することは、真空を持ち堪えること、その結果として死を受け入れることを意味する。真理は、死の側にある。

恩寵でないものはすべて捨て去ること。しかも、恩寵を望まないこと。

真空を充たしたり、苦悩をやわらげたりするような信仰は、しりぞけるべきこと。

「みこころの行われますように」ととなえるたびに、起こりうる可能性のある不幸を何もかも全部、思いうかべていなければならない。

神が、守銭奴における財宝のように、意味に満ちたものとなってしまったら、神は存在しないのだと強く自分に何度も言い聞かせること。たとえ神が存在しなくても、自分は神を愛しているのだと切に感じられること。

恩寵がはいってこられそうな全部の割れ目をふさごうと、想像力はたえず働きかけている。

清められるための一つの方法。神に祈ること。それも人に知られぬようにひそかに祈るというだけでなく、神は存在しないのだと考えて祈ること。

（シモーヌ・ヴェイユ『重力と恩寵』田辺保　ちくま学芸文庫　一九九五・一二）

二〇〇三年四月二二日（火）その四―一

完全なよろこびは、よろこびの感じそのものすらも必要としない。なぜなら、対象によってすっかり満たされたたましいの中には、〈わたし〉とことさらにいう余地はどこにもないからである。

できるかぎり不幸を避けようとつとめなければならない。自分の出会う不幸が、完全に純粋で、完全につらく苦しいものであるために。

不幸がこのまま続いていくことも、不幸から解き放たれることも、どちらももう耐え切れなくなるような一点が、不幸にはある。

神は不在というかたちをとらないかぎり、天地万物の中に現存することはできない。

わたしたちが、なんでもいい、意味あることを語る物音が欲しいと腹の底から思うとき、返事を聞こうとして叫びつづけるのに、ついに返事が与えられないとき、そのとき、わたしたちは神の沈黙に触れる。

神についてどんな体験もしたことがないふたりの人の中で、神を否認する人の方がおそらく、神のいっそう近くにいる。

宗教が、慰めの泉であるかぎりは、真の信仰の障害になる。この意味では、無神論は清めるものである。

完全にどんな夾雑物もない注意が、祈りである。

知性は、奥義の中へ深くはいりこむことは決してできない。だが、知性は、そして知性だけが、奥義を表現する言葉の適切さについて判断をくだすことができる。知性を、このために用いるのなら、他のどんな場合にもまして、鋭敏で、尖鋭で、正確で、厳密で、酷薄でなくてはならない。

隣り合わせの独房に入れられ、壁をこつこつとたたいて通信しあう囚人ふたり。壁は、ふたりを分けへだてているものであるが、また、ふたりに通信を可能にさせるものでもある。わたしたちと神のあいだも、そんなぐあいだ。どんな分けへだても、きずなになる。

（シモーヌ・ヴェイユ『重力と恩寵』田辺保　ちくま学芸文庫　一九九五・一二）

二〇〇三年四月二三日（水）その一一

けれども、ある暖かな夜のさなかに、ついに彼女は目を覚ました。そして言った。「いこう。今すぐに」（中略）

彼女の森のはずれから続いている道は、月に照らされて、まるで河のように輝いていた。けれども、木並から離れて、一歩、脚を踏み出したとき、ユニコーンは、それがどれほど固いものであるかを思い知り、どれほど長いものであるかを知った。そのとき、ほとんど引き返しそうになったものだ。だが彼女は、そうするかわりに、まだ身体の周りにただよっていた森の空気を深々と吸い込んだ。できるだけ長い間それを口の中に含み続けた。まるで花でもくわえるように。

かれらの声を圧して、キャプテン・カリーが金切り声で叫んだ。「馬鹿者ども！　みんな！　今のは幻だ！　他の魔術と同じなんだ！　ロビン・フッドなんて人間は、いないんだ！」（中略）

ただ一人、モリー・グルーは立ち止まり、振り返った。その顔は灼きつくほどに白かった。

「ちがうよ、カリー。そいつは逆というものさ」彼女はカリーに向かって声をかけた。「あんたのような人間が存在しないのさ。あたしも、あたしたちの仲間も、みんな、ね。ロビンとマリアンこそが真物で、あたしたちが伝説なんだ！」

（ピーター・S・ビーグル『最後のユニコーン』鏡明　ハヤカワ文庫　一九七九・一〇）

二〇〇三年四月二三日（水）その一一二

それから、彼女はユニコーンを見た。身動きもせず、何もしゃべらなかった。けれども彼女の褐色の瞳が、突然、涙で大きくなった。長い間、彼女は身じろぎ一つしなかった。それから両方のこぶしで、服の裾を手にいっぱい掴むと、両膝を一種、震えてうずくまるような形に曲げた。くるぶしを交差させ、目を低めた。けれども、そのすべてにもかかわらず、モリー・グルーがお辞儀をしているのだとシュメンドリックが気づくまでに、しばらくかかった。（中略）

モリーは唇を引きしめたままで笑い声をあげた。「今、あんたがここにいるからといって、それがあたしにとってどんないいことだっていうのさ？　二十年前には、十年前には、あんたはどこにいたんだい？　何てこった、何てこった、今になってあたしのところに来るなんて、あたしがこんなになったときに来るなんて？」手をひらひらさせて、彼女は自分の姿をさらしてみせた。すさんだ顔、絶望的な目、ねたみ深い心。「来てくれないほうが、どんなに良かったことか。どうして、今になってやってきたんだよ？」涙が、彼女の鼻の両脇を伝って落ちた。（中略）

閉じこめられたという、彼女の恐怖は、モリーが見たことのあるいかなる喜びのさまよりも、愛らしかった。そしてそれこそが、その最も恐ろしいところであった。（中略）

「赤い牡牛から救うために、ぼくがあなたを人間に変えたのです。それ以外、ぼくにできることはありませんでした。」（中略）

「わたしに何をしたの？」彼女は叫んだ。「ここで死んでしまいたい！」滑らかな身体を引き裂こうとした。指のあとから、血が流れ出た。「死んでしまいたい！　死んでしまうわ！」声の中にも、両手、両足にも、新しい肉体にかかっている白い髪にも、恐怖が

あばれまわっていたのに、彼女の顔にはいかなる恐怖も見られなかった。それは落ち着き、平静なままだった。（中略）
白い娘が言った。「わたしはまだわたし自身だわ。この肉体は死にかけている。わたしのまわりで腐っていくのがわかる。いったいどうして、死につつあるものが、現実のものでありうるのかしら？　どうしてそれが真に美しいものでありうるのかしら？」
（ピーター・S・ビーグル『最後のユニコーン』鏡明　ハヤカワ文庫　一九七九・一〇）

二〇〇三年四月二三日（水）その一―三

彼女は、かれの方に向きなおった。言葉を出そうと口を動かした。けれども、いかなる言葉も出てこない。魔術師は、その緑の目で、彼女の顔を探った。「顔が濡れてる」当惑したように言った。「潮のしぶきであることを祈りますよ。もしも、泣くほどに、あなたが人間になってしまったのなら、この世のいかなる魔法でも――いや、しぶきに決まってる。さあ、いっしょに行きましょう。しぶきの方が、ましなんだ」
「今に至るまで、彼女が何者か、ぼくにはわからなかった。だが、はじめて彼女を見たとき、彼女は、ぼくの目が見ることのできる以上の何ものかであることが、わかったのだ。ユニコーン、人魚、魔女、妖術使い、ゴルゴン――きみが、彼女にどんな名を与えようとも、ぼくを驚かせたり、おびえたりさせることはなかったろう。ぼくは自分の愛しているものを、愛しているのだ」
「それは素敵な感情です」シュメンドリックは言った。「だが、彼女が赤い牡牛と戦い、自分の仲間たちを自由にすることができるように、わたしが彼女を、真の姿に戻してしまったら――」
「ぼくは、ぼくの愛するものを、愛す」リーア王子は、断固として繰り返した。（中略）
「すべてのものは死ぬのです」彼女は、依然としてリーア王子に語りかけた。「すべてのものが死ぬということは、良いことです、あなたが死んだら、わたしも死にたい。かれに、わたしに魔法をかけさせないで。わたしを不死のものにさせないで。わたしはユニコーンではありません。魔法の生き物ではないのです。わたしは人間、あなたを愛している人間です」（中略）
ようやく、彼女は、魔術師の方を向き、見た。闇を通してさえ、かれは、彼女の瞳の内の恐怖を感じ取ることができた。「駄目よ」彼女は言った。「駄目よ、わたしたちは、それほどには強くない。かれは、わたしを変えてしまうでしょう。そして、そのあとで、何が起ころうと、あなたとわたしは、お互いを失ってしまう。ユニコーンになったら、わたしはあなたを愛さないでしょうし、あなたは、そうせずにはいられないということだけのために、わたしを愛するでしょう。わたしは、この世のいかなるものよりも美しくなるのだし、永遠に生き続けるのです」

（ピーター・S・ビーグル『最後のユニコーン』鏡明　ハヤカワ文庫　一九七九・一〇）

二〇〇三年四月二三日（水）その一―四

彼女が消え去ってしまうまで、リーア王子が振り返らずに済めば、その方が良かっただろう。だが、かれは振り返ったのだ。そこにユニコーンを見た。そしてガラスを照らすように、ユニコーンはかれの中まで光を射込んだ。けれども、かれが呼びかけたのは、もう一方の方だった――捨て去られた者に、アマルシア姫に。かれの声が、彼女の最後だった。その名をかれが呼んだとき、彼女は消えた。あたかも、かれが、一日のはじまりの時を告げたかのように。

「それでは、何のために魔法はあるのだ?」リーア王子は、声を荒げて詰問した。「ユニコーンを救うことができないというのなら、魔術は、何の役に立つ?」王子は、倒れまいとして、魔術師の肩をきつく摑んだ。

シュメンドリックは、振り返りもしなかった。その声には、悲しげな自嘲の響きがあった。

「そのために、英雄が、いるのです」（中略）

「そうだな、当然のことだ」かれは言った。「まさしく、そのために、英雄がいるのだ。魔法は、いかなる違いも造り出すことはできない。そこで、かれらは、いかなるものも同じだと言う。だが、英雄たちは、ユニコーンたちのために死ぬつもりでいるのだ」王子は、一人、微笑みながら、シュメンドリックの肩を離した。

（ピーター・S・ビーグル『最後のユニコーン』鏡明　ハヤカワ文庫　一九七九・一〇）

二〇〇三年四月二三日（水）その一―五

「仲間たちは、去りました。みんな、自分がやってきた森に散っていきました。一頭ずつ。そして、人間たちには、たとえば、みんなが依然として海の中にいたとしても、それ以上に、その姿を見ることは難しいでしょう。わたしもまた、自分の森に帰るつもりです。けれども、そこで、あるいはそれ以外のどこであっても、満足して生きていけるかどうか、わたしにはわからない。わたしは、人間でした。そして、わたしの内のある部分は、いまだに、人間のままなのです。泣くことも、何かを望むことも死ぬこともできないのに、わたしは、涙と飢え、死の恐怖に満たされているのです。もう、わたしは仲間たちと同じではないのです。後悔することのできるユニコーンなど、生まれたことはないのですから。でも、わたしは後悔することができるのです。わたしは後悔しています」

「彼女は、わたしには何も言わなかったのだ」王はささやいた。「わかるか？　何も言わなかったのだ、まったく何も」

ハガード王の顔さえも、海の中のユニコーンたちを見るとき、ちょっぴりやさしくなったものだが、それと同じように、そのとき、王の顔が柔らいだ。その瞬間、かれは、台所でモリーといっしょに坐ることが好きだったあの若い王子に、戻った。「彼女は、わたしを見た。夢の中で、わたしを見、そして何も言わなかった」

（ピーター・S・ビーグル『最後のユニコーン』鏡明　ハヤカワ文庫　一九七九・一〇）

二〇〇三年四月二三日（水）その二

適量をわずかに超す睡眠薬と安定剤を飲んで首を吊りました。前回の教訓から痛くなくて「落ち」やすいものを探し、ロングマフラーの結び目をさらに他の縄などで強化したものを使いました。

死にませんでした。意識は遠くなりませんでした。平静なまま、窒息死をまつのはおそろしく、それでも観念してぶら下がっていたのに、何故か死にませんでした。

近所の十三階建てマンションの非常階段をくるくると昇りました。螺旋を描くたびにふらふらします。薬が効いているのです。ふらふら昇ってたどり着いた十三階の柵を越えようとします。脚をかけて、またがる形で、下を見ました。

とても高くて、怖かった。私は階段に腰掛けてしばらくぼんやりした後、私は自殺に向いてないんだなとしみじみ思いました。私はとても怖がりで、痛がりなのです。

痛いのと怖いのは嫌。そんな人の自殺には薬しかないけど、薬には裏切られどおしで内臓はボロボロです。致死量の何倍も吐かずに飲んで吸収してるのに、心電図が乱れるくらいでぴんぴんしている私の身体。私が飲んだ薬で、何人が死ねただろう。自殺は、難しい、とても難しい。

私は死にたいです。

でも、それと自殺をわけることにしました。私にとって自殺は不可能に近いことです。死にたいと思いながら、座っている、丸くなっている。それだけで「生きること」は成立します。

私は、死にたいと思いながら、生きることにします。別な言い方をすれば、死にたいと思いながら、自殺しないことにします。

私は死にたいです。でも、生きます。

ただ、眠りにつく前にそっと祈ります。

「どうか眠っているあいだに私が死にますように」

二〇〇三年四月二三日（水）その三
ふしぎだ。引用は的確にできるんだね。記憶をつかうから。
生き続けることはあなたのたたかいではないけれどあなたを生き永らえさせることはぼくのたたかいです。だから弱音は吐かないが、熟睡から覚めて二五秒って不利だわ。

昨日一日中あなたのことを考えるのに使った。

別世界に行って少し「まだわけのわからないもの」を持ってきた。

これでも必死なのだ。

年賀状さえ書く力がない人間が、残余の書く力を（ほとんど）すべて注ぎ込むくらいには。


挫折しそうな予感は常にあって、それはいわれのないものではない。あきらめるのはある意味安全だろう。

ぼくの辞書には「あきらめる」という意味の言葉が何種類かある。けれどあなたに対して適用されるものはない。

あっても消す。

雪雪

（雪雪さんのメール「文字を書く間も惜しんで書いた文字」二〇〇三年四月二三日（水）三時二一分）

二〇〇三年四月二三日（水）その四
どんなにあなたに踏みつけにされても、何度あなたに打ち砕かれても、ぼくの言葉への信仰は消えない。前方には誰も見えない。

あなたが背後から何度刺し貫いても、たとえ決定的な一撃でぼくの羽根をもいでしまっても、ぼくは立ち止まって適切な治療を施し、歩き出すだろう。もはや二度と飛ぶことはできないとしても。おなじ速度では歩けないにしてもとりあえず。
はじめから持っていない希望は奪われることはない。
希望などなく夢もなく
ただ絶望より大きな絶望を
せいぜいがところ
いつか、どこかで、一度なりとも回避するために。

雪雪

追伸
あなたに出会う前にぼくが終わっていなかったことに感謝する。
あなたが治療してくれたからこそ、いま、歩いているのだから。
そして将来、あなたに出会いそこねて、
そのことを無念に思うすべもない人をあやぶむ。
あなたのすばらしさはいまのところ、あなたがヘタレであることと密接に関連する。
だからいまは、あなたがそれに耐えられることを祈る。

祈りが苦痛を追いやることを祈る。

（雪雪さんのメール「こんな覚悟はしたくない」二〇〇三年四月二三日（水）七時五九分）

二〇〇三年四月二四日（木）

私が元気になるようにと、火星からナメゴンがやってきました。といっても、本物は三〇メートルもあって部屋にはいりきらないので、手のひらにのるちびなナメゴンです。ナメゴンって口がにこっとしてるのね。それに目もあっちこっち見てます。あっちにもこっちにも楽しいのがあるよーって言ってるみたい。かわいいナメゴンと元気になります。

二〇〇三年四月二六日（土）その一

ビオイが思いだしていったのは、「交合と鏡はいまわしい《コピュレーション・アンド・ミラーズ・アー・アボミナブル》」、だった。『百科事典』の文章ではこうである。それらグノーシス派に属する者にとっては、可視の宇宙は、幻想か、（より正確には）誤謬である。鏡と父性はいまわしい《ミラーズ・アンド・ファザーフッド・アー・アボミナブル》。宇宙を増殖し、拡散させるからである。

（J・L・ボルヘス「トレーン、ウクバール、オルビス・テルティウス」『伝奇集』鼓直　岩波文庫
一九九三・一一　ただし原文ゴシック部を「　」で囲んだ）

2世紀ごろのキリスト教徒の考え方を説明する中で、阿部謹也氏は、こう書いている。

「現世の悪はさまざまな面に及んでいるが、その巨大な悪の一部は性衝動とその結果、つまり出産と死との終わりのない循環に示されている。……したがって性交を放棄することは、ひとりひとりの人間に埋め込まれているスイッチを切ることを意味している。そのことによって、現世の邪悪な永久運動を支えている流れを止めることができる」

（藤巻一保「地母神と母性の復活」『キリスト教の本　下』学研　一九九六・四）


しかし私は性衝動と交合を、そして性交と出産を結び付けはしない。

私に埋め込まれているスイッチを切り続ける。私で終わるように。流れが止まるように。

どうかこの決意を保ち続けていられますように。

二〇〇三年四月二六日（土）その二
こんなにたよりにしたのに全然あてにならない『完全自殺マニュアル』（鶴見済　太田出版　一九九三・七）によると、もし確実に死にたいなら、「地上から二〇メートル以上、だいたい七、八階から飛び降り」ればいいらしい。一三階も必要なかったわけだ。

そして、二〇メートル落下するのにかかる時間は大体二秒間。

目をつぶって数える。

「一、二」

目を開ける。これは、私が死ぬのにかかる時間。

たったこれだけだ。

怖い。怖い。非常階段から地上を見おろした時のあの恐怖。

しかし、それでは今私は怖くないのか。歯を食いしばって、泣き声にもならないうめき声を上げながら涙をぽたぽた零し震えている私は怖くないのか。

この恐怖。不意にはじまる、どれくらい続くかわからない恐怖。

これに比べたら二秒間の恐怖がなんだろう。

怖い。怖い。どちらが怖いのか、ちゃんと考えなくては。

どうすればいいのか、どちらが怖くないのか。

即死したい。今。

恐怖で死ぬように出来ていたかった。

二〇〇三年四月二六日（土）その三
世界がいかに精妙に美しく造り上げられているか、私は知っている。
そして、被造物である人間がどのような物語を織りなしてきたかをも。
ここは、多分ある意味ある角度から見れば、すでに楽園なのだ。
枝分かれし続ける物語で出会ったみなさん。あなたを、私は祝福します。
どうかしあわせに生きてください。

あなたを愛しています。

二〇〇三年四月二六日（土）お別れ　その一
最後の魔法のおかげで世界はとても綺麗です。
私は生きている間。時々、一瞬だけとおくをかいま見ることができました。
結局そこに行くことはできませんでしたが、でも、ここも、とても綺麗です。
明日がこないからです。
これが最後の夜だからです。

二〇〇三年四月二六日（土）お別れ　その二
雪雪さん、あなたはもっと遠くまで、私が行けなかったところまで行ってください。私の思考能力の全てが雪雪さんに宿りますように。

哲くん、ありがとう。世界で一番大切な愛する恋人。

あなたがいたから私は最後の五年間を生きてこられたの。

あなたはとても強くて優しい人。世界で一番私を幸せにしてくれた人。

そしてとてもかわいいひと。

だいすきです。だいすきです。だいすきです。

幸せになって。私をしあわせにしてくれたみたいに、哲、自分をしあわせにして。

私がこんなじゃなかったら、きっと私と哲は結婚して、子供同士みたいな家庭を作って、私もなぜか子供を作ってそれでお父さんとお母さんになってたかもね。それとても楽しかっただろうね。ごめんね。ごめんね。そうできなくて、ごめんね。愛してる。

二〇〇三年四月二六日（土）お別れ　その三

そしてお父さんとお母さんと華子と康太。

自分たちになにかできたんじゃないかとは思わないで。

とくにお母さんとお父さん。私たち姉弟はみんなこんなに性格が違う。

私の性格は私が作ったの。私の責任なの。

こんな性格の私でも、とても楽しかった。

家族を愛し、家族に愛されるという幸福の中で私は生きてこられました。

私のために何かすべきだったんじゃないかと、自分たちに落ち度があるんじゃないかと、決して思わないでください。

どうか、私のために、幸せになってください。お父さんとお母さんと華子と康太が幸せでいることが私の幸せなの。絶対に自分を責めないで、私のために、どうか、お願いだから、自分を責めないで。しあわせになってください。

最後のお知らせ

二階堂奥歯は、二〇〇三年四月二六日、まだ朝が来る前に、自分の意志に基づき飛び降り自殺しました。

このお知らせも私二階堂奥歯が書いています。これまでご覧くださってありがとうございました。

記憶——あの日、彼女と

空耳のこんにちは

雪雪

十六歳の奥歯に初めて会ったとき、ぼくは今とはちがう書店に勤めていた。書籍案内カウンターにいたぼくに、彼女は「『論理哲学論考』のPOPを書かれたのはどなたですか?」と尋ねてきたのだった。

「ぼくです」「少しお話ししてもいいですか?」「いいですよ」

何分か話して彼女は「お仕事の邪魔ですね」と言って帰っていった。「今の誰? すっごいかわいいじゃーん」つんつん。同僚にからかわれているところに彼女は戻ってきて、「今日いっしょに帰っていいですか?」と言った。

それからぼくの早番の日に訪ねてきて、夕方から終電の時間まで喫茶店で話す、そういう日々が、彼女の大学入学まで続くことになった。

二人とも本が好きで、生まれてから過ごした日数をはるかに越える冊数を読んでいた。ぼくは現実で見つからないものを本のなかに探して、本のなかにも見つからないもので喉元までいっぱいになっていた。そこにいきなり、本のなかにも見つからないものが、服を着て眼の前にあらわれたのだ。

膨大な対話を交わした。ただ話すだけの関係である。休日に連れ立ってどこかへ出かけたりすることもなく、たがいの家を訪ねることもなかった。

聴き取ってくれるかも知れない誰かに出会って初めて、自分がなにを話したかったかに気付く。おたがい生まれて初めて話すことばかりで、話したい事を話せるようになるための準備が必要だった。ぼくたちはまだ呼び名のない概念を照合しあい、新しい用語を作りながら、話したい事に向かって変化していった。

彼女の心は問いに満ち溢れていた。「死ぬまでにあといくつ雪雪さんに質問できるんだろう」そうつぶやいて暗算をはじめ「あ、あぁ……ぜんぜん足りません！」と泣き顔になった。

吉住さんから、彼女の生前のスナップ写真が送られてきた。友人の家で普段着でゴロゴロしている奥歯。ぼくは写真を一枚も持っていなかったので、うれしかった。彼女との九年間の付き合いのなかでも、こういう奥歯を見たことはなかった。「疲れて、気の置けない人のあいだですっかり油断している」奥歯。ちらっと見て、すぐしまい込んだ。「見ちゃだめー！」という声が聴こえたので。

ああそうだ。一度だけ見たことがあるかもしれない。

彼女の家の前を通りかかったとき、偶然道でばったり会ったことがあった。彼女はぼくに気づくと、いきなり悲鳴を上げて家に駆け込んで行った。いったいなにがあったのか、理解不能だった。

あとで、お母様にうかがった。

「雪雪さんにすっぴんを見られた。大失敗だ。油断した。もうだめだ。どうしてあんなところに雪雪さんがいるの⁉　ひどいよ。えーん」

床に突っ伏してじたばたしていたと。

・

初めて出会ったあの日、ぼくはあいにく遅番だったので、次の早番の日に会う約束をし、埋め合わせというのではないがおすすめ本のリストを作ってあげることになった。読んだ本はその人に痕跡を残す。奥歯は初対面から勇敢と云えるほど無防備で、隠されているべきものがとてもよく視えた。ぼくは奥歯の読書の軌跡を類推しながら、彼女の、きわどく読み落としている本を揃えることをもくろんだ。ぼくは、にこにこしながらその作業に勤しんだと思う。彼女がどんな反応をするか、想像せずにはいられなかったので。

二〇〇二年八月二六日の日記にそのリストが書き写されている。奥歯は、三冊しか読んだことがなかったと謙遜気味に語っているけれど、それはつまりぼくの読書経験が彼女より深かったということではなくて、前の晩苦心した甲斐があったわけである。

奥歯という広大な領域を迂回しているために、ひどく偏向したリストになっているけれど、あの一連のタイトルを眺めていると、陰画のように、書名のオーラに取り囲まれるように、初めて会ったときの彼女の、輪郭が浮かび上がってくる。あまりに多くを知り、知ったことはぜんぶ忘れておさなさに回帰してきた少女の。

奥歯は街で偶然ぼくの姿を見つけるといつも、すごい勢いで走ってきた。整わない息のまま「雪…雪さん……こんにちは！」と言うのだった。

彼女はぼくの心の中で、幸運や希望という概念のすぐそばに住んでいたので、背後でいきなり走り出すあぶなっかしい靴音を聞きつけたりすると今でも、ぼくの心はぱっと明るくなることをやめない。

雪雪（ゆきゆき）
一九六一年生まれ。本名・東野徳明（ひがしの・のりあき）。書店勤務。

教室の二階堂奥歯

鹿島　徹

一〇〇名ほども入る教室の片隅にいつも陣取っている。講義時間の大半は、持参した本を静かに読んでいる。講義をしているこちらが、それをちらちらと気にしながら、さて自分でも「これは重要だな」、「これはやや高度な論点だな」と思う話におよんだときにだけ、本から目をあげて、それをノートにさっとメモする。

教員にとっては、悔しいというべきか、わが意をえたりというべきか。毎回なんとも気になる学生。それが二階堂奥歯だった。

最初のころ、講義のあとに一度、質問にきたことがある。そのときの瞳の輝きが印象的だった。顔と名前が一致する、その年、最初の学生になった。

翌年、ひょんなきっかけで、あるサークルの顧問になった。当時まだ存在した地下部室に酒瓶をぶらさげて訪問すると、彼女がひどく物憂げなふうで、ソファーに座っていた。このときには、とくに会話を交わすことはなかった。

三年次になると、僕の演習に参加し、一転、積極的に発言をしてくれるようになる。とくに後期は、討論のリーダーシップをとってくれるまでになった。こちらの説明が終わって、「質問や意見は？」というと、少し低めの声で、しかし大きく「はーい、はーい」という彼女の声が、いまでも耳の底に残っている。

同じ三年次の、これは専門科目の講義のとき、「自同律の不快」というテーマに関連して、作家・埴谷雄高が幼少時代に、台湾で経験した、ひとつのエピソードに触れたことがある。

「当時の日本人は、植民地の台湾人相手に、とんでもない振る舞いをしていた。自分が日本人であることを、つくづくいやに思うようになった。たとえば、人力車に乗って、進む方向を指示するのに、何もいわずに台湾人車夫の頭の一方を、下駄を履いた足で蹴るんだ」

そうした話を紹介したら、前のほうの席で涙ぐんでいる学生がいる。それも二階堂奥歯だった。

彼女の涙もろさ。それが、僕らふたりの関係を、いささか特別なものにしてくれたと言えるかもしれない。

サークルの幹事長になった彼女に、教員室で手続き書類について話をしているあいまに、別の、これは彼女個人に関する話題になったとき、いきなり涙を流したことがある。どうしてよいかわからず、近くのレストランに連れていって、食事をして少し落ち着いてもらった。僕にとってもはじめての経験だった。

四年次になって、教室で会うことはなくなったけれど、右のことがきっかけで、ときどき彼女と会食をするようになった。ブーツ姿にテンガロン・ハットをかぶってきたり、ミニスカートにピンヒールを履いてきたり、いつも彼女はおしゃれだった。

そうしたときの僕らの会話は、いつもたわいもない内容だった。ボーイフレンドの話や、高校時代の話や、そうした彼女の話を聞きながら、僕はとくになにも考えずにパイプをふかしていた。この本で公開されるようなことがらについては、彼女も僕も、ついぞ話題に出すことがなかった。哲学の話も、ほとんどしなかった。

卒業式には顔を出さないのを慣例にしているため、最後に彼女と教室で会える機会をのがしてしまった。その後はメールのやりとりだけ。卒業から一年が過ぎたころ、サークルの新しい幹事長に連絡先を教えたいが、いいか、という問い合わせの電話がきて、そのときごく短く話をしたのが、彼女との最後の会話になった。メールのやりとりもとだえた。

そしてその二年後に彼女は僕の前に、訃報の主人公として、死者として、忽然と現われることになる。

校内のいくつかの教室の前を通り過ぎるとき、彼女の面影がふとよぎることがある。新宿や大久保界隈の、彼女と入った店の前を通るときには、かならず彼女を想い出す。三年以上も会わずにいたのに、その死をきっかけに僕の姿勢も一変した。「死すべき有限なものとして終わりをもつ存在者」。それに特有の「責めあるありかた」。二十年来熟知していたそうした言葉の意味が、ようやく腑に落ちた。

「有限（終わりをもつ）」とは、思うに、自分自身の存在だけではあるまい。「近いうちにまた」と思っていながら、不意に、永遠に会うことができなくなるような他者との関係こそ、「有限な・限りのある」ものであるにちがいない。連絡のとだえた彼女に声をかけて、ふたたび語りあうということをしなかった、再会の機会を永久に失ったという「責め」をいだくことによって、そうしたことがはじめて、よくわかるようになった。

このようにして、彼女にとっては不満足だったろう僕の講義や演習も、いまでは少しましなものになったかもしれない。多少は肚《はら》の据わったものになったかもしれない。そうした自分を伝えたい相手、もう一度見てもらいたい、なによりもの相手、二階堂奥歯は、しかし二度と教室に姿を現わすことはないわけなのだけれども。

鹿島徹（かしま・とおる）
一九五五年生まれ。早稲田大学文学部教員。著書に『埴谷雄高と存在論』（平凡社）、『危機における歴史の思考』（響文社）など。

エディトリアル・ワーカーとして

東　雅夫

　後にみずから「二階堂奥歯」と名乗り、ネットの匿名掲示板では「姫」と通称されることになった彼女は、そのはじめ、国書刊行会の新人編集者として、私たちの前に忽然と姿を顕《あら》わした。あえて「私たち」と複数形で記すのは、私と同じ日、同じ場所で、はじめて彼女と相まみえた関係者が少なくないはずだからである。

　時に二〇〇〇年七月三日、夕刻。場所はJR東京駅に併設の東京ステーションホテル。国書刊行会版『山尾悠子作品集成』出版記念会の席上だった。

　このときの模様については、実は奥歯以前の奥歯による、次のような文章が残されている。彼女が更新作業を任されていた国書刊行会ホームページのニュース欄に、担当者「S」の名で記した一文である（ちなみに、出版社の近況報告にしては型破りで、後の才気煥発な奥歯節を先触れするような筆勢で綴られたこのコーナーは、一部で評判になったものの、社内ではいささか物議をかもしたらしい）。

昨夜、東京ステーションホテルで「山尾悠子作品集成刊行記念祝賀会」が執り行われました。そうそうたるメンバーが四十人近く集い、スピーチは小松左京さん、山田正紀さん、斎藤慎爾さん、小谷真理さん、東雅夫さん、そして私Sでした。受付の仕事のかたわらミーハーに騒ぎ幸せな時を過ごしました。
報告：山尾悠子さんは上品で優美な方でした。

長らく文筆から遠ざかり、なかば伝説と化していた幻想作家・山尾悠子の再臨を言祝《ことほ》ぐ宴が、なごやかに果てようとしていた直前、見るからに初々しい印象の女性編集者が、緊張した面持ちで壇上に立った。

彼女は、自分が憧れの国書刊行会に入社してまもなく、これまた憧れの対象であった山尾悠子作品復刊の実作業をサポートするという幸運に恵まれた歓びと、山尾作品に触れることで啓《ひら》かれた読書体験の素晴らしさを、熟考のあとを窺わせる自分なりの言葉で真摯に、堂々と、語り果《おお》せた。

山尾悠子リバイバルの企画を国書に持ちかけた張本人である私は、自分と娘ほども年齢の離れた世代にも山尾作品の愛読者が生まれていることを知って感激すると同時に、そんな彼女が編集者の途《みち》を選んだことを、たいそう末頼もしく思いもした。

おそらくは国書刊行会の編集部にも、そうした期待感めいたものがあったのではなかろうか。直接の担当編集者でもない一新人社員を、このような席で締めのスピーチに抜擢するのは、きわめて異例なことである。

今にして思えば、この初登場の瞬間から、彼女はすでにして二階堂奥歯であったのだとも云いえよう。こよなく書物を愛するがゆえに、みずからもその造り手＝編集者たらんと志す一方で、ひとりの読書家、思索者として、愛する作家作品の魅力を自分なりの言葉で発信してゆく——やがて彼女が実践することになるエディトリアル・ワーカーとしてのスタンスとその特質が、早くもそこには躍如としていたのだから。

ところで先に「奥歯以前の奥歯」と述べたが、彼女が二階堂奥歯という筆名を案出したそもそものきっかけは、私が編集長を務めていた季刊雑誌「幻想文学」の書評欄に投稿するためであったとおぼしい。当時、すでに親しく言葉を交わすようになっていた私にも、「凄くイイ名前だと思いませんか」と、弾むような口調で報告があった。

二〇〇〇年十一月刊の第五十九号から、二〇〇三年三月刊の第六十六号まで（第六十三号のみ掲載なし）、毎号一本ずつ寄せられた彼女のレビューは、作品の勘所をきちんと押さえながらも、必ずどこかに読み手をハッとさせるような閃きをひそめて秀逸だった。また、採りあげられた書物の多彩さにも驚かされる。掲載順に掲げてみると——スーザン・ブラックモア『ミーム・マシーンとしての私』、松本大洋『GOGOモンスター』（漫画）、石原藤夫『ハイウェイ惑星』、イアン・ワトスン『オルガスマシン』、稲生平太郎『アクアリウムの夜』、『藤野一友＝中川彩子作品集　天使の緊縛』（画集）、Gregory Crewdson『Twilight』（写真集）。

仕事柄、まわりを見渡せば書痴だらけな環境にある私の眼から見ても、彼女は筋金入りの本の虫だった。私の知るかぎり、かくも猛烈な勢いで本を読む人間は、「幻想文学」発行の相棒だった石堂藍くらいしか思いあたらない。それも硬派な文芸書や思想書ばかりでなく、怪獣ホラーからSFポルノグラフィまでを、いとも愉しげに咀嚼する健啖家ぶりは、わが「幻想ブックレビュー」の申し子さながらであった。

一冊の分厚い本に始まった奥歯との縁《えにし》は、これまた法外に分厚い一冊の本を協働して造りあげている最中、唐突に絶たれた。『稲生モノノケ大全』――毎日新聞社出版局に新天地を求めた彼女が、意欲的に進めようとしていた企画の中で、没後かろうじて実現をみた書物のひとつである。まさに水を得た魚のごとき彼女の溌剌として沈着な仕事ぶりは、編集者としての大成を予感させるに十分なものだった。

それが予感のままに潰えたことは、うかうかと、為すすべもなく潰えさせてしまったことは、悔やみてもなお余りある。

東雅夫（ひがし・まさお）
一九五八年生まれ。アンソロジスト、文芸評論家。「幻想文学」「幽」の編集長を歴任。著書『遠野物語と怪談の時代』（角川選書）で日本推理作家協会賞を受賞。編纂・監修書など多数。

二〇〇二年の夏衣

佐藤弓生

キューティーハニーみたいにファッションの変わる人でした。初対面の『山尾悠子作品集成』刊行祝賀会時はたしかラメニットのアンサンブル、翻訳書の打ち合わせ（私の怠慢により企画は消滅）ではいくらか映画『おしゃれ泥棒』の盗賊スタイル、文壇バー「ですぺら」では『間諜X27』村娘ヴァージョン風、最後にお会いした「かばん」クリスマスパーティーではヴィヴィアンタムのチャイナドレス、等々。

「かばん」というのは私が参加している短歌の会（発行人・井辻朱美）で、奥歯さんも二〇〇二年度前期には会員として何度か詠草を提出されていました。もともとはその年のはじめごろでしたか、穂村弘さんの連絡先について問い合わせが入り（仕事の依頼など意図されていたのでしょう）、そういえば彼の新歌集のミニ批評会に本人も出席予定なのでよかったら、と返信すると、さっそく二月の会合に遊びに来られたのです。

歌人同士の浅春の陽だまりめいた応酬からすると、彼女の発言は真夏の光線くらいストレートなものでした。批評会後の無記名歌会でも、

骨くらい折っていいのにその指で本のページをめくる手つきで

という一首で、いきなりなかなかの高得点。物怖じしない印象を一同に与えたと思います。

気をよくしたのか、そのまま入会されたのは意外でした。歌作に手を染めるには人間的な愚かさが欠かせませんが、その種の愚かさをそなえているようには見えませんでしたので。

ともあれ会のメーリングリストで「微積分短歌」（数名が交代でひらがなをひとつずつ付け、三十一文字に達したところで歌意を〝解読〟するゲーム）をやったり、歌会のあと高田馬場のBen's Cafeで行われるオープンマイクのポエトリーリーディングに繰り出したり（彼女は幼児期に好きだったという童話を暗誦し、上位パフォーマーに選ばれていました。記憶力抜群）、クリスマスパーティーでは即席音楽隊を結成したり……夜になっても遊びつづけたことを記憶する会員が何人もいるはずです。

人間的な愚かさ、を、幼さと読み替えるなら、歌人同士の交流を楽しめるだけのあどけなさが奥歯さんにはあったといえましょう。

ものごとの勘どころをおさえるのが早いだけに、どこか張りつめた話し方をすることの多かった彼女がもっともくつろいで見えたのは、二〇〇二年の盛夏。七月の歌会は和室で行われ、シンプルなワンピースを着た奥歯さんが無造作に立て膝をしているものですから、パンツ見えるよ、と古株の西崎憲さんが苦笑したのを覚えています。スカートのまま躊躇わず木登りをする子どものようでした。

会員の入谷いずみさんによる当日の歌会報告には、「この日、他の場所で行われた故矢川澄子氏を偲ぶ集いに出るために、佐藤と二階堂は黒衣を着ていた。ちょっと不謹慎だけれど、夏の喪服は雰囲気がある。氷水食ひて喪服の女たち　いずみ」とあります。

歌会を中座したわれわれは所用のため別ルートをとり、「矢川澄子さんを送る会」会場の早稲田奉仕園でふたたび顔を合わせました。講堂に入り、ステージに向かって左側ブロックの席についたとき、奥歯さんが私の右隣に座ったので、詩人たちの朗読や「たま」の演奏のようすを見ようと顔を上げるたびに、彼女の横顔が視界に入りました。おだやかで、まじめな表情でした。

「矢川さん、『たま』が大好きだったんですよね。私も好き」

彼女はだしぬけに耳打ちしました。だしぬけに口をひらくことしばしばの人だった気がします。黙っている間はたいてい、なにごとか輻輳した思考を廻らせていたのでしょう。そのときは、矢川さんと自分の生き方を引き合わせていた、かもしれません。

夏ごろも夏ごろもとぞ脱ぎにけるわがうつしみに風の亘るも

奥歯さんが愛した幻視とカトリシズムの歌人、葛原妙子の最晩年作です。この歌のように晴れやかながらどこか気だるい夕べ、庭園の緑陰で黒の夏衣をぬるい微風にそよがせていた奥歯さんのリラックスぶりが甘美に、かつ、そうした佇まいを支えていた内奥の底知れなさが切なく、思い返されます。

おくるなら妙子の短歌かと全歌集を繰ってみたのですが、それよりキューティーハニー（一九七〇年代のＴＶ放映版）の感傷的なエンディングソングのほうが似つかわしいかな……そんな考えが、いま過りました。おしゃれで、自身に着せ替えをほどこすことを好みつつ、セクシュアリティとジェンダーに関する理論武装も怠ることのなかった彼女は、言ってみれば如月ハニーの単純明快な正義感をも持ち合わせていましたから。

佐藤弓生（さとう・ゆみお）

一九六四年生まれ。歌人。「かばん」会員。著書に歌集『モーヴ色のあめふる』、共編著『短歌タイムカプセル』（ともに書肆侃侃房）など。

六本脚の蝶から

津原泰水

まず、奥歯さんのウェブサイトが『八本脚の蝶』と題されたことについて。二〇〇二年八月二十九日の日記に「東大寺大仏殿にある花挿しについている青銅の揚羽蝶」についての言及がある。その脚が八本であることに、彼女は修学旅行のとき気づいたという。

担当編集者のこの記述を僕は面白がり、メールを送った。男だけが継承する男紋と、女だけの女紋が並行している地域がある。広島もそうで、僕の母方の紋は揚羽蝶だ。ただし平家と同様の六本脚である。父方の紋はつまらないので、そちらを裏紋として使おうと思っている、といったことを書いた。

うちは武田菱なので蝶は羨ましい、と返事が来た。後日電話で話しているとき不意に、八本脚の蝶だったら私が自分のシンボルに使っても大丈夫でしょうか、と問われた。そんなもの自由に決まっているのだが、真似た、と不快がられたくないとでも思ったのだろう。律儀な彼女らしい。君にぴったりじゃないかと答えた。やがてサイト名が変わった。

溢れんばかりの創意、美への貪慾さ、世界への期待と怯え——そんな自分を彼女はよく客観していて、うまく象徴してくれる幻獣を探していたのだと思う。

八本脚の蝶は誤解の産物ではなく、突然変異体を描写したリアリズムの賜物だという説がある。もしあなたが指にとまらせてみた揚羽蝶が、よく見ると八本の脚を持っていたなら、手を振り遠ざけるのも、殺して標本にするのも構わないけれど、同時に、かつてそんな女の子が二十五年も生き延びたのだと想像してみるといい——。

赤坂のバー「ですぺら」で出会った。たしか、初の朗読会の打合せのときだ。店員のような風情で動きまわっていた。人が増えたのだと誤解し、景気がいいなと呑気に思っていたら、そのうち彼女は座席についた。ただ店を手伝っていたのだとわかった。なにか紹介があり、彼女が差し出してきた名刺は、国書刊行会のものだった。文章を書くときは二階堂奥歯と名乗っていますと言われ、女性だったのかと驚いた。「幻想文学」のレビューには目を通していた。

朗読会の本番にも手伝いとして顔を出してくれた。僕自身が読んだのではない。そんなトレーニングは積んでいないから、せめても新作を書き下ろして声優の栗田ひづるさんに読んでいただいた。聞き言葉は瞬時に消える。再読しえない。そう覚悟して平易に書いたつもりの小品だったが、栗田さんが一礼したとき、お客の多くはぽかんとしていた。邪魔にならぬようカウンター内に立っていた僕に、より小さくなって聴いていた奥歯さんが、素晴しかったです、と囁きかけてきた。

広島に戻ってから電話があった。毎日新聞社の書籍編集者になったと聞いた。長篇を依頼された。自分で言うのも情けないが、僕は迷惑な作家だ。感情的だし無理は言うし筆も遅い。とりわけ神経に問題のあった当時は遅かった。無理難題を突きつければ先延ばしにできると思い、尾崎翠の日の目をみなかった映画脚本『琉璃玉の耳輪』の、小説化ならやると答えた。

彼女は恐るべき行動力を見せた。たちまち尾崎の著作権継承者を突きとめ、企画を説明して了解をとり、印税の配分まで決めてしまったのだ。僕は、書かざるをえなくなった。

ちまちまと書き進め、新しいアイデアを得るたびに電話した。たぶん僕以上に脚本や周辺資料を読み込んでいる彼女は、打てば響くような応対で僕を鼓舞した。色々に行き詰まってしまい八つ当たりをしたとき、死ねと命じられればいつでも死にますが津原さんの本は出したい、とメールしてきた。僕はこうべを垂れた――。

しばらく連絡がないなと思っていたら、訃報が届いた。以後、原稿は進んでいない。困ったものだ。書かねば。著作権継承者との合意の報告の、最後に、私は津原さんの役に立っていますか、と訊いてきたのを憶えている。とても役に立っている、優秀な編集者ですと言うと、よかったです、とか細く笑った。

上京するたび顔を合わせていたけれど、彼女がなにかを飲み食いしていたという記憶が、ほとんどないことに気づいた。他人に見せないようにしていたのかもしれないし、偶然の重なりかもしれない。例外的な記憶がひとつ。ある打合せのあと、若い編集者に飯のひとつも奢ってやりたいが生憎とビールのぶんしか金が無い、と僕が言い放ったことがある。だったら「ライオン」でビーフシチュウだけ奢ってくださいと言われた。安いシチュウを奢った。一皿をたちまち平らげる若い食欲を、ジョッキを傾けながら微笑ましく眺めた。まさか自分のほうが此岸に残されるとは思ってもみなかった。君は何度も僕を助けてくれたのに、僕は君を助けられなかった。無垢な魂の悲鳴に耳を傾けなかった。死ぬまで悔やむだろう。

津原泰水（つはら・やすみ）
一九六四年広島市生まれ。作家。

夏のなかの夏

西崎　憲

　着物ならいざ知らず、あれほど抑制の効いた色調の浴衣というのは若く美しくなければ似合わないものなのかもしれない。そうして、そのような渋く精妙な色目の浴衣を着て、人並優れた容姿を備えた女性と待ち合わせするというのは、確かに自分の生涯においてあまりなかったことである。

　なぜ、そういう仕合わせになったかについては少し判然としないのだが、何かのお祝いの席で隣同士になって、話題が夏の風物といったたわいのないものになった。その時、私は「結いあげて涼しき髷となりにけり」という万太郎の句を口に上せたかもしれない。その夏休み、花火、西瓜、捕虫網とつづき、その後に浴衣の語が発された記憶がある。その語を口にしたのが私自身なのか、彼女だったのかは失念したが、私は浴衣はやはり風趣が感じられて好い、というような意味のことを言ったように思う。そうすると彼女は少し思案して、わたしかわいいのを持ってるんです、そうだ、今度の打合わせに着ていきましょうか、と言った。つまりはそういう行く立てであったようだ。

　打合わせというのは、彼女から依頼されていた書き下ろしに関してのものだった。それは長篇だったのだが、構想がいっこうに浮かばず、漠然と傾向を決めたほうが書きやすいような気がして、その旨を彼女に言うと、それでは一度ゆっくり飲みながら話しましょう。ということになったのである。

渋谷は乱《ろう》がわしい街である。しかし、その乱がわしさは、ただ眉を顰めて遠ざけるには少々惜しいと思われる種類のものであって、なぜかと言うと、人が多く集まる場所の喧噪は、それを構成する個々の言葉や音の意味をすでに失っていて、時として潮騒や森の木々を渡る風の音に近づくものだからである。

場所はその渋谷で、時刻は夕つ方だった。眼の前に現れた彼女の姿を見て思ったことはすでに冒頭で述べた。古代の詩人であったならば、その姿を見て、石や草さえも溜息をつくような、とでも形容したかもしれない。

打合わせの場所は私がその種の用向きの際に時折利用する裏通りの小暗く静かな酒楼だった。奥の座敷に通してもらい、そこで三時間ほどかけてゆっくりと飲んだ。最初は依頼された小説についての型どおりの打合わせであったが、しだいに話は共通の友人のこと、小説のこと、ヴィトゲンシュタインのことに及んだ。竹の杯を傾けて澄んだ酒で喉を洒《あら》いながら、身に染み渡らせ、川魚の身をほぐしながら、わたしは眼の前の若い女性が尋常ではない読書量と知性を持った人間であることをしだいに理解していった。

頭がよくなりたいんです、と彼女は言ったと思う。その頃とみに頭のよさに自信がなくなっていた私は、頭がいいから幸福に生きられるとはかぎらないだろう、と応じた。彼女はそれにたいして、頭がよくなければ眼の前の困難がどんな種類のものなのか見極めて乗り越えていくことは難しいのではないか、と返答したかと思う。

外に出ると空には明らかな月が懸かっていた。酔い覚ましに駅前で賑やかなカフェに入ってコーヒーを飲んだ。そこでまた少し書き下ろしについて話した。イングランド南西端に位置するコーンウォール州の漁村で、土地の方物を素材に用いた日本料理を食べる話にしよう、作るのはかつてその村で暮らし、病死した日本人の男の娘だ、そういう設定はどうだろう、私は唐突にそう言った。その場で思いついたのだった。面白そうな話ですね、と彼女は言って、ほんとうに面白そうな顔をしてみせた。それで私ははなはだ満足した感覚を覚えた。カフェのなかは心地よくざわめいていた。

改札を抜けて反対側の階段を上って消える時、彼女は小さく手を振った。

あの夜からいったいどれくらい経ったのだろう。つねに日々に、雑然とした日常に流されている私は、まだその小説を書いていない。また、いつ書くかも決めていない。打合わせの後も私はさまざまな場所で彼女に会った。そして私は彼女から何かを預かったはずである。確かに何かを預かったはずで、しかし、私にはまだそれが何であるのか分からない。あるいはそれは分からなくてもいい種類のものであるのかもしれない。

さて、二階堂奥歯くん、そちらの天気はいかがかな。

西崎憲（にしざき・けん）
翻訳家、作家、音楽家。訳書・編纂書に『郵便局と蛇』コッパード、『ヘミングウェイ短篇集』『短篇小説日和』、編著に『kaze no tanbun 特別ではない一日』など。著書に『蕃東国年代記』『ゆみに町ガイドブック』『飛行士と東京の雨の森』『全ロック史』など。音楽インディーレーベル dog and me records と電子書籍レーベル〈惑星と口笛ブックス〉主宰。歌集に『ビットとデシベル』。

奥歯さんのこと

穂村 弘

　編集者だった二階堂奥歯さんと夜御飯を食べながら、仕事の打ち合わせをしたことがある。終わりがけに突然、テーブルの上に水着が飛び出してきた。

「これから泳ぎにいきませんか」

　ええ？　と思う。時刻は夜の十時を回っている。その唐突さに異様なものを感じた。

　その後、何度か言葉を交わすうちに彼女のことが少しずつわかってきた。二十代前半の若さで、こんなにも多くの本を読み、鋭敏な感覚と高度な認識を併せ持ったひとがいることに驚嘆する。表現の世界ではエキセントリックで早熟な才能は珍しくないとも云えるが、このタイプの「本物」をみたのは初めてだ。

「水着」のような衝動性は、なんというか、生き続けることに対して、彼女が払っているぎりぎりの税金みたいなものだったのではないか。

　感覚の鋭さ、認識の強さ、エキセントリシティ、その全てにおいて彼女を「本物」に仕上げたのは、裡なるモチーフの強度だったと思う。彼女はいつも臨戦態勢にあった。身につけた特殊能力は武器、或いは防具だったのだろう。私はその切実さの核にあるものを知りたいと思った。

　シンパシー以上に、凄いソースに出会ってしまったという興奮も大きかった。彼女は世界中でここにしかない情報の塊だった。打ち合わせをそっちのけで、フェミニズム、マゾヒズム、身体改造、言霊、その他について様々な話をした。いずれも彼女のモチーフに関わると思われる項目だ。二階堂さんは常に率直で、その反応はユニークだった。こんなやりとりを覚えている。

おくば「だって言霊の機能のなかで、物理次元への影響がいちばんハードルが高いっていうか、最後になるでしょう」
ほむら「どういうこと？」
おくば「言葉によってデブを美しいと思わせる方が、言葉で実際に体重を落とすよりは簡単ってことです」

だが、余りにも時間がなかった。

初めて会ってから、彼女が亡くなるまで一年もなかったのではないか。その間、実際に話ができたのは数回だ。

何かの会合の後で一度だけ、彼女を家まで送ったことがある。住んでいる町の名前を告げると、彼女はそのまま助手席で眠ってしまった。

私は初めての道を進んで行ったのだが、途中で方角がわからなくなってしまった。運転が苦手なのだ。内心焦りながら、どこだかわからない場所を走っていると、熟睡していた筈の二階堂さんが目を閉じたまま、こう云った。

「道に迷っていませんか？」

★

二階堂さんだったら、こんなときなんて云うだろう、とよく思う。彼女がいたら、面白かったのにな、と思う。三十代、四十代になった彼女と話がしたかった。どんなに面白い、魅力的な、凄いひとになっただろう。今はまだ誰にもみえていない大切な価値観を、彼女はきっと摑んだと思う。残念だ。

と、云いつつ、でも、なんとなく、またどこかで会って話せそうな気がしてならない。それはよく云われるような厳粛な（？）意味ではなく、ずっと日常的でリアルな感覚として、奥歯さんがすぐ近くで、そうそう、と頷いているような気がするのだ。

あれ、髪型変えた？　と云って、変えてませんよ！　と怒られるような、この感覚はなんだろう。


風が、風に、風をみつめてねむらない少年探偵団の少女は

穂村弘（ほむら・ひろし）
一九六二年生まれ。歌人。著書に歌集『ラインマーカーズ』（小学館）、エッセイ集『本当はちがうんだ日記』（集英社）など。絵本の翻訳も多数。

主体と客体の狭間

高原英理

朗読ということを敢えては最近していないが、かつて続けて試みた時期があって、そのおり一度、二階堂氏が聞きに来てくれた。

このときは小説として発表された自作『闇の司』の抜粋を読むことにしていたものだが、これには近松門左衛門の『女殺油地獄』と鶴屋南北の『盟三五大切』からの引用が多く含まれる。それでまず近松および南北による該当の一節を原文で、またそれらに関して思うところを記した「すばる」誌掲載のエッセイを読んだ後、『闇の司』の末尾、擬古文で続く殺戮の場を読んだ。『闇の司』は私が公の発言では心がけるモラリティも政治的正しさも一切忘れて無残の喜びに遊んだだけの小説である。

朗読のあと、二階堂氏は私に、「表現の甘美さが内容の許し難さを凌駕してそれを認めさせてしまうことはあるか」と訊ねた。

「それはある。文学そのほか、優れた表現を成立させることのできた作は、示すところがたとえ差別と理不尽に満ちたものであっても、人は常に表現に魅せられてしまう。しかし、われわれの意識は、そうした不条理のままでよいとして終えることもありえないだろう」と私は答えた。ただし自作にその魅惑があると言うつもりはなかった。私がこのとき想起していたのはたとえば三島由紀夫であり、川端康成、谷崎潤一郎、あるいはジュネ、ポーリーヌ・レアージュ、ピエール・ド・マンディアルグであった。

二階堂氏は、自己を被虐的な物語になぞらえることを好む、と常々語っていたが、しかし同時に、当の日記にもあるように、女性がいくらかでもその人権を蹂躙されることを決して認めない人であった。『O嬢の物語』を愛読しつつ、男性による女性への都合のよい凭れかかりを含む発言を見つけ出すと厳しく指弾することのできる人であった。ついでに言うなら、その厳格な思索にもかかわらず、必要に応じて「愛想のよい若い女性」を演じることのできる人であった。

智はときとしていたずらに人を苛立たせる。あたかも神の位置から眺め降ろすように自らを含む世界すべてを判定することができるにもかかわらず、自らの感情的な不合理に関しては全く無力だからである。愛憎と性愛に関して、智はそれを正確に叙述し批判することはできても、当事者としての問題を解決することができない。ともすれば人に人間であることの限界を許し難く思わせがちなのが智というものではないだろうか。ひときわ智に秀でた二階堂氏は智の敗北の無念もまた常に意識していたはずである。

二階堂氏は人形という存在の意味にもよく言及した。それは多岐にわたったが、正確に伝える自信はない。ここでは互いに一致していたと思われる見解だけを記す。

すなわち、人形とは客体の極限であるということだ。そして何より麗しいのはそこに自意識という最も醜いものがないということだ。さらに言うなら、人形の中でも、われわれが美と感じ愛したいと望むようにだけ造られた人形とは、われわれがそうある筈だった身体であり、つまりそれは理想の神のための僕《しもべ》なのであり、そこに神への信より他はなく、自ら保存しようと努めるべき自己がない。主によって愛されることとともに主によって壊されることを待っている。

そのような在り方が意識ある者にできうるはずもない。かといって、そのような在り方を望む者がそれを忘れることもできはしない。このとき、私たちは完全な使徒、真の神のもとでの絶対の客体を望んでいたことになる。そして不完全であれ神に近づこうとする智の視線と、完全な神の僕となろうとする不可能への憧憬はそのまま二階堂氏の意識の両極であったに違いない。

ここにあるだけのものと適度な生とでは満足できなかったその高慢さを私は思い出す。生ぬるさはこの人の最も嫌うところのものであっただろう。

だが飽くまでも相対性の内にいる私が絶対を巡る言葉をこの上記すことには意味がない。

私が最後にこの人に会ったのは二〇〇二年一二月二二日、友人たちの催すクリスマスパーティのおりであった。

穂村弘氏と私のいる席に彼女が来て話した。VIVIENNE TAM のチャイナドレスという装いだった。最近転んで怪我をしたと言った。そのさいは気づかなかったが既にやや危うかった時期であるらしい。しかしそうしたそぶりは感じられなかった。

クリスマスソングのささやかな合奏をやろうというので、何人かが立った。キーボードのほか楽器少々に合唱という。私は小さなトイ・ドラムを叩いた。トライアングルがいないのでやらないかと言われ、彼女も加わった。特に希望したからではなかったが、参加を決めた後は例によってためらいはなく、といってさほど懸命なわけでもない。遊びとわかっていたからだ。このときの彼女は決意とか選択の厳密さからはやや逃れていたかのようにも見受けられた。とりたててうまくいった合奏ではなく、飽くまでもただの座興であったが、それゆえ何かしら息抜きのような、そんな時間として記憶されている。

高原英理（たかはら・えいり）
一九五九年生まれ。小説家。かつて文芸評論家。第一回幻想文学新人賞受賞。第三九回群像新人文学賞評論部門優秀作。著書に『少女領域』『エイリア綺譚集』（国書刊行会刊）、『ゴシックハート』『不機嫌な姫とブルックナー団』（講談社）、『歌人紫宮透の短くはるかな生涯』（立東舎）など。

最後の仕事

中野　翠

彼女と会ったのは二〇〇二年の秋から冬にかけてで、ほんの四、五回だったが、私の心に強い印象を残した。

編集者と著者という関係で知り合った。べつだん彼女が希望したわけではなく、上司から割りふられただけだと思うが、彼女が私のエッセイ集を担当してくれることになったのだ。

銀座の喫茶店で初めて会って、打ち合わせをした時、すぐに「あ、できる子だな」と思った。若いのに臆するところは全然なく、かと言って傲慢なところもなく、対等に話し合えた。気持ちよく一緒に仕事ができそう、と私は喜んだ。それと同時に彼女の姿かたちにも私は興味をひかれた。色白の顔にメガネをかけていた。その顔から、首、肩（なで肩）に続く曲線がキレイで面白かったのだ。映画『ゴーストワールド』のソーラ・バーチをちょっと思わせるところがあったかもしれない。何か言葉で説明できない色っぽさを感じた。面妖な色気。

確か三度目には装丁の菊地信義さんを交え、三人で歌舞伎座近くの喫茶店『樹の花』で打ち合わせをした。秋が深まっていた。私の服（トレンチコートに赤のタータンチェックのマフラーと赤いタイツをコーディネート）を見て、彼女は「中野さんってオシャレですよね」とホメてくれた。私の思った通り、ファッションに興味があるんだなと思った。

それから数日後だったと思う。菊地さんから思いがけない話を聞いた。どういういきさつだったか忘れてしまったが、菊地さんは彼女が二階堂奥歯という名で雑誌『幻想文学』に寄稿していることを知ったというのだ。

私はまず奥歯というペンネームに感心した。すごく微妙なニュアンスの名前だ。やっぱりタダモノじゃあなかったのね……。

本の装丁の件で菊地さんにハガキを出した時、ハガキの隅に彼女の似顔絵を描き、「オクバはやっぱり色っぽい」と書いたような気がする。とにかく、菊地さんと私はひそかに「オクバは大物」「何か、ある」なんて言い合って彼女に興味津々だったのだ。

私の本は無事に暮の二十五日に発売された。年が改まった二〇〇三年の一月二十七日。柳橋にある老舗『鳥安』で打ち上げの会があった。雪の散らつく夜だった。菊地さんと私は時間通りに到着していたが、彼女は来ていなかった。結局、三十分ほど遅刻して来た。片手にしっかり握られた紙（店への地図を描いたもの）が濡れていた。道を間違えて、近くをグルグル歩き回ってしまったらしい。

三十分も遅刻したのに彼女にはあんまり悪びれたふうがなかった。他の人だったら不快に思ったかもしれないのだけれど、何しろ興味津々の人物だったから、菊地さんも私も全然怒らない。黒いセーターにスカートで、ちょっと和風柄のサッシュ風ベルトをコーディネートしていて、よく似合っていた。

ということはよくおぼえているのに、その夜、いったいどんな話をしたのか全然思い出せない。菊地さんは二階堂奥歯の名前を知ったいきさつを語ったと思う。それでも、そんなに深い話はしなかったと思う。菊地さんも私も、仕事の上で彼女とは長い付き合いになるはずだと思っていたから。これから先が楽しみと思っていたから。

だから、四月のある日。彼女の職場の人からの電話で「亡くなりました」と聞かされた時は、ほんとうに呆気にとられた。わけもなく、「バカだなあ」という言葉しか出て来なかった。

くだらない信仰かもしれないが、私には「着るものに興味のある女の子はそうそう簡単には自分で死んだりなんかしない」という信仰がある。だから虚をつかれた感じがあった。

菊地さんもひどく動揺したようだった。私も日増しに落ち着かなくなった。まるで彼女の後ろ姿をもう一目だけ見たいような気持ちで、菊地さんに赤坂のバー『ですぺら』に連れて行ってもらった。彼女が行きつけの店だったという。店の棚にスーツ姿の彼女の写真があった。

今でも時どき彼女のことを思い出す。あれから彼女の苦しみについて少しは知ったけれど、やっぱり私の気持ちは最初に戻ってしまうのだ。何の根拠もなく「バカだなあ」という一言になってしまうのだ。私は浅いつきあいの他人なのだ。それ以上のことは言うべきではないだろう。

たぶん、編集者・二階堂さんにとって私の本が最後の仕事になったと思う。

中野翠（なかの・みどり）

一九四六年生まれ。コラムニスト。二階堂さんとの仕事は『あんまりな』『甘茶日記』（ともに毎日新聞社）など。

二階堂さんの思ひ出に添へて

高遠弘美

何事につけ人に遅れること多き私ゆゑ、二階堂奥歯さんがインターネットの日記を書いてゐることは知つてゐたが、一回一回のダイアルアップの接続ではなかなか落ち着いて読む機会がなかつた。私の知る二階堂さんは飽くまで現実の、才気に溢れ、皮肉屋でひとの目をまつすぐのぞき込むかのやうにして話す、若々しい麗人であり、インターネット上の存在ではなかつたことを最初にお断りしておきたい。とは言へ、他の方々に比べれば、私が二階堂さんと話すことのできた機会は決して多くはなかつた。赤坂見附にある渡邉一考さん経営の「ですぺら」で何度か、そして、あとで触れる『アリスの人生学校』刊行のとき、編集長のMさんらとともに神保町のランチョンで一度お会ひしたにすぎない。それでも、二階堂さんは私の記憶の中で、いまなほ元気に生きてゐるやうな気がする。

最初にお会ひしたとき、二階堂さんは私が訳したロミの『突飛なるものの歴史』のことを話題にしてくださつた。

「あの本は高校生のときに読んで大好きだつた本なんです」

たしかに、私の訳書の中ではそこそこ売れた本ではあるけれど、それをまさか高校生が読んでゐるとは思はなかつた。しかし、そのあとに続いた二階堂さんの読書体験を聞いて、なるほどと納得した。そしていま改めて思ふ。高校生のときにすでにして、ロミや澁澤龍彦の本にいたく反応する感性と知性をもつてゐたからこそ、「日記」で見られるやうにたぐひまれな読書家になれたのであり、それゆゑに、現実世界との癒し得ぬ違和感を感じたまま、短い生を駆け抜けてしまつたのかもしれないと。

あるとき、二階堂さんがかう言つた。

「マッコルランが匿名で書いた鞭打ち小説があるんですけど、こんどうちで出すことになったんです。解説を書いてくれませんか」

以前、友人たちと共訳でマッコルランの小説集『恋する潜水艦』を、二階堂さんがかつて勤めてゐた出版社から出したこともあつて、私に白羽の矢を立ててくださつたのだらう。

『八本脚の蝶』二〇〇一年八月七日の項に、以下の記述がある。

〈「コブナント」は見つからなかったけど、「奇譚クラブ」の昭和三三年、三四年、三五年臨時増刊号を格安で見つけてとてもうれしい。臨時増刊号は小説だけで構成されているのです。なんといっても傑作は昭和二八年臨時増刊号の「アリスの人生学校」です。これは長編なので丸々一冊このお話で占められています。『恋する潜水艦』のピエール・マッコルランがサディ・ブラッケイズという変名で書いたスパンキング小説です。昔の保守的な小さな町の上流階級のおしとやかなお嬢さんのかわいらしさに魅力を感じる乙女と乙女愛好家におすすめ。ペチコート履いてピクニック・アット・ハンギングロ

ックごっこをしたくなるわ。ちなみにスパンキング描写ばかりで狭義の性描写はありません〉

澁澤龍彥が読んでゐたことは知つてゐたものの、現物を読んだことがなかつたから、正直にさう打ち明けると、コピーを送るからぜひ書けとのこと。数日後、送られて来た「奇譚クラブ」のコピーには二階堂さんの情熱がそのままとはりついてゐたかもしれない。その情熱に後押しされるかたちで書いたのが単行本『アリスの人生学校』の解説である。この解説の仕事を通じて私は今まで読んだことがなかつた『ル・メナジエ・ド・パリ』といふ奇書を知ることができたし、鞭打ちといふ行為の文化史的意味を知ることができた。二階堂さんとの出会ひが私に遺してくれた大切な財産である。いまもこの本を見ると、単なる懐かしさでは片づかない痛切なる悲しみが襲つてくる。

やはり最後にお目にかかつたときのことについて書かなくてはならないだらう。自らの命を絶つ数日前のこと、「ですぺら」で呑んでゐると、二階堂さんがお母さまと弟さんと一緒に入つてこられた。しばらくお会ひしてゐなかつたので、お母さまがしばらく前からつき添つてをられることもその事情も、そのときはじめて知つた。私は早くに両親を亡くしてゐるので、肉親の死に出会ふことの辛さ悲しみはよく知つてゐる。それだけに窶れたお母さまの顔を拝見するのが辛くて、ともかくも生きなくてはいけないこと、逆縁をお母さまに味はせることはいけないこと、生きてこその人生であること、いやでも人間はいつか死ぬのだから死に急ぐことは絶対にすべきでないことなどなど、くどくどと二階堂さんに向かつて説いたのだが、すでに奥歯さんは私などの言葉の届かぬところにゐたのであらう。一時間ほどご一緒したのに、一度も私の目をのぞき込むことはなかつた。何を言つても甲斐なきことだつたにせよ、何とか生の側に引き留めるべく、私はもつと誠実に言葉を重ねるべきではなかつたか。その悔やみはいまも心の奥底で私を苛んでゐる。

高遠弘美（たかとお・ひろみ）
一九五二年生まれ。明治大学商学部教授。著書『プルースト研究』（駿河台出版社）、『乳いろの花の庭から』（ふらんす堂）ほか、訳書・共著など多数。

夜曲

松本楽志

　彼女のことを図書館に喩えた人に習えば、僕はその図書館の貸し出しカードを作ったばかりだったのだ。いまはもうないその透明な図書館について、僕が何かを語り加えられるだろうか。たとえば、貸し出しカードはどのくらいの大きさだっただろうか。どんな材質だっただろうか。何処へ行ってしまったのか。本当に、そんなものがあったのだろうか。

＊

　彼女に初めて会ったのは、その小さな店で行われた集まりだったはずだ。年が同じだったせいもあって、話をするようになった。しかし、彼女と交わした言葉はさほど多いとはいえない。ただ、その数少ない彼女の言葉を思い返すと、それらがすべて本当であるようにも、あるいはまったくの虚飾であるようにも感じてくる。空気の少し抜けた、明るい色のゴムボールが鈍く弾むような口調で、彼女はなんということもないことを話す。なんということもないことを、話す。

＊

しかし、記された彼女の言葉はまた、世界に散らばった書物の切断面でもあった。その断面のほとんどを、読み取れずに居たことが僕は悔しくてならない。

＊

あるとき、古本屋で本を見つけたことを自分のサイトで書いたところ、彼女からメールが来た。ずっと探している本だったという。後日、同じ本を古本屋で見つけ、彼女に連絡を取った。受け渡すためにカレー屋で待ち合わせてカレーを食べた。彼女はクトゥルー神話に出てくるナイアルラトホテップのぬいぐるみを持ってきていた。それはたくさんの真っ赤な瞳であたりを一瞬にして見渡すと、聞いたこともない音階で啼いた。

＊

僕が彼女に手渡した本は『ふらんす幻想短篇精華集』（透土社）である。箱に入った変形サイズの本だ。結局、僕自身は拾い読みをしただけで、いまだに読んでいない。彼女から感想を聞いておけば良かった。せっかくの寄贈本なのに、僕の図書貸し出し記録には何も刻まれることがない。図書の見返しに付けられた慎ましいポケットに収まった、歪な紙切れには彼女の名前だけがある。

*

別のあるとき、僕は会社の先輩と鮟鱇を買うために千葉に出かけていた。その車中、彼女から電話がかかってきた。京都にいて御幸町通りをさまよっているようだった。彼女はかの有名なアスタルテ書房を探しているところだったのだ。なんという落差だろう。僕は鮟鱇を探していたというのに。アスタルテ書房はなんの変哲もないマンションの一室だ。彼女はその前を素通りしてしまったらしい。結局、彼女は無事に到着できたようだった。後日来たメールには、アスタルテ書房で短い時間が「幸せ」だったと書いてあった。アスタルテ書房で彼女の幸せの断片がどこかの本に紛れ込んだ。まだそこにあるか、もしくはどこかの蔵書家の棚にそっとしまい込まれているのだろう。そうやって彼女の断面もまたどこかの書物に、忍び込んでゆく。

*

そういえば、彼女は「そばとうどんとラーメンは伸びるので食べられません」と云っていた。でも、きしめんは食べられるのだという。きしめんは初めから横に伸びているからだろうか。だからといって麵自体が伸びないというわけではないはずなのだけど。彼女は、なんということもないことを、ゴムボールのように話す。

＊

彼女から聞きかけていた怪談があった。「これは本物です！」と彼女は云っていた。彼女がずいぶん昔に住んでいた実家での話だという。しかし、結局、「おばあさんが庭の井戸から上がってきます」という断片的なことを聞いたきりで詳しいことは聞けずじまいだった。そのおばあさんはきっと未だに庭の井戸の縁に座って、彼女から呼ばれるのを待っているのだろう。僕には見えない。

＊

我が家には一匹のクトゥルー神が居る。白銀の爪。漆黒の身体。深紅の瞳。本来なら纏う必要もない装飾に彩られたゴシック風のクトゥルー神である。彼女もクトゥルーのぬいぐるみを持っていたが、それは緑色の小さなものだった。そして、僕の手元にあるこの黒い静かな邪神は、彼女の形見になった。我が家に来てなお、邪神は無口だったが、僕は異次元に向いた視線の先に、彼女の姿が何億年の長さにも引き延ばされて映っているのではないかと、赤い瞳をつい覗き込んでしまう。

＊

彼女が生前に手がけていた『稲生モノノケ大全』の下巻に当たる「陽之巻」で行われた公募で、僕の作品は「優秀賞」をいただいた。僕は歩くのが遅い。彼女がいつかメールで書いてくれた「小説家になったら一緒にお仕事させてください」という言葉を真に受けながら、僕はいまだに小説家の遙か手前で足踏みをしている。

＊

そんな彼女についての、とりとめのない記憶の断片を拾い集めても、僕はそれがほんとうのものなのか自信がない。本当は彼女が空中で砕け散り粉々になって、いまだにあの雑然とした街の夜を漂っているのではないかとも思う。そして、あの街のどこかで、誰か悲しみのあるひとが埃のかぶった本を開くとき、そこに彼女のかけらを見つけてくれることを、僕は夢想しているのだ。

松本楽志（まつもと・がくし）
一九七七年生まれ。ＩＴ関係の会社に勤務。『稲生モノノケ大全　陽之巻』（毎日新聞社）に「生者・死者・物怪」収録。

ポッピンアイの祈り

石神茉莉

　二階堂奥歯さんは、笑顔が完璧に美しい方でした。

　成人の顔というのは大概どこかに歪みがあり、それが逆に「味わい」になっていたりもするものです。しかし、二階堂さんの笑顔は無垢な幼子を思わせるような美しさでした。丁寧にケアされた無垢なお顔と、華やかな衣装を品よく着こなす佇まいは、人形を思わせる風情でもあります。そして、眼差しはいつも凛としていました。

　大変な読書家で、作家、評論家、化け物のように本を読んでいらっしゃる方々の集いでも互角にお話しできる方です。身を乗り出して、心底楽しそうに目をきらきらと輝かせて。

　ただ、相手が私の場合、会話の内容は「女子高の昼休み」のような趣でした。二人とも大好きな鉱物の話、お洋服、ドール、そして、コスメ。肌をつるつるに保つ洗顔の方法、髪を自分で艶やかにカラーリングする秘訣などを伝授していただきました。

　ある時、「デビューが件小説だったせいか、すっかりお化けの人と呼ばれるようになってしまいました。妖怪好きな友人たちにリクエストをしてもらって、今までに目目連、人魚、河童などをテーマに短篇を書きました」とお話ししましたところ、二階堂さんは「今度はぬっぺっぽうを書いてください」と即座に宿題をくださいました。そんな美しい瞳の輝きを前にして、「できません」とは言えないではないですか。

しかし、ぬっぺっぽうといえば。

大きな肉の塊が墓場をぺたり、ぺたりと歩いているだけという、カオスのようなヤツです。どこまでが頭でどこからが胴体か、顔だってあるのかないのか、全くつかみどころなし、です。数ある妖怪の中からぬっぺっぽうを選ばれるとはさすがタダモノではありません。

結局、鉱物とお酒とそしてぬっぺっぽうがテーマという三大噺のような短篇を書きました。果たしてぬっぺっぽうとして成立していたのかどうか……。そのときの精一杯のものでした。結局、そのご感想をうかがうことは叶いませんでした。

二階堂さんは素晴らしい編集者です。二階堂さんのモノを見る目が、そしてそれを語る言葉が好きです。

物語をまもるものでありたい。

そうおっしゃっていたという二階堂さんとお仕事を一緒にさせていただくのが夢のひとつでした。最後に遺されたアンソロジーの企画『稲生モノノケ大全　陽之巻』に掲載していただくことができれば、あるいは二階堂さんに私の言葉が届くのではないか、そう思いました。ただそれだけを願って、言葉をつづりました。

そして載せていただいた今、それは幻だったことを知ります。蜃気楼のように消えたゴールを前に呆然とするしかありませんでした。

届きはしません。やはり間に合わなかったのです。

私の手許には色とりどりのポッピンアイが残っています。半透明で柔らかであどけない玩具です。コンタクトレンズのような形で、ぺこんと裏返しておくとゴムの弾力でぴん、と跳ねるだけのものです。日記で二階堂さんがポッピンアイを欲しがっていらっしゃるのを知りました。たまたま近所で透明なプラスティックのカプセルに閉じ込められた色も大きさも様々なポッピンアイを見つけ、ありったけの小銭を握って機械の前にしゃがみこみました。あまり小さいものではつまらないですし、大きすぎるものでは可愛げがない上、弾く力が強すぎます。万が一、怪我でもしたら、と幼い子供に対するような心配もしました。色が綺麗で硝子を思わせるようなものをと、いくつもいくつもカプセルを出しました。

少しでも微笑んでいただければ、少しでもお気持ちが軽くなることがあれば、と祈りつつ、お好きだという紅茶と一緒に中ぐらいの大きさのポッピンアイを送りました。

二階堂さんはこんな他愛のないものをとても喜んで下さり、丁寧な御礼のメールをいただきました。心配させまい、というお心遣いか、とても前向きな明るいメールでしたけれども、暖かくて優しい語り口の中に、くっきりと別れの言葉を見つけてしまいました。

果たせなかった宿題に途方にくれているぬっぺっぽう、幻となったゴール、そして、大きすぎたから、小さすぎたから、二階堂さんのお手許に行きそこなったポッピンアイたち。すべては私の中に何の整理もつかないまま、何とも頼りなく存在しています。置き去りにされたガラクタのような想いが、おそらく私が書き続ける理由のひとつになっています。

二階堂奥歯さんの凜とした眼差しに、物語を守ることは尊いという言葉に対して、背筋を伸ばして。

石神茉莉（いしがみ・まり）
幻想小説家。一九九九年、件小説『Me and My Cow』で作家デビュー（季刊「幻想文学」）。主な著作に玩具館綺譚シリーズの長編『人魚と提琴』『謝肉祭の王』（講談社ノベルス）、短編集『蒼い琥珀と無限の迷宮』（アトリエサード）がある。

旅

吉住 哲

奥歯と一緒に、奥秩父の三峯山を訪れたことがある。三峯山の山頂には、日本武尊が建立したと伝えられる三峯神社がある。つまり三峯山は、由緒正しい山岳信仰の山なのである。

ロープウェイで山頂に到着し、神社の社殿が近づくにつれ、奥歯の態度が豹変した。いつも通り奥歯に甘えようとする私をひどく邪険にし、手を繋ぐことさえ嫌がる。

「こんな場所でやめて。バチがあたるでしょう」

論理的思考を旨とする哲学者が安易に「バチがあたる」などと口走ってはなるまい。哲学的思考の果てに出で来る〝神〟はあるかもしれないが、その〝神〟は人にバチをあてるような何かではないはずだ。しかし奥歯はとても真剣な顔である。私はとても不安になった。

「ねえ奥歯、本気で言ってるの？」

おそるおそる私は尋ねる。

「そんなわけないでしょう。けどさあ……」

その言葉に安心しつつも、どこか煮え切らない返事はやはり私を不安にさせた。そのぎこちない雰囲気のまま私たちは歩を進め、下山する頃には結局いつもの恋人同士に戻っていた。

人の生んだ美しいものに最大限の敬意を払っていた奥歯は、ただ「礼儀を知れ」とでも言いたかったのだと思う。しかしそれにしても、あの真剣なまなざしはなんだったのだろう。

その翌日、廃墟マニアの間では非常に有名な埼玉県大滝村の廃校〝小倉沢小学校〟を訪れた。さびれた炭鉱町にたたずむ校舎は確かに美しかったが、今では立入禁止となっている。気の小さな私は、忍び込むのをためらう。そんな私を放って、奥歯は柵を乗り越え、ずんずん校舎の中に入っていく。こういうときの奥歯は、本当に頼もしい。奥歯に手を引かれ、ビクビクしながら校舎内を見て回る。日の射し込む保健室にたたずむマネキン人形の美しさに、奥歯はひどく感動する。そうやって校舎内をひと通り見終わった頃、保健体育の資料だろう、首から下だけの内臓模型が廊下に放置してあるのを見つけた。

私は、少しでも恐怖心を和らげようと、その内臓模型の後ろにまわって自分の顔を突き出し、おどけて奥歯に写真を撮るよう要求した。すると奥歯は、突然癇癪を起こすのであった。

「哲、ふざけないで!!　せっかくの雰囲気がだいなし!!」

廃墟マニアの彼女にとって、廃墟を愚弄するようなおふざけ行為は許せなかったらしい。しかし私は、本当に怖かったのである。

船で夏の大島を訪れたことがある。大島の中央に位置する火山、三原山は、数キロの登山道を歩かなければ火口にたどり着くことができない。運動をなにより嫌い、体育授業の思い出を常日頃から怨念を込めて語っていた奥歯だが、なぜかそのときは、炎天下、火口まで歩くことを主張した。もちろん、〝乙女のたしなみ〟である日傘をしっかと握りしめながら。

数十分後、汗だくの状態で火口に到着。ふたりで石ころだらけの火口を眺めた。

「ここで自殺しようとして飛び込んでも、途中で岩場に引っかかって、ガスで死んじゃうことのほうが多いらしいよ」

「マジ？　しんどそうだねー」

そんな会話をしているうち、突然奥歯が「私、ここで死ぬ」と火口を目指して歩き始めた。

その頃には私も、このような突拍子もない言動にはずいぶん慣れてはいた。しかしそれでも、毎回ハラハラさせられることにかわりはない。こんなときの奥歯に、「自殺はよくない」などと倫理的な説教をしても無意味だ。

「こんな場所で奥歯に死なれたら、おれ、奥歯のご家族になんて言われるか考えてよ‼」

確か、この言葉がいちばん効いたのではなかったか。どこまで本気で言っていたのかはわからないが、奥歯もそのうち納得し、またふたり、テクテクと登山口まで歩いて帰った。奥歯は、〝乙女のたしなみ〟をも凌駕する夏の日射しに、終始文句を言い続けていた。

奥歯との旅行は、たいていレンタカーを借りてのドライブ旅行であった。私が車を運転し、助手席の奥歯は過ぎゆく外の風景を眺めている。カーステレオでは、私が好んで聴くモーニング娘。が流れていて、奥歯がブーブー文句を言う。今度は奥歯が戸川純をかけ、陰気くさいと私が文句を言う。オザケンや筋肉少女帯が流れると、仲良くふたりで口ずさむ。そんな記憶だけが、断片的に私の頭に残っている。

「哲、明日はドライブだね。とっても楽しみ」

奥歯と私が最後に交わした言葉だ。翌日、奥歯と私は三浦半島へドライブに行く約束をしていた。三浦半島の先端にある名勝・城ヶ島は、特に夕暮れ時など、とても美しい。あの城ヶ島を奥歯と一緒に眺めたかったけれど、その夢はついに叶わなかった。

電話の向こうで奥歯は最後に、いつもの調子で私に尋ねた。

「哲、私のこと愛してる？」

私は、いつもの調子で答えた。

「はいはい。愛してますよ」

一九歳のとき、哲学研究会というサークルの友人として出会い、二〇歳でつきあうことなった。だから私にとって奥歯は、二〇代の前半を共に過ごした大切な恋人であり、奥歯と私の間にあったのは、ただただとるにたらない日常の蓄積である。

文学部キャンパスのベンチ、西早稲田キャンパスのカビ臭いサークル部室、早稲田通りの古書店、神田川の桜風吹、高田馬場のロシア料理屋、下北沢の雑貨屋、渋谷の喫茶店……。

奥歯を思い出すということは、そんな日常の数々を思い出すということであり、そこで交わされた多くの言葉を思い出すということである。それらのひとつひとつが、私にとっては、キラキラ光る大切な宝物だ。

奥歯の墓は、東北地方のある山の上の墓地にある。いつも野暮ったい茶色のパーカーを着てこたつで丸くなっていた奥歯が、あそこで寒がっていないか、少しだけ気になる。

吉住哲（よしずみ・さとし）

一九七六年生まれ。早稲田大学第一文学部哲学科卒。雑誌編集者。二階堂奥歯の元恋人。

特別収録『幻想文学』（発行＝アトリエＯＣＴＡ）ブックレビュー

二階堂奥歯

物語が語り手を作る

スーザン・ブラックモア
『ミーム・マシーンとしての私』垂水雄二訳
（草思社・１８９０円）

「過去・現在・未来のすべての詩編は、この世のすべての詩人によって書かれた一編の無限詩の挿話ないし断片である」とシェリーは語る。これを主客逆転させてみよう。「一編の無限詩は、自らを可能な限り分岐・増殖させるべくすべての詩人を使役する」——これが本書で述べられている世界観である。

ミームとは模倣によって伝えられる「何か」である。それは思想、指示、行動、などおよそ考えつく限りの表現形を持つ。ドーキンスは『利己的遺伝子』において、人間は自己複製を目的とした遺伝子の乗り物にすぎないと主張した。それを受けた生物学者ブラックモアは、物理的な基盤すら必要とせずあらゆる形態を取りうる自己複製子＝ミームについて述べ、その乗り物として人間を規定する。「私たちの観念が自分たち自身の創造したものであり、私たちのために働いていると考えるかわりに、それらが自律的で利己的なミームであり、自らがコピーされることのみのために働いていると考えなければならない」。

さらにブラックモアは「私」というものは存在せず、あるのはミームの複合体だけだと結論する。ミームが存在するための場が人間なのである。模倣され表現されることによって存在するミームが、自らの表現者としての「私」を仮構する。表現されるものと表現者との鮮やかな逆転がここにある。

本書のスリリングな展開と着実な論証は、一級のメタフィクションだけが持つ眩暈の感覚を与えてくれる。それもその筈、本書は、語り手は物語によって作られたと語る「物語」なのである。

（『幻想文学』59号　2000／11／15）

二重写しの現実

松本大洋

二階堂奥歯

『GOGOモンスター』（小学館・2625円）

松本大洋は、その奇妙に歪んでいるがしかし懐かしい絵で異世界と隣り合わせの小学校を淡々とそしてありありと描き出した。そこで描かれるのは、天沢退二郎の児童文学に登場するような、地に足がついていながら不条理な異世界である。その異世界は決して夢の国でも救済の地でもない。それもまたもう一つの奇妙な現実であり、彼らは二重写しの現実の中を生きている。

三年生の立花雪は一年のころからあっちの世界と、そこに住む「彼ら」を見ることができた。こっちでは彼は奇矯な振舞いを繰り返す問題児として扱われ友達がいない。邪悪な「奴ら」が現れてこっちとあっちのバランスが崩れ始める中、成長するユキはだんだん「彼ら」が遠くなっていくことを感じる。「ここへ来ればいつでも彼らと会う事が出来ました。（中略）だんだん大人に近づいていくのが分かります。どんどん感じなくなります。そのうちなんにも見えなくなる。腐ってカチカチになる。スーパースターに何度も頼みました。僕を連れていってくださいと……僕もそっちへ入れて下さいと……でも彼は何も答えてはくれません。」ユキが存在しない五階へ至り黒い扉を開けてあっちへ行ってしまおうとするクライマックスはストーリー・絵・演出どれを取っても類を見ない見事さである。

すべてのものがくっきりと輪郭を持って見える真夏の眩さや、誰もいない校舎の角を曲がった先の得体の知れなさなどを遺憾無く伝える松本大洋の絵はページをめくる度に身内に衝撃を走らせる。あっちが見えていたすべての元小学生必読の傑作である。

（『幻想文学』60号　2001／3／10）

今なお新鮮な奇想SFの古典

二階堂奥歯

石原藤夫
『ハイウェイ惑星』
（徳間デュアル文庫・710円）

ハードSFの古典《惑星シリーズ》がついに復刊された。溢れる奇想をあくまで科学の枠組みで描く真剣でユーモラスで良質な一冊である。
かつて栄えていたある種族による開発計画の遺跡が千数百個の惑星に残っている。緯度経度を表す線に合わせて互いに直行する無数の広大なハイウェイによって惑星全体が包み込まれているのである。その想像を絶する長大な構造物は三千万年間ただ放置され続けている。

幅三キロ以上のハイウェイが遙か地平線まで続いている、その先は見えないだけでさらに続き、惑星を一周してまた同じ地点に繋がっている。その風景だけで魅力的だが、さらに舞台となる惑星には太古の人工物であるハイウェイを「自然環境」として適応進化した生物が存在しているのだ。惑星開発コンサルタント社の調査員二人組は、惑星の風土生態に驚き巻き込まれながらも、科学知識で不思議を解き明かしていく。表題作をはじめとして、「安定惑星」「空洞惑星」「バイナリー惑星」「ブラックホール惑星」が作者自身によってセレクトされている。

丁寧に作られ、新鮮だったころのセンス・オブ・ワンダーを感じさせるこれらの物語は、これまでSFというものに触れたことのない少年少女にとって優れた導き手になるに違いない。懐古的なSFファンよりも、若い（というよりむしろ年少の）読者にアピールすることを意図したと思われるあさりよしとおによるライトノベル風の表紙・イラストこそこの本にふさわしいのだろう。復刊でありながら過去ではなく未来を見ている作り手にエールを送りたい。

（『幻想文学』61号　2001／8／20）

与えなさい、思いやりなさい、従いなさい

二階堂奥歯

イアン・ワトスン
『オルガスマシン』大島豊訳
（コアマガジン・2940円）

女性が男性に所有物とされる未来。大きな目を持つジェイド、六つの乳房を持つハナ、猫娘のマリ。催奇性の培養液で育てられ注文通りに身体を改造された彼女達は、自分達は所有者に望まれ作り出された特別な存在だと信じていた。しかし彼女達を待ち受けていたのは、獣と共に飼われ、コイン式の貞操帯をつけられ、自動販売機に閉じ込められて性的に使い捨てられる運命だった。彼女達は反乱を起こし、捕らえられ、一方的に裁かれ、そして……。

O嬢は鉄輪を嵌められオブジェになった。彼女は人間ではないが女性でももはやないのだ。沼正三は、男性・女性の支配・被支配関係を転倒させそれを徹底した。しかし、オルガスマシンで描かれるのは、強化された現実である。そして、そこには『侍女の物語』の静かな絶望感はない。作者の筆は生き生きと踊り、荒木元太郎によるフィギュア・挿画も現実を破壊することよりも妄想をかきたてることを意図しているようだ。

この小説の生命はあくまで彼女達が所有され改造され使用されつくす描写にあり、後半三分の一と突然すぎる結末は付け足しにすぎない。ポルノとして読む者にとってはそれは余計な部分であり、そしてディストピア小説・フェミニズム小説として読む者にとっては彼女達の生々しすぎる受難だけで充分な破壊力を持っている。気がつけば嘲るような洗脳の声はいつだって現実に聞こえているのだから。

（『幻想文学』62号　2001／11／25）

閉じこめられたままで

二階堂奥歯

稲生平太郎
『アクアリウムの夜』
（角川スニーカー文庫・630円）

一九九〇年に書肆風の薔薇（現在水声社）で刊行された本書がライトノベルの装いで文庫化された。めでたくも邪悪なことだ。

カメラ・オブスキュラの見世物に映った水族館には存在しないはずの地下への入り口

があった。こっくりさんは不吉な予言を伝え、広田たち三人の高校生活は奇妙な色彩を帯びはじめる。「見なれた街角が解読できない暗号文に変貌する――そんな感覚に襲われて、ぼくは眩暈すらおぼえた」。ネガとポジがともすれば裏返ろうとする中で送られる瑞々しい青春の物語。

例えば暗黒児童文学叢書というようなものが編まれるとして、その中の第一巻を占めるのは間違いなくこの本だろう。高校生の時、雨の匂いがする図書館で手に取ったこの本は、児童文学の顔をしていた。そうだ、私は行って戻ってこられると思ったのだ。ホワイトノイズのあわいから呼びかける声を聞き、地下に何かが封じられている水族館へ忍び込んでも、それは思春期の冒険の一つで、いつか思い出となるものだと。

これはただのジュヴナイル小説ではない。そう気がついた時には夜になっていた。途中でやめることはもう出来なかった。物語の禍々しさにとりつかれるまま終末まで共に進むしかなかった。狂気は伝染し、この物語は現実を浸食する。

翌朝私は制服をまとって学校に向かった。暗渠が走るアスファルトの上を、金星からの電波が舞う清々しい朝の空気の中を。図書館の隣には水族館があった。私はその水族館で地下への入り口を探したのだった。私の一部はきっとあの丘の上の病院に今も閉じこめられ、仲間を待っている。

（『幻想文学』64号　２００２／７／10）

二種類の夢

二階堂奥歯

『藤野一友＝中川彩子作品集　天使の緊縛』

（河出書房新社・3570円）


P・K・ディック『ヴァリス』の表紙絵である「抽象的な龍」。裸で横たわる女性の身体ががらんどうになっており、その中に裸体の女性達が見て取れる。

この絵の作者である藤野一友は澁澤龍彦・三島由紀夫の友であり、また装画や舞台美術の面で共に仕事をした画家である。シュルレアリストである彼は、ボッシュの悪夢を孕んだまま抜けるような青空を描く。明るい景色の中で、透けて溶けて変形していく女性たち。目覚めて見る明晰な夢。

彼にはもう一つの名があった。中川彩子、『風俗奇譚』などで活躍した責め絵画家である。当時の雑誌を開いて見ればすぐに中川彩子の挿絵や口絵にお目にかかることができよう。沢山の挿絵の中で際だつ不思議な品格が中川の絵には存在する。中世の木版画のようなタッチで、あるいは繊細な鉛筆で、あるいは硬質なペンで描かれる責め絵では、性器は注意深く隠されている。セックスから遠く離れた、幻視者によって描かれたエロス。覚めてから思い出す夢のように静謐な責め絵。そもそも、裸体でアドバルーンからつるされる女性群像や、捕らわれて横たわる半人半鳥の女性の姿は「責め絵」なのだろうか。

藤野の絵はシュルレアリスム固有のモチーフを多用したものであり、その夢の文法は一般的、公的である。しかし中川の幻想はより繊細で私的である。中川は掬いあげた白昼夢の欠片を指の隙間からそっと見せてくれる。

二種類の夢の情景を纏めた画集の刊行を喜びたい。

（『幻想文学』65号　2002／11／10）

実物大のジオラマ

二階堂奥歯

Gregory Crewdson
『TWILIGHT』
(Harry N. Abrams, Inc. $35.00)

アメリカ郊外の町にセットを組み、映画的な手法を用いて撮影された写真集。

グレゴリー・クリュードソンの写真に見られるのは、白昼夢（それも悪夢）のような、すこしおそろしい、奇妙な世界だ。不気味だが、しかしとても懐かしい。私達は古いパルプマガジンの表紙やSF映画でそのような光景をよく知っているからだ。

半分まで水で充たされ、そしてその水面には女性が浮かんでいる静謐な室内。夜、パジャマで外に出た少女の前に停まるスクールバス。夜空から一筋降りてくる光に照らされて上を見上げる男性。床に穴をあけ、そこに屋根を打ち抜いて吊り下げた大きな木を植えようとする男性。何もないというのに丸く切り取られていく窓ガラスを見つめる女性。この町全体に何かが起こっている。

よく知っている、けれども実際には見たことのない光景をクリュードソンは一枚の写真として切り取る。そしてそれは映画のスチール写真と似ているように見えながら決定的に異なっている。スチール写真はあくまで映画内の現実の一瞬を写しているが、クリュードソンの写真は強い非現実感を立ち上らせているのだ。

その光景は実物で作ったジオラマのように見える。机上に作られた小さな世界＝ジオラマが人間のものならば、世界と同じ大きさのジオラマは誰のものだろうか。そして、この光景が実物大のジオラマならば、われわれが見ている世界もまたジオラマではないか。作り物めいた光景はその作り物らしさによってにわかに現実の色合いを塗り替えるのである。

（『幻想文学』66号　2003／3／10）

解説

穂村　弘

他者の言葉がこんなにたくさん出てくる日記はないんじゃないか。その大部分は著者の愛する書物からの引用である。なにしろ、「私は就職してから年に多分三六五冊を超すぐらいの本を読んでいる。学生の時はその倍、小学生の時はその三倍は読んだ」（「二〇〇二年一二月二三日（月）その三」より）という人なのだ。本の感想も多く記されている。例えば、幼い頃に読んだアンデルセンの『白鳥の王子』について。

それで疑いが晴れたエリザと王様は美しい行列と共にお城に戻りましたとさ。めでたしめでたし。
一番下の優しいお兄さんのきものだけ片袖が間に合わなかったため、片腕は白鳥の羽根のままというところがまたいいんだ。王様より、そのお兄さんと結婚すればいいのにと私は思った。

「二〇〇二年七月一三日（土）その二」

「片腕は白鳥の羽根のままというところがまたいい」って、わかる気がする。受難の感覚を含んだ存在の特異性への憧れ。「王様より、そのお兄さんと結婚すればいいのにと私は思った」からも社会的な枠組みの超越に向かう意識が読み取れる。
「少年探偵団カルタ」のことも、この本から教わった。

「こ」これはゴムのにんぎょうだ
「と」とうめいにされた大友くん
「ね」ねむりぐすりでグウグウグウ

「二〇〇二年一〇月二〇日（日）その二」

「にんぎょう」への入れ替わりや「ねむりぐすり」によって人間が変化してしまうことへのときめき。特に凄いのは「大友くん」だ。一体どうやって「とうめいにされた」んだろう。ここにも「片腕は白鳥の羽根のまま」の「お兄さん」に通じる受難の感覚と存在の特異性がある。
「とうめいにされた」と云えば、本書には自分自身が消え去る感覚についての記述が幾つもある。

「例えばこのドアを開けたら廊下が存在しないかもしれないと思いますか？」
「そういう稚拙な馬脚の表し方をこの世界はしないと思います。極めて論理的に出来ているようですから。でも、そんなことが起きたら私はほっとして、『やっぱりね』とさえ言うかもしれません。」

たわむれにドアを開けてみると、廊下は存在していなかった。

「『やっぱりね』。」

と私は言い、「どうしますか？」と振り向いた。

その時にはもう相手は存在していなかった。机も椅子も、壁も、天井も、実質を失い消えはじめていた。

振り向いた壁の正面にかかっているためたまたま直視していたカレンダーだけがまだそのまま存在している。

私はそれを見つめ、その視線によって、認識によって、せめてカレンダーだけは存在させ続けようとした。

こんな風に世界が終わるとは思っていなかった。

誰か聞いていますか。世界の最後のひとかけらはこのカレンダーでした。

でも、もうすぐ私は瞬きをするから、そしたらこのカレンダーも消えるでしょう。

四月のカレンダーです。

なんとルノアールの絵が印刷してあります。一番最後に残った絵がルノアールなんて嫌だな。

なんとか商事が配ったカレンダーのようです。下に社名が印刷してあります。

つるつるした紙です。シャープペンシルだとうまく書けない紙です。
ところどころに正の字がマジックで書いてあります。なんかの予定?
この世界には四月という月があったんです。その月は三〇日までありました。
私は四月三〇日でまた誕生日を迎えるはずでした。
目がつらくなってきた。瞬きをしたい。
世界がこんな風に終わろうとしているこの朝はとても晴れていました。
でもちょっと寒かった。風がありました。
廊下には斜めに日が差していました。タイルの継ぎ目を踏まないように下を向いて
歩きました。
あの人はもう消えてしまったのでしょうか。
最後にあの人を見たのはいつだったっけ。
そして、私は瞬きをした。

「二〇〇二年四月六日（土）」

美しい文章だ。「つるつるした紙です。シャープペンシルだとうまく書けない紙です。ところどころに正の字がマジックで書いてあります。なんかの予定?」、目に映るもの、思うこと、それらを告げる言葉の一つ一つに心が吸い寄せられる。「世界がこんな風に終わろうとしているこの朝はとても晴れていました。でもちょっと寒かった。風があり

ました。廊下には斜めに日が差していました。タイルの継ぎ目を踏まないように下を向いて歩きました」のくだりもたまらない。日常性が、些末さが、どうでもよさが、消えてゆく世界の永久欠番性を託されて輝いている。

「一番最後に残った絵がルノアールなんて嫌だな」という呟きに、逆に世界への愛を感じる。今日、世界は終わる。けれど、そこには「四月という月」があった。「私」がいた。「あの人」がいた。「あの人」がどんな人か、「あの人」のことをどう思っているのか、ここには何も書かれていない。なのに、「私」自身が消える直前の「最後にあの人を見たのはいつだったっけ」がひどく切ない。「あの人」が世界なのだ。

本書の終盤にかけて、もうこの世界にとどまっていられない、という生身の感覚がどんどん強まってゆく。それに伴って著者自身の言葉が消え、引用ばかりになってゆく。生まれてから今日まで膨大な本を読み続けてきた彼女が、もっとも愛した言葉たち。その力を借りて、なんとかこの世界にとどまろうとしたようにも思える。シモーヌ・ヴェイユ、ヴィトゲンシュタイン、アナイス・ニン、ボルヘス、エンデ、矢川澄子、室生犀星……。それから、家族や友人や恋人からのメール、手紙、電話、肉声。だが、その魂を地上にとどめておける言葉はなかった。「私は四月三〇日でまた誕生日を迎えるはずでした」という一文は予言になってしまった。

……私は、生きなくてはいけない？
「物語をまもる者でありたい」と誓った一六歳の私を裏切らないために。
……物語への愛と感謝とをこめて、せめて、私は生きなくてはいけない？
……私という一冊の本を、私が破棄してはいけない？
いけない。そんなことをしてはいけない。
私は、物語をまもる者だから。今も、そして死の最後の瞬間にも。
「二〇〇三年四月一七日（木）」

彼女ほど本を物語を言葉を愛した人はいなかった、という思いが痛みを強くする。その魂を守れなかった本とは物語とは言葉とはいったい何なのか。私の考えはずっと同じところをぐるぐる回り続けている。女性の主体性の問題をはじめとして、本書からは時代を先取りした優れた思考の軌跡が読み取れる。今こそ彼女の言葉が必要なのに。ぎりぎりだが、現実がどんなに傷ましいものであっても、遺されたこの本は美しい。詩集、の命の息遣い、その向こうに透明な歌が聞こえる。本書は日記であると同時に、アンソロジー、書評集、遺書、そしてこの世界への恋文でもある。あれから一七年になる。奥歯さん、『八本脚の蝶』が河出文庫になりました。世界はまだ終わっていません。

※「蝶の叫び」（「すばる」二〇一七年四月号）他に加筆して改稿しました。

この作品は二〇〇六年一月ポプラ社より刊行されました。

八本脚《はっぽんあし》の蝶《ちょう》

二〇二〇年 二 月二〇日 初版発行
二〇二四年 四 月三〇日 6刷発行

著 者 二《に》階堂《かいどう》奥歯《おくば》

発行者 小野寺優
発行所 株式会社河出書房新社
〒一五一―〇〇五一
東京都渋谷区千駄ヶ谷二―三二―二
電話〇三―三四〇四―八六一一（編集）
〇三―三四〇四―一二〇一（営業）
https://www.kawade.co.jp/

ロゴ・表紙デザイン 粟津潔
本文フォーマット 佐々木暁
本文組版 株式会社キャップス
印刷・製本 ＴＯＰＰＡＮ株式会社

Printed in Japan ISBN978-4-309-41733-2

焦心日記

少年アヤ　41637-3

〈おかま〉として生きてきた少年アヤが、可愛いモノや男性アイドルに夢中になりながら、自分を見つめ、やがて内なる〈王子様〉を解放するまでの三百六十五日。熱狂的人気を得たウェブ日記連載を完全収録。

恋と退屈

峯田和伸　41001-2

日本中の若者から絶大な人気を誇るロックバンド・銀杏ＢＯＹＺの峯田和伸。初の単行本。自身のブログで公開していた日記から厳選した百五十話のストーリーを収録。

十年ゴム消し

忌野清志郎　40972-6

十年や二十年なんて、ゴム消しさ！　永遠のブルース・マンが贈る詩と日記による私小説。自筆オリジナル・イラストも多数収録。忌野清志郎という生き方がよくわかる不滅の名著！

江口寿史の正直日記

江口寿史　41377-8

「江口さんには心底あきれました」（山上たつひこ）。「クズの日記だこれは」（日記本文より）。日記文学の最低作「正直日記」、実録マンガ「金沢日記」、描き下ろしの新作マンガ「金沢日記２」収録。

動と不動のコスモロジー

南方熊楠　中沢新一〔編〕　42064-6

アメリカ、ロンドン、那智と常に移動してやまない熊楠の人生の軌跡を、若き日の在米書簡やロンドン日記、さらには履歴書などによって浮き彫りにする。熊楠の生き様そのものがまさに彼自身の宇宙論なのだ。

塩一トンの読書

須賀敦子　41319-8

「一トンの塩」をいっしょに舐めるうちにかけがえのない友人となった書物たち。本を読むことは息をすることと同じという須賀は、また当代無比の書評家だった。好きな本と作家をめぐる極上の読書日記。

きみの鳥はうたえる

佐藤泰志　41079-1

世界に押しつぶされないために真摯に生きる若者たちを描く青春小説の名作。新たな読者の支持によって復活した作家・佐藤泰志の本格的な文壇デビュー作であり、芥川賞の候補となった初期の代表作。

あられもない祈り

島本理生　41228-3

〈あなた〉と〈私〉……名前すら必要としない二人の、密室のような恋――幼い頃から自分を大事にできなかった主人公が、恋を通して知った生きるための欲望。西加奈子さん絶賛他話題騒然、至上の恋愛小説。

彼女の人生は間違いじゃない

廣木隆一　41544-4

震災後、恋人とうまく付き合えない市役所職員のみゆき。彼女は週末、上京してデリヘルを始める……福島－東京の往還がもたらす、哀しみから光への軌跡。廣木監督が自身の初小説を映画化！

人のセックスを笑うな

山崎ナオコーラ　40814-9

十九歳のオレと三十九歳のユリ。恋とも愛ともつかぬいとしさが、オレを駆り立てた――「思わず嫉妬したくなる程の才能」と選考委員に絶賛された、せつなさ百パーセントの恋愛小説。第四十一回文藝賞受賞作。映画化。

グレースの履歴

源孝志　41620-5

美奈子が夫の希久夫に遺した国産名車。カーナビの履歴を巡る旅で美奈子の想いが見えてくる。藤沢、松本、尾道、モナコ……往年の名女優、伝説のエンジニアの人生と交錯する愛と絆の物語。

ボディ・レンタル

佐藤亜有子　40576-6

女子大生マヤはリクエストに応じて身体をレンタルし、契約を結べば顧客まかせのモノになりきる。あらゆる妄想を呑み込む空っぽの容器になることを夢見る彼女の禁断のファイル。第三十三回文藝賞優秀作。

アウトブリード
保坂和志　40693-0

小説とは何か？　生と死は何か？　世界とは何か？　論理ではなく、直観で切りひらく清新な思考の軌跡。真摯な問いかけによって、若い表現者の圧倒的な支持を集めた、読者に勇気を与えるエッセイ集。

言葉の外へ
保坂和志　41189-7

私たちの身体に刻印される保坂和志の思考——「何も形がなかった小説のために、何をイメージしてそれをどう始めればいいのかを考えていた」時期に生まれた、散文たち。圧巻の「文庫版まえがき」収録。

カフカ式練習帳
保坂和志　41378-5

友人、猫やカラス、家、夢、記憶、文章の欠片……日常の中、唐突に訪れる小説の断片たち。ページを開くと、目の前に小説が溢れ出す！　断片か長篇か？　保坂和志によって奏でられる小説の即興演奏。

カンバセイション・ピース
保坂和志　41422-5

この家では、時間や記憶が、ざわめく——小説家の私が妻と三匹の猫と住みはじめた築五十年の世田谷の家。壮大な「命」交響の曲（シンフォニー）が奏でる、日本文学の傑作にして著者代表作。

肝心の子供／眼と太陽
磯﨑憲一郎　41066-1

人間ブッダから始まる三世代を描いた衝撃のデビュー作「肝心の子供」と、芥川賞候補作「眼と太陽」に加え、保坂和志氏との対談を収録。芥川賞作家・磯﨑憲一郎の誕生の瞬間がこの一冊に！

世紀の発見
磯﨑憲一郎　41151-4

幼少の頃に見た対岸を走る「黒くて巨大な機関車」、「マグロのような大きさの鯉」、そしてある日を境に消えてしまった友人A——芥川賞＆ドゥマゴ文学賞作家が小説に内在する無限の可能性を示した傑作！

求愛瞳孔反射

穂村弘　40843-9

獣もヒトも求愛するときの瞳は、特別な光を放つ。見えますか、僕の瞳。ふたりで海に行っても、もんじゃ焼きを食べても、深く共鳴できる僕たち。歌人でエッセイの名手が贈る、甘美で危険な純愛詩集。

短歌の友人

穂村弘　41065-4

現代短歌はどこから来てどこへ行くのか？　短歌の「面白さ」を通じて世界の「面白さ」に突き当たる、酸欠世界のオデッセイ。著者初の歌論集。第十九回伊藤整文学賞受賞作。

異性

角田光代／穂村弘　41326-6

好きだから許せる？　好きだけど許せない⁉　男と女は互いにひかれあいながら、どうしてわかりあえないのか。カクちゃん&ほむほむが、男と女についてとことん考えた、恋愛考察エッセイ。

はじめての短歌

穂村弘　41482-9

短歌とビジネス文書の言葉は何が違う？　共感してもらうためには？「生きのびる」ためではなく、「生きる」ために。いい短歌はいつも社会の網の目の外にある。読んで納得！　穂村弘のやさしい短歌入門。

ぼくの宝物絵本

穂村弘　41535-2

忘れていた懐かしい絵本や未知の輝きをもった絵本に出会い、買って買って買いまくるのは夢のように楽しい……戦前のレトロな絵本から最新絵本まで、名作絵本の魅力を紹介。オールカラー図版満載。

池澤夏樹の世界文学リミックス

池澤夏樹　41409-6

「世界文学全集」を個人編集した著者が、全集と並行して書き継いだ人気コラムを完全収録。ケルアックから石牟礼道子まで、新しい名作一三五冊を独自の視点で紹介する最良の世界文学案内。

時間のかかる読書

宮沢章夫　41336-5

脱線、飛躍、妄想、のろのろ、ぐずぐず――横光利一の名作短編「機械」を十一年かけて読んでみた。読書の楽しみはこんな端っこのところにある。本を愛する全ての人に捧げる伊藤整賞受賞作の名作。

絶望読書

頭木弘樹　41647-2

まだ立ち直れそうにない絶望の期間を、どうやって過ごせばいいのか？いま悲しみの最中にいる人に、いつかの非常時へ備える人に、知っていてほしい絶望に寄り添う物語の効用と、命綱としての読書案内。

伝説の編集者　坂本一亀とその時代

田邊園子　41600-7

戦後の新たな才能を次々と世に送り出した編集者・坂本一亀は戦後日本に何を問うたのか？　妥協なき精神で作家と文学に対峙し、〈戦後〉という時代を作った編集者の軌跡に迫る評伝の決定版。

計画と無計画のあいだ

三島邦弘　41307-5

一冊入魂、原点回帰の出版社として各界から熱い注目を集めるミシマ社。たった一人の起業から五年目の「発見」までをつづった愉快・痛快・爽快エッセイ。各界から絶賛を浴びた名著に「番外編」書き下ろし。

本を読むということ

永江朗　41421-8

探さなくていい、バラバラにしていい、忘れていい、歯磨きしながら読んでもいい……本読みのプロが、本とうまく付き合い、手なずけるコツを大公開。すべての本好きとその予備軍に送る「本・入門」。

大不況には本を読む

橋本治　41379-2

明治維新を成功させ、一億総中流を実現させた日本近代の150年は、もはや過去となった。いま日本人はいかにして生きていくべきか。その答えを探すため、貧しても鈍する前に、本を読む。

著訳者名の後の数字はISBNコードです。頭に「978-4-309」を付け、お近くの書店にてご注文下さい。